敦煌莫高窟唐代团花纹样研究

敦煌莫高窟唐代团花纹样研究

张春佳 著

中国传统服饰文化系列丛书

刘元风 主编

教育部服务国家特殊需求博士人才培养项目「中国传统服饰文化的抢救传承与设计创新人才培养项目」

国家社科基金艺术学重大项目「中华民族服饰文化研究」

中国纺织出版社有限公司

内 容 提 要

敦煌地处中国西北，是古丝绸之路上的重镇，为西域乃至欧洲文化与中原汉文化交流的要冲。敦煌莫高窟自公元366年创建开始，历经千年发展，其所保留下来的佛教文化和艺术成果具有极强的史料价值。本书以莫高窟唐代的团花纹样为研究对象，选取88个唐代洞窟中的1600余个团花纹样局部案例，进行形式语言特征分析。

团花纹样虽然只是唐代莫高窟佛教艺术中的一个局部，但是作为装饰的重要组成部分，在洞窟整体视觉形象中所占比重非常大。随着时代的发展变迁，其形式语言也不断地进行演变，对于唐代以后的工艺美术也有着重要影响。

本书适用于服装专业师生学习参考，又可供敦煌服饰文化爱好者阅读典藏。

图书在版编目（CIP）数据

敦煌莫高窟唐代团花纹样研究 / 张春佳著 . -- 北京：中国纺织出版社有限公司，2020.3（2024.3重印）

（中国传统服饰文化系列丛书 / 刘元风主编）

ISBN 978-7-5180-6549-3

Ⅰ. ①敦⋯ Ⅱ. ①张⋯ Ⅲ. ①敦煌壁画—服饰图案—研究—中国—唐代 Ⅳ. ① K879.414

中国版本图书馆 CIP 数据核字（2019）第 179470 号

策划编辑：孙成成　　责任编辑：杨　勇
责任校对：江思飞　　责任印制：王艳丽

中国纺织出版社有限公司出版发行
地址：北京市朝阳区百子湾东里 A407 号楼　邮政编码：100124
销售电话：010 — 67004422　传真：010 — 87155801
http://www.c-textilep.com
中国纺织出版社天猫旗舰店
官方微博 http://weibo.com/2119887771
北京虎彩文化传播有限公司印刷　各地新华书店经销
2020 年 3 月第 1 版　2024 年 3 月第 2 次印刷
开本：889×1194　1/16　印张：12.25
字数：250 千字　定价：198.00 元

《左传》："中国有礼仪之大，故称夏；有章服之美，谓之华。"

习近平总书记2014年在《在文艺工作座谈会上的讲话》中提到："没有中华文化繁荣兴盛，就没有中华民族伟大复兴。一个民族的复兴需要强大的物质力量，也需要强大的精神力量。"中国自古就被誉为"礼仪之邦"。"礼"，在整个民族文化中，占据着极重要的地位。我们的先人，推行以礼治国，用礼来处理天、地、人、事、文之间的关系。

教育部服务国家特殊需求博士人才培养项目"中国传统服饰文化的抢救传承与设计创新人才培养项目"，响应国家文化战略倡导，探索中国传统服饰文化创新设计的当代化路径，构建博士人才培养项目的创新性研究体系，在进行人才培养方面进行了多年有效尝试，目前，推出这套"中国传统服饰文化系列丛书"，希望能够以严谨并具相当学术高度的创新性研究成果和研究理念，为进行相关研究的硕士和博士以及相关行业的研究人员提供一定的学术参考和借鉴。

"一带一路"是我国新时期的国家战略，本丛书中部分内容是从传统丝绸之路的文化汇聚地"敦煌"出发，从莫高窟等石窟遗迹中提取与服装服饰相关的典型内容，从壁画和彩塑的服饰色彩、纹样和结构形式等不同方面进行研究，分析它们在特定时期的不同艺术形式，挖掘其背后的内涵和价值。并通过不同的实践方法将这些传统艺术中的经典并具代表性元素与当代设计结合，进行传统服饰的当代化探讨——力图以符合当代语境的表述方式对传统进行重新解读，并将其转达和呈现给社会大众。在通识意义上的传统文化活化传承方面进行了有效的探索，这也是本系列丛书占比较大的内容，除了敦煌服饰文化方面的探索，本系列丛书中还有对传统服装工艺观念方面的探究，也就是以传统旗袍制板工艺为例探讨传统的制衣理念，也就是在衣与人体之间建立起的空间关系——这种关系又展现了怎样的礼仪和社会观念。衣是社会生活的重要载体，从不同角度切入，深入分析这些艺术形式和工艺表达背后所蕴含的一系列历史文化以及社会观念，并将这些观念性和方法性的内容应用在传统文化的当代化表达上，力图向大众揭示我国丰美多姿的文化艺术传统并增强大众于服饰文化方面的民族文化自信。

　　丛书中各位青年学者对中华传统服饰文化中的典型案例进行系统研究，并以此为原点进行设计拓展，从理论和实践互证的角度尝试拓展传承中国传统服饰文化的新路径。推出的本套丛书是教育部服务国家特殊需求博士人才培养项目"中国传统服饰文化的抢救传承与设计创新人才培养项目"和国家社科基金艺术学重大项目"中华民族服饰文化研究"的重要学术成果。

刘元风

2019年4月

目
录

第一章 ❀ 绪论 ··· 001

　　第一节　莫高窟唐代团花纹样研究的重要意义 ················· 002
　　　　一、地域与时代背景 ··· 002
　　　　二、团花纹样的典范意义 ·· 003
　　第二节　相关文献及研究现状 ·· 008
　　第三节　探索性尝试和主要研究方法 ································ 009
　　　　一、探索性尝试 ·· 009
　　　　二、主要研究方法 ··· 010
　　　　三、内容结构 ·· 013

第二章 ❀ 莫高窟唐代团花纹样研究范畴 ······················ 015

　　第一节　团花形态特征的分类 ·· 017
　　　　一、单体结构团花 ··· 017
　　　　二、群组结构团花 ··· 017
　　　　三、半团花 ·· 017
　　　　四、类团花 ·· 017
　　第二节　团花应用的分类 ··· 018
　　　　一、重要表意作用的团花 ·· 018
　　　　二、偏重普通装饰作用的团花 ··································· 019
　　　　三、其他散见的团花 ··· 021

第三章 ❀ "团""花"与"纹样"溯源 ···························· 023

　　第一节　佛教典籍中的"花" ··· 025

一、莲花 …………………………………………………………… 027

二、佛教典籍中的其他花卉形象 ………………………………… 029

第二节　"团"形式语言溯源 ……………………………………… 029

一、从太极到瓦当 ………………………………………………… 030

二、内生性圆形与限定性圆形 …………………………………… 031

第三节　从自然形态到装饰纹样 …………………………………… 032

一、基本需求层面的"装饰"手法 ……………………………… 032

二、文化层面的含义表达 ………………………………………… 033

三、装饰效果的建构 ……………………………………………… 034

四、动物与植物纹样装饰题材 …………………………………… 036

第四章　莫高窟壁画团花纹样形式语言代际演变 ………………… 039

第一节　从北朝到唐代壁画风格转变概述 ………………………… 040

第二节　北朝、隋代团花纹样演变 ………………………………… 044

一、北朝的团花纹样概况 ………………………………………… 044

二、隋代团花纹样概况 …………………………………………… 047

第三节　唐代壁画类团花代际统计与结构分析 …………………… 049

一、代际统计 ……………………………………………………… 049

二、结构分析 ……………………………………………………… 057

第四节　唐代单体团花纹样造型分析 ……………………………… 060

一、单体结构分析 ………………………………………………… 060

二、唐代团花纹样花瓣层次与组成元素分析 …………………… 064

第五节　莫高窟唐代壁画类团花纹样流变小结 …………………… 076

第五章　莫高窟唐代服饰团花纹样造型演变 ……………………… 079

第一节　唐代服饰团花纹样代际变化统计 ………………………… 080

一、初、盛唐服饰团花纹样结构特征 …………………………… 080

二、中、晚唐服饰团花纹样结构特征 …………………………… 084

第二节　唐代壁画类团花纹样与服饰团花纹样代际变化比对 …… 086

一、壁画类与服饰团花纹样造型流变曲线比对 ………………… 086

二、服饰团花纹样与壁画类团花纹样层次流变对比 …………… 087

第三节　服饰团花纹样与壁画类团花纹样的关联性 ……………… 090

第六章 ❀ 莫高窟唐代团花纹样形式语言特征⋯⋯⋯⋯⋯⋯⋯⋯⋯⋯ 093

　　第一节　壁画和彩塑的创作主体⋯⋯⋯⋯⋯⋯⋯⋯⋯⋯⋯⋯⋯ 094

　　第二节　莫高窟唐代团花纹样形式语言特征⋯⋯⋯⋯⋯⋯⋯⋯ 097

　　　　一、从西域到东方的形式语言演变⋯⋯⋯⋯⋯⋯⋯⋯⋯⋯ 097

　　　　二、从宗教符号到世俗装饰的特征演变⋯⋯⋯⋯⋯⋯⋯⋯ 104

　　　　三、从具象自然形态到抽象装饰形态的特征演变⋯⋯⋯⋯ 107

　　　　四、从自由到拘谨的线与空间关系特征演变⋯⋯⋯⋯⋯⋯ 109

　　　　五、从触觉感知到视觉感知的特征演变⋯⋯⋯⋯⋯⋯⋯⋯ 124

　　　　六、从差异性到体例化的特征演变⋯⋯⋯⋯⋯⋯⋯⋯⋯⋯ 127

　　第三节　莫高窟唐代团花纹样形式语言演变的生命力⋯⋯⋯⋯ 134

第七章 ❀ 唐代工艺美术和绘画类团花纹样⋯⋯⋯⋯⋯⋯⋯⋯⋯⋯⋯ 137

　　第一节　现存唐代纺织品上的团花纹样⋯⋯⋯⋯⋯⋯⋯⋯⋯⋯ 138

　　　　一、以"印""染"方式呈现的团花 ⋯⋯⋯⋯⋯⋯⋯⋯⋯ 138

　　　　二、以"织"的方式呈现的团花纹样⋯⋯⋯⋯⋯⋯⋯⋯⋯ 140

　　第二节　唐代工艺品上的团花纹样⋯⋯⋯⋯⋯⋯⋯⋯⋯⋯⋯⋯ 143

　　　　一、金银器皿⋯⋯⋯⋯⋯⋯⋯⋯⋯⋯⋯⋯⋯⋯⋯⋯⋯⋯ 143

　　　　二、陶瓷⋯⋯⋯⋯⋯⋯⋯⋯⋯⋯⋯⋯⋯⋯⋯⋯⋯⋯⋯⋯ 147

　　　　三、方砖⋯⋯⋯⋯⋯⋯⋯⋯⋯⋯⋯⋯⋯⋯⋯⋯⋯⋯⋯⋯ 148

　　第三节　唐代绘画史料中的团花纹样⋯⋯⋯⋯⋯⋯⋯⋯⋯⋯⋯ 149

　　　　一、绘画作品⋯⋯⋯⋯⋯⋯⋯⋯⋯⋯⋯⋯⋯⋯⋯⋯⋯⋯ 149

　　　　二、墓葬线刻团花纹样⋯⋯⋯⋯⋯⋯⋯⋯⋯⋯⋯⋯⋯⋯ 150

　　　　三、藏经洞绢画中的团花纹样⋯⋯⋯⋯⋯⋯⋯⋯⋯⋯⋯ 152

第八章 ❀ 莫高窟唐代团花纹样构成与现当代设计比较⋯⋯⋯⋯⋯ 157

　　第一节　团花纹样形式语言结构与现当代设计的共通性⋯⋯⋯⋯ 158

　　　　一、元素的复合重构语言⋯⋯⋯⋯⋯⋯⋯⋯⋯⋯⋯⋯⋯ 158

　　　　二、宽泛的应用场阈⋯⋯⋯⋯⋯⋯⋯⋯⋯⋯⋯⋯⋯⋯⋯ 159

　　　　三、观念与材料的关系表述⋯⋯⋯⋯⋯⋯⋯⋯⋯⋯⋯⋯ 160

　　　　四、丰厚的文化表意⋯⋯⋯⋯⋯⋯⋯⋯⋯⋯⋯⋯⋯⋯⋯ 161

　　第二节　"拈花微笑"与当代设计表意⋯⋯⋯⋯⋯⋯⋯⋯⋯⋯ 163

第九章 ✿ 结论 ·· 165

　　一、阶段性造型特点 ····························· 166

　　二、形式语言特征的演变 ························· 167

　　三、表意的流变特点 ····························· 167

　　四、展望 ······································· 168

参考文献 ·· 169

附录 ··· 174

　　附录一　莫高窟采样和实地考察洞窟分布图 ··········· 174

　　附录二　莫高窟团花纹样代际演变图谱 ··············· 175

　　附录三　图录 ··································· 176

　　附录四　表录 ··································· 180

致谢 ··· 181

第一章

绪论

第一节　莫高窟唐代团花纹样研究的重要意义

一、地域与时代背景

敦煌地处中国西北，从前2世纪西汉时期设敦煌郡至今已有两千多年的历史，陆上古丝绸之路几条线路均交汇于此，是中原与西域各国商贸与文化交汇要处，这其中就包括多个民族地区的宗教文化。从印度向东传播的佛教文化，经过敦煌与中国本土宗教文化交汇融合，再向中原腹地延伸。这种融合在敦煌的壁画、彩塑等视觉艺术遗存中有很直观的呈现。其相互的博弈从壁画或彩塑等语言的风格转变上，就能够看到一些发展的脉络。另外，欧洲、西亚、中亚与古代中国的众多工艺美术交流也在敦煌进行初期的尝试，从西而来的众多装饰纹样在敦煌的石窟创作中都有所显现。作为世界三大宗教之一的佛教，从古印度发源，于东汉末年传入中国，从多个石窟群遗留下来的壁画、彩塑中能够发现其传播痕迹，如新疆克孜尔石窟、敦煌莫高窟、瓜州榆林窟、甘肃临夏炳灵寺石窟、大同云冈石窟、洛阳龙门石窟等。比对印度阿旃陀石窟，中国境内的西北地区以莫高窟为代表的石窟群，开凿年代虽然整体来看相对较晚，但是其壁画部分保存状况相对完好。这其中地理环境条件十分重要——中国西北地区属干旱的大陆性沙漠气候，常年少雨，对于洞窟彩塑和壁画的色彩保存比较有利。

"它（敦煌）是如今中国三四千年浩瀚的历史中用色彩和形象来表现的最美丽动人的一页。自从4世纪创建，一直到14世纪的元代为止，敦煌艺术有其整整10个世纪1000年继续不息的生发、滋长和分段演变的过程。"[1]

莫高窟地处河西走廊西端，是印度佛教传入中国内地并且开始汉化的重要一站，4世纪开始开凿石窟，供奉佛教主要造像，并附带有僧人修行、生活等其他功能洞窟，至今已有1650余年的历史。莫高窟现存南北两区洞窟总计735个，是中国境内最大的石窟群，其中留存有壁画和塑像等视觉遗迹的洞窟有492个，现存壁画约45000平方米，彩塑2000余身[2]，唐代洞窟为279个[3]。莫高窟众多洞窟都留存有非常完整而珍贵的壁画和塑像，无论从保存的完整性还是数量、品质等方面，莫高窟都首屈一指。这些图像遗迹从一定程度反映了不同历史时期的艺术创作特点，从中也能看到各个时期的生活场景和服饰特色。这些视觉资料对于相关文化研究的价值是巨大而直观的。文字记载具有一定的抽象性，例如，对于一类纹样的形态描述就有非常大的不确定性，但是从具体直观的一手图像资料中就能够清晰完整地看到相关纹样历史案例。由于中央

---

[1] 敦煌研究院编，《常书鸿文集》，兰州：甘肃民族出版社，2004年8月出版，第93页。
[2] 赵声良著，《敦煌石窟艺术总论》，兰州：甘肃教育出版社，2013年11月出版，第24页。
[3] 数据来自季羡林主编，《敦煌学大辞典》，上海：上海辞书出版社，1998年12月出版。

政府对敦煌的管辖状况在不同朝代发生的更迭和变化，地方政权和中央政权的关系从不同朝代的纵向角度看来也存在很大差异。唐贞观十四年（640年），敦煌正式归唐朝中央政府管辖，而唐都或中原的技术和艺术风格也都开始全面影响莫高窟的石窟营建。敦煌位于安西都护府东端，安西都护府又是唐代伸入中亚的一个重要势力区域。如果向前追溯，从汉代时期看，敦煌地区就已经因丝绸之路的开通而颇受朝廷重视。因商业往来而贯通中西的通道，在商品交流的同时也使得东西方的文化在中亚地区得到较高程度的融合展示，而敦煌莫高窟也从视觉艺术的角度将这种杂合融汇的状态记录并保存下来。众多学者都对汇聚了南亚、中亚、西亚和东亚文化的敦煌进行过高度评价，其独特的历史和人文价值在众多领域都有所展现。

不同朝代的敦煌，莫高窟洞窟的出资营建者不同，其投入的资金和人力水平不一，使得洞窟呈现出来的艺术水准存在一定差异。唐代中原的艺术家中有相当一批跟随大员戍边的队伍来到大漠戈壁，为当地的名门望族礼佛开窟而进行艺术创作。当然，同时期也有一批西域过来的画僧，专门从事与佛教相关的绘画创作，二者的绘画风格都带有各自比较鲜明的文化背景和审美传统，但是在共处的时间内又会互相影响和融合。从整体上来看，莫高窟唐代洞窟在壁画和彩塑的艺术表现力方面呈现出前所未有的高水准，这也是为学术界和艺术界所公认的，其承载的文化遗迹具有非凡的独特性和典型性。唐代的社会文化发展状态繁荣，不光在地理版图上不断扩张，同时也形成了大唐文化圈，使周边的众多国家都不同程度地受到唐文化的影响，譬如日本派遣唐使学习唐朝的文化艺术、科技政治等不同学科领域的成果，并将很多风俗习惯一同带回日本，这些文化中的一部分在日本保留至今。众多西方商人在大唐定居，并且带来了多种工艺品的制作技艺，这些手工艺品的装饰纹样与传入的农作物一同逐渐为唐代的民众吸纳为本土的生活内容，其中就有来自波斯等国的众多装饰纹样。

二、团花纹样的典范意义

第一，仅从莫高窟范围来看，从北朝洞窟到唐代洞窟中，团花纹样从莲花、忍冬等几种纹样经过长时间的演变，到了隋代已经呈现出较为成形的团花纹样，在而后唐代洞窟的装饰纹样中，占有极为重要的地位。在目前所见的绝大部分唐代洞窟装饰纹样中，除了团花纹样和卷草纹，很难再有出现频率如此之高的第三类纹样。另外卷草和团花之间的关联性从北朝洞窟中的忍冬纹开始就已经有所呈现，由于二者构成元素的共通性，在很多表现手段上都可以看到非常密切的关联，这对研究团花形成的过程又有很重要的启发性。并且于后世的多种纹样的发展和演化都有一定的先导作用。

第二，由于唐代流传至今的众多世俗生活的工艺品中，团花纹样出现的概率非常高，覆盖了从纺织品到金银器皿、瓷器等多个领域。尤其是在纺织品领域中，由于制作工艺等多种原因的限制，面料上呈现出较多的团状纹饰。从众多的图像遗迹中可以看到团花纹样具有相当高的典型性和普遍性。

第三，对于"团"的造型特点，中国传统审美思想和佛教众多经典中也在使用和推崇，从众多典籍中都可以看到团或圆的美好寓意的解说，如"圆融""团圆"等。这不但存在于中国古典装饰纹样的指导思想中，甚至于哲学思想的传承脉络中，人们也能看到与圆有关的哲学解释，如阴阳、乾坤、方圆的相通和互相转化等，具有较强的东方古典审美特征。

（一）广泛的分布态势

作为本研究的基础性材料而进行收集整理的唐代团花纹样的图例一共有1688个。其中，所收集案例中壁画中共出现团花纹样935个，服饰类共有753个。这些案例采自莫高窟范围内的88个洞窟：其中，初唐洞窟为18个，盛唐洞窟44个，中唐洞窟12个，晚唐洞窟14个。

莫高窟的唐代洞窟有269个，数量超过其他各个朝代，占全部保存有壁画与塑像洞窟的半数以上，而且从平面绘画的角度上来讲，也总体保持着极高的水准。从初唐开始到晚唐为止，莫高窟唐代洞窟中，团花纹样装饰非常普遍。大多数唐代洞窟的建筑形制较为类似，相似的建筑部位——譬如团花纹样出现频率最高的藻井位置，堪称洞窟装饰纹样的核心所在，代表了洞窟单体团花纹样的最高水准；四壁的边饰，也大量采用团花装饰，而且往往是一整二破的二方连续形式；团花出现在窟顶四披边饰的情况也很多，以及佛龛沿四周，尤其是南、北、上边三个位置的边饰。从壁画内容上来看，如果出现有人物服饰的话，基本上会选择团形为主的花卉为装饰形式；壁画内容中的其他纺织品也会以团花纹样装饰为主，这在唐代各个时期的洞窟中都能够找到很多典型案例。彩塑是团花图案装饰的另一个集中出现的区域，以保存相对完好的洞窟为例——无论是盛唐时期的45窟，还是中唐154窟，抑或晚唐196窟，都有非常丰富的团花纹样装饰于彩塑服饰之上。这样的普遍性当然与彼时的世俗生活中团花纹样的普及度有关，也可以延展到当时的工艺特点和审美倾向。

目前所见的唐代出土文物当中，尤其是盛唐和之后的中唐时期，团花纹样的各类器皿和纺织品上大量出现。新疆出土的唐代纺织品中，团窠纹样占有很大比例，而且极为华丽饱满。这里需要解释的一点是团窠纹样仅作为纺织品纹样，其相对于"团花"的概念更为具体。在大量的纺织品类文献中，会将"团窠"纹样指向具有放射状中心对称结构的团花纹样，组织形式严谨饱满，从中心向外沿有着严格而清晰的层次。然而，作为包含内容范围更广的"团花"概念而言，其指向性较"团窠"模糊。尤其是作为本文研究对象的团花纹样，其所指范围包含"团窠"这类的结构严谨的团花纹样，也包含其他不能够完全呈中心对称的团型纹样，只要外轮廓为团形，内部结构即使不能够完全中心对称，也会纳入研究范畴。因此传统意义上的团窠纹样在本文研究范围内作为中心点出现，但并不是全部集合范围。除了新疆、青海等地出土的大量唐代纺织品以外，日本正仓院也有数量众多的唐代纺织品收藏，其中，武则天时期的唐代织锦饰多有非常华丽饱满的团窠纹样。纺织品上面的团花纹样组织结构较为严谨，一般都呈中心对称的放射状，唐代其他工艺品和器皿上出现的团花纹样也有类似的结构，但并不完全中心对称。陕西何家村出土的大量唐代金银器皿和法门寺地宫出土的为数众多的唐代工艺品中，团花纹样在所有纹饰类型中占有极高的比例。这首先与金银等器皿的制作工艺相关，另外，从地砖到唐三彩马鞍装饰，都有相似的图案使用倾向，这种"流行"贯通了当时的世俗生活的诸多领域，从平面到立体，从绘画到建筑。因而，无论是绘画作品或者工艺品器皿上表现出来的有关于唐时期的纹样，团花的出现频率非常高。当这种趋势通过画师、画稿、纺织品等文化和贸易交通从中原流传到边疆地区的时候，也在敦煌、新疆等地有众多反映。

（二）密集的视觉张力

团花纹样所在的壁画装饰或者彩塑表面装饰，都是在平面范围内进行艺术创作，相对于雕塑而言，其触觉感知性要远远弱于视觉感知性。团花纹样所在的装饰面相比于同时期的卷草等其他纹样，有着较强的形式感和排列的逻辑性。如此一来，其图形与基底的关系就变得更为简单而且层次明确。画师在创作的过程中，对装饰纹样的绘制相对于主体彩塑或者壁画人物形象而言，更容易受到各类随机的因素影响，如当地的植物或审美习惯、装饰特点等，这些方面的因素更容易渗透进创作的过程。即使有着统一规范的粉本，也会根据实际的时间因素和地域因素而有所改变，具有一定的灵活调整的余地。在唐代洞窟中，团花纹样所处的位置也使得它具有很强的识别性——中央藻井、佛龛边饰、彩塑服饰、壁画边饰、四披边饰等。其中，藻井中的团花往往是一个洞窟中的团花纹样代表作，体型在单体洞窟中最大、造型饱满复杂、设色层次鲜明。将不同时期的藻井团花进行比对和梳理几乎可以整理出团花纹样的大致发展脉络。

从视觉习惯来讲，莫高窟唐代洞窟为东壁开门，信众从东门进入后正对的就是西壁佛龛，佛龛内的塑像是洞窟陈设的重心，人物的头部又是塑像视觉习惯上的重心，而头部背后墙壁上绘制的圆形或杏仁状头光和背光中，画师耗费了大量的笔墨进行团花纹样的绘制。这些团花纹样由于所处的重要视觉位置成为众多团花图案中所较早为人注意到的部分。彩塑上的服饰纹样也会同时映入眼帘，且不论复原后的彩塑是否色彩都具有高饱和度，只看目前现存的保存相对完好的主要洞窟彩塑，例如45窟、217窟等，可以想见其当年的华美之态。然而，仅从今天可以得见的状况来看，服饰的色彩在蒙尘之后依然非常艳丽，尤其是作为唐代彩塑服饰的装饰中经常出现的半团花边饰，从中心向外缘层层绘制，颜色品种繁多，而且大量使用金色来体现佛、菩萨塑像的华丽庄严。不同的塑像服饰绘制有不同的半团花边饰，而且同一尊塑像上不同层次的服装也绘有不同种类的半团花边饰，衣身大面积的部分基本都有小型团花分布，与半团花遥相呼应。

西壁佛龛内的彩塑是洞窟重心，因而龛边四周的团花和半团花装饰在视觉优先级方面也处于较高等级，会较容易引起人们注意。龛楣装饰在北朝时期虽然形制不同、面积不同，但已经是洞窟装饰中的重要部位；到了唐代，龛楣的具体形状模糊化，其视觉效果上而言，边界的限定已经不同于前朝那般明确而有具体形状的凸起，但是龛边的装饰相比于四壁或四披的边饰仍然更为繁复华美。中国古典绘画中的所谓"散点透视"原则在壁画的视觉效果呈现方面有着独到的优势，使得壁画在叙事的结构安排方面可以按空间和时间同时进行，发生在不同时期的事件可以在同一画面中表现。作为边饰或者壁画内容装饰的团花而言，在装饰手法的设定上，也迁就"散点透视"的视觉习惯，使观者在移步易景地观察壁画的时候，可以从容浏览狭长的装饰区域。但是，到了七世纪，唐代开始兴盛的团花纹样从构成特点方面去审视图底关系的时候，并没有如早期汉代云气纹那样的互为反转，也不会像同时期卷草纹那样满布画面，只是有秩序地保持着它相对静止的状态，图与底之间的关系稳定而不会因为视角变化而有所改变。

（三）繁复的平面构成

经过北朝装饰纹样从偏自然形态到装饰形态的转变，隋代已经出现了结构较为完整的团花纹样，只是层次比较简单，例如莫高窟401窟的西壁龛边饰，其中的小团花已经具有相对完整的造型和紧密的结构，而并不是将若干图形元素直接排布进圆形的区域。从初唐开始的团花纹样相比于隋朝就有了巨大的进步，团花纹样的复杂程度是之前朝代所望尘莫及的。如果说从北朝所见的旋转的团形忍冬纹到隋朝401窟的单层团花纹样，都还停留在成形的初级阶段，层次也只有简单的单层；到了初唐时期，373、375窟藻井团花已经将隋朝简单的十字结构的四瓣团花初步复杂化，211、205窟的藻井是将简单十字团花进一步向圆柔和华丽方向发展，那么到了334窟——窟顶藻井大团花从中心到外缘，共有7个层次的14组左右的花瓣出现，无论从团花的层次还是花瓣的种类上，都达到了新的高度。如果再细分下去的话，初唐、盛唐的团花纹样相比于中晚唐有更多的层次和花瓣种类。中唐、晚唐的团花层次和细节种类又朝着趋向单一的方向演化，到了五代、宋以后，直接将晚唐的茶花团花沿袭下来，并且固定成为模式化的纹样，层次更加概括和简单。初唐、盛唐大团花纹样呈现出的丰富饱满状态，具有非常典型的时代识别性，这在众多唐代洞窟的窟顶藻井到造像头光中都有所体现，并且连带彩塑服饰和壁画边饰都较呈现出类似的特征。所以，以唐代的团花纹样为研究对象具有很强的典型性。仅仅比较唐代与其前、后朝代的团花纹样的造型特点和承接关系就可以辨析出一些发展规律，并与同时期的纺织品和工艺品以及绘画作品进行横向比较，也能够提取共通的元素。唐代绘画作品中对于这一盛期的纺织品或者日常用品的团花纹样也有很多细致的描绘。《捣练图》《簪花仕女图》等作品中，纹样的细节性描绘所展现出来的丰富与变化也是前后朝所不及的。

（四）系统的装饰语言

唐代团花纹样的富丽华贵是其他朝代所少见的，但是如果联系自然花卉纹样的形态，又会发现此时的丰富细节和复杂结构背后，仍然是遵循着从自然形态提取关键元素，然后将其概括加工，并且适度夸张后形成唐代独有的团花纹样。从自然界的形态到工艺图案是一个漫长的转化过程。北朝的龛楣上有众多忍冬纹和莲花纹的组合装饰，但是并不能认定那是非常典型的图案，它们在绘制过程中没有完全脱离具象写实的手法，在一些细节的处理上也会尽量尊重植物原本天然的生长形态。然而唐代大团花纹样会将多种植物的最具特点的部分花瓣提取出来，摒弃其余所有的非典型和辅助元素，将变化多端的花瓣曲线进行概括，如牡丹花瓣概括为三折云曲瓣，茶花为对折小花瓣并进行五瓣中心对称组合。这些概括方法使观者看到的是最为典型且流畅的图案组合效果，当其他不能代表花型特点的元素被精减掉之后，花朵更加概括而具有符号性。如果从形式语言角度分析来看，明确而概括的花朵特征能够更有效地进行表意传达和识别。从印度莲花到敦煌莲花再到云冈石窟莲花，这之间涉及纹样的本土化和图像表意的转移：印度的莲花所具有的水生特征和洁净美好的象征含义在佛教典籍中得以记录和保存，并且经过长途传播，深入古代中国的西部边疆后，在敦煌的千佛洞落地。此时敦煌已有深厚的汉民族文化基础，两种文化的相遇，其中最主干的内容保留原貌的时间较长，而装饰纹样此时伴随着希腊化❶的艺术样式和中原平面表意方式而迅速开始本土化。装饰纹样的宗教含义在莫高窟的绘制过程中是得到重视的，但是，时间的流逝会冲刷掉表面和旁枝末节的内容，最核心的部分虽然得以保存，然而形式需要转

---

❶ 所谓的希腊化是指"在前 323 年亚历山大大帝去世后的三个世纪里，希腊文明和小亚细亚、叙利亚、美索不达米亚遗迹埃及的古老文明相融合的一种进程。其结果产生了所谓人类大同(Ecumene)的思想"（见《中国大百科全书——世界历史》下卷，"希腊化时代" 辞条，第 991 页）。这一观点主要来自于德罗伊森(J.G.Droysen, 1808—1884) 所著《希腊化史》。希腊化的概念不是单方面地指希腊—马其顿的统治和希腊文化向东方扩展，也包含了东方各种文明对希腊文明的贡献。在亚洲美术上一个重要的现象就是犍陀罗艺术的产生。参见陈恒著，《希腊化研究》，北京：商务印书馆，2006 年 1 月出版，第 25-34 页。

变。造型由写实的复杂转向装饰的概括，最后成为程式化的符号，甚至只是残存部分图像。

团花纹样相比于同时期的其他纹样，其单元纹样的区域性更强，比较于卷草纹，团花纹样的独立性显而易见。卷草纹分布的区域一般为狭长状，在这样的面积中，图案多为二方连续形式。但是只是理论意义上的二方连续，并不是严谨的如同现代设计概念中的连续反复。从一个图案单元到下一个图案单元，其间的区分界限并不明确，很多时候是互相穿插混合在一起的，只能观察到主干曲线大致的游走动向，严格确认规划所有的细节因素的起始点并不容易。而团花图案的优势此时就得到很大程度的凸显——团花纹样的边界是确定的，并且基本没有可能与下一单元或背景混淆，从独立意义上来讲，它是完整的，即使是半团花的边饰，也会有明确的面积将内容限定起来。团花与团花之间的分布空间也是有规律可循的，这种可以概括成几何结构的分布形态也明确的展示着图形的个体与个体之间的关系表述，其疏密布局的时代性尚待考证，但是总体而言清晰而明确。

第二节　相关文献及研究现状

对于团花纹样的历史和发展流变过程，众多学者的文章中都有所涉及，尤其是单纯的结构描述性文章。可以看到对于团花类纹样的研究，目前国内外的大部分文献基本上处于阐述基本形态和结构的阶段，有少部分会将团花或其中具有团花形态的具体纹样种类，例如，宝相花纹样、莲花纹样等与一定的民族文化背景联系起来进行分析阐述。

第一，敦煌莫高窟图版类文献。由于本文的研究是以收集大量的团花纹样图像为基础的，因此，图版类文献对于本文的案例收集——这一基础工作的展开至关重要，在各类以图版为主的著作中，常沙娜先生的《敦煌历代服饰图案》及《中国敦煌历代装饰图案》，李静的《宝相花图案集》等都是在尊重敦煌洞窟壁画、雕塑的原貌基础上，进行纹样的再现和形态陈述，并附有一定的结构分析。从这些著作中，可以了解到作者将敦煌的装饰纹样进行客观地再现，无论是线稿或彩色作品。《敦煌石窟全集 图案卷》中对莫高窟的唐代洞窟中出现的装饰纹样进行了大致的梳理和分析，行文严谨但是图像资料对于团花的展示不是特别全面。

第二，团花以及相关纹样阐述类文献。例如，《中国纹样史》从纹样通史的角度客观的陈述了中国历代纹样发展的路线，关友惠先生的《莫高窟唐代图案结构分析》中，对于唐代图案进行了结构性分析等，林徽因先生在《敦煌边饰初步研究稿》中，也有部分文字涉及了团形纹样，并且简要分析了团形纹样与卷草纹样的渊源。本书参阅的其他大量的文献基本都是就图案的结构进行基本分析，有少部分直接以"团花"的概念界定，大多还是在沿用染织的"团窠"或者"宝相花"，并分析其历史来源以及载体。

第三，本书参阅了部分涉及艺术历史文献、佛教典籍和佛教历史类著作、唐代工艺美术类著作以及相关艺术理论，用以开展溯源与分析。

以上文献大多集中对于团花纹样及相关因素的历史样貌进行呈现，以及对于与团花相关的通史、断代史以及艺术理论的阐释和典籍记载，在这一学术范畴内，有部分文化或历史研究的文章中涉及莫高窟的纹样，但是指向并不十分具体，分类亦与本书不同。

因此，综合而言目前所见的对于唐代团花纹样的研究文章中，仍缺少以下方面的探讨：

（1）专门针对唐代内部从初唐到晚唐的四个分期的莫高窟团花纹样形式语言特征变迁的研究。

（2）从初唐到晚唐四个时期，莫高窟建筑壁画团花装饰纹样与同时期服饰团花纹样的横向比较，并阐述它们之间的差异化和同质化的不同方面和艺术创作效果呈现。

（3）对于团花纹样的组织结构的扩展式分析和表现特点的阐述以及艺术表现语言的分析研究。

目前尚未见到在以上三个方面具有一定深度的理论分析文章出现，因此存在继续探索的空间。

第三节　探索性尝试和主要研究方法

一、探索性尝试

由于以上研究现状综述中提出的几个方面具有继续深入研究的空间，本书有针对性地进行了相关探讨和探索性尝试。

（一）将团花纹样的研究范畴设定在莫高窟唐代内部的四个时期的洞窟中

针对唐代内部的政治文化态势变化的背景进行分析，尤其以初唐到盛唐时期为重点，敦煌对于中央政权的重要性在不同时期有相应的变化，政权的管辖强度不同，以及中唐时期吐蕃对于中亚和唐朝政府的制衡，其占领范围的变化对于敦煌以及莫高窟的局部文化表现波动有重要影响。

（二）同一研究范畴内两条脉络的研究对象的比对

莫高窟的团花类壁画纹样与服饰纹样在唐代洞窟中的出现位置和受重视程度有所差异。从团花纹样研究的角度出发，进行这样的功能性类别划分是目前的研究所未见到的。如此划分整理出来两条研究路线：其一是建筑类团花纹样，也就是除去服装服饰类纹样，出现在洞窟各个墙体、建筑立面装饰部位的团花纹样；其二是彩塑和壁画内容中人物的服饰团花纹样。两条脉络各自的造型特征演变经过局部的量化分析后并置一处，可以通过比对发现其流变趋势的差异。如此，将整体团花纹样的研究拆分开，以细节的研究支撑整体构架，使整体分析更为确实。

（三）从形式语言方面对团花纹样进行解构化审美分析

1. 造型方面的流变

（1）从具象纹样到抽象纹样的角度去阐述从唐初到唐末，敦煌莫高窟团花纹样的造型特点从模仿写实到抽象概括的变迁路线。

（2）从唐代初期纹样的种类繁多、细节差异大的效果到中晚唐时期趋近于千篇一律的状态进行阐述。

（3）将线造型与空间布局作为独立的角度切入，从这两个方面将莫高窟的团花装饰纹样的相关元素抽离出来，进行横向和纵向的比对和分析。

2. 文化渊源方面

将纹样的造型演变按照源头到事件发生状态的空间线路进行分析，阐述从古印度到犍陀罗地区，花卉纹样从形成之初到向东流传至敦煌这一过程中，其直观视觉形象的变化之下有哪些思想指向性的变化，也就是从宗教化艺术语言到世俗性艺术语言之间的转变，以及其具体纹样形象从西方含义到东方含义的转化。由此也归纳了从偏原初的触觉感知到进化的视觉感知的艺术创作之间的关系，这种关系在敦煌的团花纹样上的具体表现。

以上三方面是本研究区分于其他研究的探索性尝试。

二、主要研究方法

针对莫高窟唐代团花纹样，本文采用了如下研究方法：

（一）田野调查

本文田野调查期间4次赴敦煌，实地考察了149个洞窟，其中莫高窟121个洞窟，榆林窟14个洞窟，西千佛洞14个洞窟。所考察的莫高窟洞窟几乎覆盖所有开凿洞窟的朝代，其中十六国时期洞窟2个，北魏洞窟5个，西魏洞窟3个，北周洞窟6个，隋代洞窟17个，初唐洞窟18个，盛唐洞窟40个，中唐洞窟13个，晚唐洞窟11个，五代洞窟3个，宋代洞窟1个，元代洞窟1个。比较充分地进行了唐代前后朝的团花纹样发展脉络比较，由于取材限制，采用了文字、图形记录相结合的方式进行实地记录（附录一）。

本研究收集了敦煌莫高窟88余个唐代洞窟的近1700个团花纹样局部案例，将这些案例按照初唐、盛唐、中唐、晚唐四个时期进行归类，并且根据花型结构中的可横向比对因素——花瓣数量，进行分类统计。统计初唐到晚唐四个时期内从三瓣团花到八瓣团花到十瓣以上的案例数量，并从出现频次方面进行初步归纳，找寻团花纹样沿时间线演变的部分特征。

（二）量化分析

第一，针对不同时代的典型案例进行双线比对。一方面整合莫高窟洞窟壁画建筑类团花纹样900余个，另一方面归纳洞窟彩塑与壁画中的服饰团花纹样750余个，并且在归纳总结各自在不同时段结构变化的基础上，所呈现出来的演变差异性。这是在量化总结基础上进行的曲线比对，希望从一个侧面观察到壁画团花纹样与服饰团花纹样的变迁是否同步进行，以及分析出现的曲线差异的原因有哪些，探讨从自然逻辑向数理逻辑演变的可能性。

第二，空间结构几何分析。以盛唐第45窟、46窟为例进行采样，收集龛楣、龛顶、窟顶、塑像服饰等处的团花纹样局部，以某一团花与相邻团花之间的空间关系的建构分析为目标，进行几何化分析尝试。

（三）使用既有艺术理论进行形式语言审美分析

除了以上几个创新点中涵盖的量化比对和造型语言的审美分析研究之外，本书也在研究过程中借用一部分美术史的分析方法。由于本书的主题是敦煌艺术中的装饰纹样，相对于佛教美术而言其研究范畴人们更为倾向于将其划定于美术学或工艺美术学，现在也可归类于设计学范畴；从学科研究的历史看，对美术史或工艺史的研究要相对成熟，特别是西方艺术史研究已形成了丰富的可资借鉴的方法与理论体系，这也是本书努力尝试的一个方面。

以"艺术意志"为主导的形式分析理论：本书在进行纹样形式语言的分析过程中，借用了一部分奥地利美术史学家李格尔的"艺术意志（Kunstwollen）"的概念，认为风格的演变是由艺术意志决定的，而不是如桑佩尔所提出的工艺和材料决定的："这并不是由技术决定的，因为技术本身取决于艺术欲望，技术并不创造风格，而风格、艺术意图创造了技术。❶"李格尔是一位资深的博物馆学者，曾任职于维也纳工艺美术博物馆，负责织物收藏，并对东西方纹样演变进行过深入研究，这一成果主要体现在他的著作《风格问题——装饰历史的基础》当中，为了阐述纹样演变的规律，他发展出"艺术意志"这一重要概念——针对所谓的"技术决定论"，他希望寻找到一种根源性的力量——即人的主观性，但这种主观性又是非个体的，而是与所谓的时代精神相联系。李格尔希望通过"艺术意志"赋予主观决定论以某种客观性，从这个含义上说，"艺术意志"与拉康所提出的"主体间性❷"（intersubjectivity）概念有共通之处。李格尔的"艺术意志"是指比"风格"更为强烈的主体因素，它的呈现受制于某种"集体无意识❸"，本书尝试用此概念来解释纹样的演变——因为相对于其他视觉样式，纹样更稳定，并且更具传承性。图像的形式感具有相对独立的传承规律，艺术的形式语言可以相对独立发展、自在自为的有生命力，并不受具体的艺术家或流派的制约。艺术形式语言从某种角度上来讲可以称作是"集体无意识"的一种载体，负责主体间的精神沟通。虽然文字语言在主体间的沟通占有十分重要的地位❹，但艺术语言，也就是形象化的视觉语言可以在更为宽阔的场阈内发挥作用，架构文化交流的路途。虽然该观点毕竟从属于一个特定的历史时期，且具有一定的地域指向性，然而由于本书的研究目标所处的历史阶段可以与这一观点有一定的契合度，所以在进行阐述的过程中也提出以观念作为先导因素来引领纹样形式的发展，这在进行莫高窟团花纹样研究的过程中是具有一定相通性的。壁画装饰纹样的绘制成果的研究在莫高窟这样的宗教艺术汇集地，鲜有介绍创作者的文字记载。对于创作主体的影响因素虽然不能完全忽略，但是可以暂时性搁置，这对于单纯从形式语言方面进行纹样分析并不妨碍。

纹样从对自然形的模仿到概括为装饰化的图形语言，在其发展演变的过程中，技术的成分于手工艺领域虽然有较大比重，但是并不能起决定作用，观念的先导性一直是最重要的。对于纹样而言，形式与含义也正如一枚硬币的正反两个方面，形式分析在本书的研究中将通过两个方面进行：一方面是量化的结构分析；另一方面是形式语言的审美阐释。

---

❶ [奥] 李格尔著，《罗马晚期工艺美术》，陈平译，北京大学出版社，2010 年 1 月出版，英译者前言第 20 页。
❷ 由法国精神分析学家拉康提出，指主体之间的相互关系和交互影响，主体是认识者、行动者，通过自我功能的实现建立与他人之间的关系，对于拉康而言是人文世界里的文化性存在。参见 [法] 拉康著，《拉康选集》，褚孝泉译，上海：上海三联书店出版，2001 年 1 月出版，编者前言第 9 页。
❸ 瑞士心理学家荣格提出的一种分析心理学概念，是指积淀在人类普遍性潜意识中的一些共同精神，也包含有未来心灵情境和观念的胚芽，崭新的思想和创造性观念也可以从这一共同积淀的基础上生发，可以说是文化创造的精神土壤。参见 [瑞士]C.G. 荣格等著，《人及其表象》，张月译，北京：中国国际广播出版社，1989 年出版，第 24 页。
❹ 拉康认为主体间性的建构需要语言来实现，语言是实现与他人联结的纽带。参见《拉康选集》，编者前言第 12 页。

三、内容结构

　　本书第二章说明研究范畴并界定部分概念，第三章简要追溯佛教典籍中有关于花的譬喻和"团"形图案的历史，从第四章到第七章是本书研究核心内容的展开过程，是按照莫高窟团花纹样的空间特征分类的逻辑来梳理和分析本研究所收集的团花案例。在第四章针对莫高窟唐代壁画中出现的团花纹样进行分类的阐述，第五章针对本书收集的莫高窟唐代服饰类团花纹样进行解析，并且在第六章中对前面提到的两条路线的团花纹样在历史流变过程中，所受到的民族、文化等社会因素的影响以及审美特征语言进行阐释，而后在第七章中将视线从横向的角度打开，审视比对唐代同时期世俗工艺美术领域出现的几个具有代表性的团花载体类别以及纹样表征，以佐证团花分布态势的宽阔范围以及由此形成的巨大的时代性影响力。第八章说明莫高窟的团花纹样其诸多构成规律与现代设计之间所具有的共通性。

第二章

莫高窟唐代团花纹样研究范畴

本书的研究对象锁定在中国敦煌莫高窟唐代洞窟中壁画和彩塑上出现的团花纹样，对其造型和结构特征进行梳理，并进行形式语言的阐释和分析。虽然从艺术理论的角度审视，色彩会对形式语言产生重要影响，然而，由于研究的硬件试验设备以及文章的篇幅所限，本书的研究并不包含色彩。除此之外，还要特别指出的是，纹样造型及结构研究范畴内不包括联珠纹❶。团花纹样，顾名思义，以外轮廓为基本识别特征，规定纹样总体呈圆形，内部大体为放射状中心对称结构的花朵纹样，也可以为均衡样式，其基本组成元素为花瓣。团花图案可以是单独花朵，也可以是一组花卉纹样，本书的研究范畴中所提及的团花纹样绝大部分时候是指成组的花卉组成的团状图案。"团花"一词在《辞海》中的释义是"四周呈放射状或旋转式的圆形纹样"❷，美术学词典中的定义有："传统装饰纹样的一种。团花，也称球花。是单独纹样的一种。是将选取的写生素材组成圆形纹样。它有做四周放射状的，有做旋转环绕状的。"❸ "一种四周呈放射状的或旋转式的圆形装饰纹样。"❹，以及"一种圆形适合图案纹样。分大团花和小团花。小团花又称为皮球花，常由数个小团花合成一个纹样。由两个团花连结成一个纹样的称为双球花。小团花的单个结构较简单，大团花则较复杂多样，有对称、放射、旋转骨式的，也有平衡、散点、直立骨式的。团花在商周和战国青铜器装饰中就已有所见。以后又应用在彩绘、刺绣上。隋唐以后则更多地出现在各种织物上。"❺ 等。《古代汉语词典》中对于"团"的解释跟本文相关的有"圆""凝聚成圆的东西""聚集""环绕，萦绕"。❻《说文解字》❼中认为"团"字发音从"专"（專），字形、字意从"口"。仅从字面理解也可以联想到对于形状类似"口"的"团"，花朵集聚在中心的四周的形态描述。

"团花"纹样从一方面界定了该纹样的外观总体成圆形；另一方面作为若干花卉组成的图案，也可以解释成若干花朵纹样以某种方式集合成外轮廓成圆形的纹样。

为了明确相关概念范围，需要将本书研究的团花加以分类，虽然分类的方法并不是唯一的，但考虑到本研究所针对的具体预设问题和分析的语境建构，可以尝试以下两种方法：第一，对于团花纹样的自身的形态特征研究是展开艺术形式语言分析的基础，因此，可以按照形态结构研究的路径进行类别划分；第二，本书中对于团花的分

❶ 联珠纹来源于西方，除了外围联珠形式有较强的识别性，内部的图案内容中动物纹样占有相当大的比重。
❷ 辞海编辑委员会编纂，《辞海》，上海辞书出版社，2009 年 9 月第 1 版。
❸ 薛锋，王学林编，《简明美术学词典》，哈尔滨：黑龙江美术出版社，1982 年 8 月出版。
❹ 以下三部辞典中，对于"团花"一词的解释基本相同：中国美术辞典编委会《中国美术辞典》，上海：上海辞书出版社，1987 年 12 月出版；吴山主编，《中国工艺美术大辞典》，南京：江苏美术出版社出版，1989 年 8 月出版；康明瑶，王兰城，张翼铁，陈秉璋，安旭，合编，《中国美术名词浅释》，石家庄：河北美术出版社，1985 年 7 月出版。
❺ 吴山主编，《雄狮中国工艺美术辞典》，台北：雄狮图书股份有限公司，1991 年 8 月出版。
❻《古代汉语词典》编写组编，《古代汉语词典》，北京：商务印书馆出版，1998 年 12 月出版，2010 年 10 月北京第 25 次印刷。
❼ [汉] 许慎撰，《说文解字》，[宋] 徐铉校定，北京：中华书局，1963 年 12 月出版，第 129 页。

析大多是基于区域比对基础上的艺术形式语言分析，例如，其形式感的西方到东方的转变、宗教语言表征的消解等，因而，团花其表意的重要性对于本书的研究路线而言至关重要。按照这一思考的路径，可以将本书涉及的团花案例按照"表意特征"和"形态特征"两种方法来进行类别划分。这一是基于延展性的研究考虑，二是希望在进行纹样形式语言阐述的时候可以有较为框架性的视角。

第一节　团花形态特征的分类

团花个体形态的结构差异，包括总体的结构特点、元素构成方式等，是本书进行集群分析的基础，试作如下的类别划分：

一、单体结构团花

单体结构团花，本书指代由单独的花卉纹样组成的团花图案，不涉及花朵与花朵之间的组合关系。这一类的指向往往是小团花，层次和结构都比较简单。衣饰、壁画边缘或器物场景装饰中出现较多。

二、群组结构团花

群组结构团花，本书指代由若干花卉元素以多种方式组合而成的集群纹样。唐代最为常见的团花组合形式是6~8个单元的花卉元素以中心对称方式组成放射状的团状图案，从内到外又分多个层次。花朵的品种有牡丹、莲花、石榴、茶花等，均为唐代常用纹样花卉。这类团花在本书偏指藻井、龛楣等处出现的复杂饱满的大团花纹样。

三、半团花

半团花在本书的研究范畴为外轮廓呈现半圆形的花卉纹样。内部结构与单体结构团花或群组结构团花相同，只是由于出现的位置大多为长条形区域，作为团花纹样带的间隙补充，或者由于分布的区域狭长而全部为半团花交错对称状分布。此类纹样在狭长边饰或者佛、菩萨造像背光的环状边饰中较为常见。

四、类团花

之所以出现类团花的概念，是相对于外部轮廓和内部造型都较为规整严谨的放射状中心对称的团花纹样而言——此类纹样，外形为圆形，但内部并不是严谨的中心对称纹样，而是相对较为自由的形态，甚至并不是适合纹样，而在内部除了实体植物图案本身，有的还留有较大的空隙，也就是虚形。但是，在唐代纹样演变过程中，对这类纹样的分析将会对整个演变过程的研究起到重要的作用。譬如，从初唐开始，佛菩萨造像背光内的团状纹样，其结构相对松散，由花朵和枝条组成，并没有严格按照中心对称来分布，甚至类似流线型的卷草纹样。但是从另一个角度来讲，此类纹样对于纹样空间分布的概念以及对于不同历史时期内，设计者对于装饰图案空间关系的把控研究都有重要的参照意义，因此本书将这类纹样纳入研究范畴。在团花的传统定义里面，有一类就是环绕型的团花，本书的某些"类团花"与环绕型团花有一定的相似之处。

第二节　团花应用的分类

团花纹样出现在莫高窟，其宗教的表意作用是非常明确而重要的，研究团花的艺术语言特质演变之前，可以按照其表意作用重要程度来进行类别划分，并考虑空间位置进行细节的序列设置，因而对于本书而言，莫高窟从初唐开始到晚唐结束，团花纹样可以试分为以下几种类别：

一、重要表意作用的团花

（一）佛教造像背光团花

无论是彩塑还是壁画，佛、菩萨等造像的背景上往往有团花装饰的头光和身光。这些背光中的纹样在唐代之前或之后的洞窟中出现时，基本都不是植物纹样，譬如，北朝的火焰纹和五代、宋的放射状波纹。仅审视唐代，从初唐到晚唐，头光、身光中的植物纹样差别也很大，初唐年间的佛教造像头光多为类似卷草的长支花卉，盛唐时期的佛教造像头光、身光中多为富丽饱满的半团花，中晚唐时期多为水波纹以及概括的几何纹样。这种变化也可以从某种角度上成为判断莫高窟壁画年代的依据之一。其中，出现在头光或身光中的团花和半团花也是沿着头光、身光的内外边缘弧线交错分布，类似于壁画边框装饰，组合元素以半团花造型为基础进行放射状分布，组合成复合大团花。因此在本书后面进行具体数据归纳分析的时候，头光、身光中的半团花会假设复原成完整团花，然后进行归类。需要说明的是，这一分类中出现的圆光暂时将被视作一朵大团花，整体的头光或者身光的圆环面积内的小团花组成元素都不单独进行分析，因为此时是以分布的位置来考虑归类的。也就可以理解为如果按照这个分类的视角去审视，可以暂时忽略以个体元素出现的小团花的属性，只将其作为基础元素看待。

（二）藻井团花

最为引人注目、并且能够具有相对独立意义的团花纹样当属窟顶藻井。东汉王延寿在《鲁灵光殿赋》中曾写道："圆渊方井，反植荷蕖"❶。敦煌洞窟藻井到了唐代开始大量采用中心团花、四周层层边饰的形态，模拟华盖的视觉效果。中心团花的题材从印度的窟顶莲花开始，就乐于采用这类花卉主题；同时，由于莲花属水生，因而也从某个方面逐渐植入了中国传统习俗中的防火消灾的寓意，意使建筑本身得到庇佑。但无论是由牡丹、莲花、石榴等西域和中原花卉品种结合而成的宝相花还是较为单纯的莲花纹样，藻井纹样的丰富程度是随着唐文化的逐渐兴盛而越加复杂化的。莫高窟早期和唐以后的动物中心藻井和平棋顶都无法与之比拟。然而，目前所见的初唐、盛唐的部分洞窟是经过了晚唐或五代甚至西夏重修的样貌，过了高峰期的团花纹样，其艺术创造性已经开始慢慢衰落，纹样逐渐呈现出趋于单调而程式化的特点，无论色彩或造型都无法与唐代前半时期比拟。

二、偏重普通装饰作用的团花

（一）服饰团花

1. 壁画类

莫高窟唐代洞窟壁画上出现的人物形象，早期多为佛陀率领菩萨和弟子说法，服饰图案出现较少。自隋代以后，服饰图案出现的位置基本上是佛、菩萨的衣裙，其中又以菩萨服饰表现最为丰富多彩，其中总体来看，出现团花纹样较多的是衣裙边饰。盛期以后，尤其是晚唐时期，经变故事中出现的世俗人物形象越来越多，而且对衣裙的纹样描绘愈加丰富。例如，晚唐196窟"劳度叉斗圣变"中的外道女性服饰的绘制，丰富而艳丽。不同于五代洞窟，供养人的形象在莫高窟大部分唐代洞窟中没有特别彰显。在五代开凿的很多大型洞窟中，供养人的形象甚至比一些佛、菩萨像还要高大。唐代，尤其是玄宗之前的早期洞窟，供养人的形象往往处于洞窟中较弱的位置，位于洞窟后室的南、北、东壁的最下方。然而供养人的衣着会非常明确的表述着同时期社会生活中的真实状态，衣服的款式特点、装饰纹样、发型等都可以成为服装史的有力案例。唐代保存较完好的供养人像上面绘制的服饰纹样，反映着当时纺织工艺特点和水准，团花纹样的普遍出现就是与世俗生活息息相关的文本再现。与经变故事的主体壁画类似，供养人的服饰也是从中晚唐之后慢慢地开始丰富起来，人物尺寸也在逐渐增大。例如，晚唐第9窟中的供养人服饰就已经有非常丰富的纹样绘制了。

❶ 陈宏天,赵福海,陈复兴,主编,《昭明文选译注(第二册)》,长春:吉林文史出版社,1988 年 4 月出版,第 602 页。

2. 彩塑类

无论是莫高窟还是其他洞窟以及佛教寺院建筑，都是以塑像为洞窟营建的中心，塑像的表现内容在不同的历史时期有所区分和偏好，人物形象有佛、菩萨、弟子、天王、力士、高僧等。造像在每个洞窟中的分布和数量不尽相同，这与洞窟开凿营建的时间密切相关。莫高窟早期洞窟的彩塑大多分布在洞窟中心塔柱的四周，尤其是东向面一侧，另外，东、南、北三壁上也可能会开有浅龛。唐代洞窟大多为西壁开龛，然后一佛居中，二弟子、二菩萨、二天王以及龛外供养菩萨的彩塑呈对称状态分列两侧。但是也有不同的彩塑排布形式，譬如，中心佛坛形式，其上为一佛于中心结跏趺坐，两侧为弟子、胁侍菩萨、天王等，或以卧佛形式呈现，弟子列于其后及两侧。但无论哪种形式，彩塑群都是以佛像为组织核心。唐代莫高窟的石窟塑像多为泥塑，大佛内部为石胎，其他基本为木胎。其妆銮的手法虽然是印度传入中国的，但是在唐代的彩塑上，已经可以看到非常本土化的纹样装饰。诸多佛像的衣裙边缘处会出现团花或半团花装饰。菩萨像的衣服边饰处、大面积衣裙上都可见团花纹样出现。对于衣裙面料团花装饰的描绘以小型团花为主，相对边饰半团花而言较为简单。天王力士的铠甲上有大量的团花纹样装饰，例如，胸甲上的两处大团花；除了结构分割线以外，铠甲表面大部分都覆盖有花卉纹样装饰，但是有的部分类似于卷草的流线造型，然而总体结构呈团状，紧密地适合于边缘。可以见到诸多类似案例——莫高窟现存的以45窟为代表的泥塑、陕西历史博物馆藏唐代天王泥塑、法国吉美博物馆藏敦煌泥塑等，都可以见到保存相对完好的团花纹样装饰。铠甲上的适合纹样，其花卉的众多题材中以海石榴为多见，造型婉转流畅，区域面积内填充十分饱满并且富于变化，体现着唐代洞窟高品位的绘画独创性。然而，从晚唐部分洞窟开始，对于团花题材的趋向随意地描绘和创造力的减弱是一种总体趋势，当然，这其中包括洞窟建造者的资金投入和创作群体的水准问题，但是总体而言是向着简单而程式化的方向前进的。

（二）建筑空间装饰团花

莫高窟佛教艺术的初始表现目的虽然是以彩塑为中心，但是不可否认的是，洞窟艺术留存至今的状况是以壁画为主体的。相对于彩塑，壁画占有更大的可视面积，并具有较为完整的保存状态。建筑空间装饰团花纹样在本书的研究概念里是指包括壁画边饰、龛沿等部位在内的洞窟墙面绘画装饰中的团花纹样，且多为长条形状。

1. 龛沿及四周装饰

莫高窟唐代洞窟的结构大多分为前后两室、覆斗顶，极少保留中心塔柱，绝大多数的龛室为西壁单龛，少数沿用早期格局，南北两壁也开佛龛。但是无论哪种格局，壁龛周缘都会有团花纹样组成的边饰，楣的团花纹样装饰带为多层结构的大团花和半团花组成，结构严谨，构图饱满。

2. 大型壁画的边框装饰以及洞窟结构性边饰

出现在这一位置的团花图案基本是小型的团花与半团花组合而成的团花边饰纹样带。其中心结构线上基本为完整的小型团花，两侧为了补充空间关系而采用半团花装饰，这样一整二破的形式也会形成相对饱满的构图。这些垂直方向的团花纹样边框装饰将壁画左右的不同区域分隔开来，使单面墙壁上的不同经变故事成为完整的独立作品；水平方向的边饰往往是为了分隔大幅壁画与下方的长卷。长卷的内容多为供养人列队，但是在早期洞窟中，此处往往有佛传故事等叙事性较强的壁画内容。除了壁画边框装饰，还有一类边饰是出现在窟顶四披交界处的边饰。藻井一般位于窟顶中心位置，从藻井到四壁会有覆斗形四披，每两披之间会有长条面积的纹饰，这类位置出现的纹饰通常会与四壁的边饰雷同，图案的形制几乎没有差别。初唐、盛唐时期的纹饰往往为小团花组合，中晚唐时期的卷草纹所占比例较大。

3. 莫高窟唐代洞窟壁画内部的很多部分都有装饰性的团花纹样

例如各类"说法图""经变画""本生故事""佛教史迹"等，其中的器具装饰、场景陈设、空中"天花"等，很多都有团花纹样装饰。首先，在场景表现上，譬如，表现净土世界的地面时，就有以团花纹样做装饰的。其次，包括阿弥陀经变在内的众多经变画都有舞乐场景，翩纤起舞的乐伎脚下的各式地毯，往往饰有各类团花纹样；普贤菩萨和文殊菩萨的坐骑上经常出现饰有团花纹样的圆毯；还有很多世俗人物礼佛的场景中也常常出现方形的地毯，也有团花图案出现。经变画中会对佛国世界进行充分的想象和描绘：亭台栏杆上面的图案装饰、幔帐支柱、台座上面的纹样细节等，都出现了大量的团花以及半团花图案。除了以上的装饰部位之外，壁画空隙处，天花散落的视觉形象是以众多无紧密周边结构的团花来表现的，有些是有枝干的写实性花卉，有些是自由分布于空中，如果用文字记载其类别的话，可以与佛经中文字记载的"曼陀罗华、摩诃曼陀罗华、曼殊沙华、摩诃曼殊沙华……"相对应。

三、其他散见的团花

除了以上两大类团花纹样，还有其他类别的团花出现在莫高窟唐代时期，例如，部分敦煌文献中，包括流失海外的许多绢本设色的绘画中涉及团花纹样，也包含在本书的研究范畴之内。虽然这一部分总量较小，但是由于绢本绘画细腻完整，保存状态相对较好，可以从侧面印证对于壁画剥落细节的推测。大英博物馆藏的绢本绘画中就有包括菩萨像、说法图等多种类似于莫高窟壁画的完整作品，连带供养人形象都十分生动细致，设色完好鲜亮，因而敦煌文献中的团花纹饰也是一类研究组成部分。但是，由于文献中的团花纹样多为唐代后期所绘，对于本书进行团花纹样形成和发展的研究，其重要作用并不特别显著，只将其作为补充资料进行研究；另外，由于本书的主要研究对象是洞窟壁画和彩塑类团花纹样，虽然藏经洞的文献也属于莫高窟的范畴，但从本书研究重点出发，狭义而言，其并不是重要对象，因而综合以上两点考虑，将这一部分进行单独划分。

在明确了上述分类后，根据本书的研究目标，也将结合相关类别的唐代典型纹样进行类比说明。但是针对团花纹样本身，重点会放在盛唐时期的群组型结构团花上，至于典型性的认定，会在本书中一一阐述。同时，如果以植株的生长做譬喻的话，主干和分支在其生长发展过程中将会略有侧重的阐述。本书的论述中涉及四个历史时期，以唐代为基准点，向前延伸两个时期——北朝与隋代，向后延伸一个时期——五代。北朝是我国历史上政治格局变化较大的一个时期，朝代更迭频繁，此时，将魏晋南北朝中的北朝单独提出来论述，是参照莫高窟洞窟的建造历史进行的。莫高窟洞窟装饰团花纹样在这四个历史阶段中呈现出各自鲜明的特点，通过不同角度的比对，分析其总体的转折变化，为唐代内部团花纹样在初唐、盛唐、中唐以及晚唐的分析比对奠定初步的基础。但是需要说明的是，本书在案例分析的过程中的分类并没有完全遵循上述划分方式——考虑到本研究侧重服饰文化方向，因而在案例梳理分析时将壁画和彩塑中的服饰类团花纹样单独归类，与其他洞窟壁画装饰比对展开研究。

团花纹样的概念出现在本书中，其指向范畴如前面所述——与众多纺织品文物的命名方式如团窠等概念相比，"团花纹样"的命名其边界更具延展性并宽泛许多。本章对本书研究的团花纹样的范围进行了较为明确的界定，并进行类别梳理——以形态结构为基准的划分和侧重表意重要程度的分类。对于研究莫高窟范围内唐代团花类纹样的视觉文献，阐释其所展现出来的艺术造型特点并进行语言形式分析，采用这样的界定和分类方式更具有合理的涵盖性。

第三章

『团』『花』与『纹样』溯源

在"团花纹样"其概念与研究范畴中，"花"和"团❶""纹样"都是极其重要的核心组成部分。纹样的发展是具有跨民族和区域性的，诸多发展特征都具有普适意义。从"花"或"团"的图像特征出发，向上追溯可以得到许多历史渊源的信息，无论是于中国本土的文化脉络抑或印度佛教的形象表述，都源远流长（图3–1）。

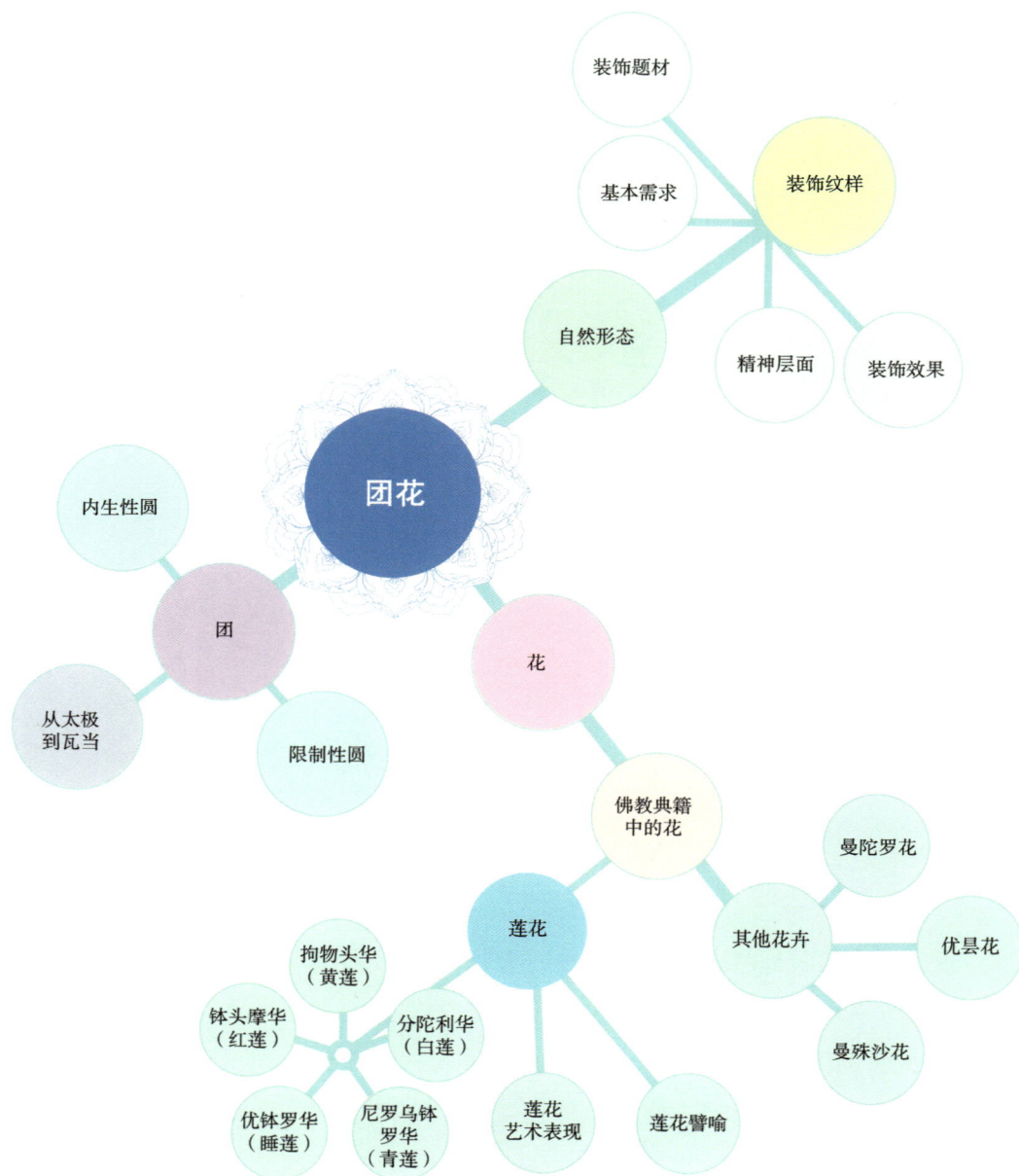

图3–1　团、花、纹样溯源导图

佛教作为一种外来宗教，于东汉末年传入中原，如同其他外来文化一样，需要经历艰难的本土化过程。儒、道二家作为本土思想的主流类别，遇到佛教这一外来思想

❶ 此处团通圆。

体系，双方的抗衡和互相渗透持续进行。佛教的思想部分，其诸多义理和思辨方式也在同中原本土的思想体系进行着各种交流。儒、道、释在朝廷的三教论议过程中，带有严密逻辑性、以思辨见长的佛教，显然具有越来越大的优势。譬如，玄奘引入因明学，会隐立"五蕴❶义"，神泰立"九断知义"❷。佛教于唐朝初年从多方面进行着本土化，同时，佛教或佛学思想同时也从多方面渗入当时的中国社会，并且开始越来越紧密地与中国社会的思想、文化各个层面与组成部分紧密的交融。

敦煌作为丝绸之路上一个重要的文化交汇点，将西域和中原联结起来，佛教文化向东输入的过程中，从敦煌开始有了比较完备的形态展示。尽管在新疆或印度乃至犍陀罗地区，石窟供佛的形式并不少见，但是对于地处古丝绸之路的敦煌而言，这是一种精神力量的物化表现，由此伴生的艺术作品的影响力现在已经远远超过了它的生成基础——佛教。

第一节　佛教典籍中的"花"

"尔时娑婆世界主大梵王。名曰方广。以三千大千世界成就之根。妙法莲金光明大婆罗华。捧之上佛。退以作礼。而白佛言。世尊今佛。已成正觉五十年来种种说法。种种教示。化度一切机类众生。若有未说最上大法。为我及末世行菩萨人。欲行佛道凡夫众生。布演宣说。作是言已。舍身成座。庄严天衣。令坐如来。尔时如来。坐此宝座。受此莲华。无说无言。但拈莲华。入大会中。八万四千人天时大众。皆止默然。于时长老摩诃迦叶。见佛拈华示众佛事。即今廓然。破颜微笑。佛即告言是也。我有正法眼藏涅槃妙心。实相无相微妙法门。不立文字。教外别传。总持任持。凡夫成佛。第一义谛。今方付属摩诃迦叶。言已默然。"❸

拈花微笑的典故，作为众多禅宗学者所谓的第一公案，流传至今已经两千多年。其中，对于佛教心法的这种传承方式，后世的学者从不同的角度进行过各类的解析。但无论如何阐述，有一点基本上是没有被否认的，就是佛陀与摩诃迦叶之间的交流是在对佛教心法有共同认知的基础上进行的，这种对佛教义理的传承方式是一种去语言

---

❶ 意指：一、色蕴，总该五根五境等有形之物质。二、受蕴，对境而承受事物之心之作用也。三、想蕴，对境而想象事物之心之作用也。四、行蕴，其他对境关于嗔贪等善恶一切之心之作用也。五、识蕴，对境而了别识知事物之心之本体也。参见《佛说五蕴皆空经》卷1。佛说五蕴皆空经(CBETA, T02, no. 102, p. 499, c5-28)

❷《集古今佛道论衡》卷4："显庆三年四月下勅。追僧道士各七人入内论义。时会隐法师竖五蕴义。神泰法师立九断知义。道士黄 [33] 颢李荣黄寿等次第论义。并以莫识名体。茫如梦海。虽事往返牢落无归。"(CBETA, T44, no. 1851, p. 717, c24-26)

❸《大梵天王问佛决疑经》拈华品第二：(CBETA, X01, no. 27, p. 442, a1-12//Z1: 87, p. 326, c4-15//R87, p. 652, a4-15)

的沟通，但是由于主体双方对一个对象物体所展示出来的概念内涵和外延的研究路径有着非常一致的认知，才能够达成无障碍地默然沟通的效果。"花"，作为本书开篇的关键词，其在"释迦拈花，迦叶微笑"的过程中是作为信息的传递者出现的。"花"本身所具有的种种初始意义此刻被剥离殆尽，更多的是作为文本形式和象征符号，被放置在特定的语言环境中，其概念解释也是相对独特的。在这样的交流中，如果从纯粹理论的角度来看，"花"可以是花，也可以用其他的物品代替，因为"实相无相"是"拈"与"微笑"这二种行为间的因果路径；然而，以"花"为"相"引出禅宗心法阐述，其有一定的合理性和必然性。

本书所研究的团花纹样是针对莫高窟佛教艺术而展开的，因此，是在佛教视觉艺术的范围内去阐述纹样研究内容。然而由于洞窟艺术在创作的过程中难免会与世俗的装饰艺术产生千丝万缕的联系，二者之间的表现手段和形式语言有多方面的互相融合和影响，因而，本书的研究会兼顾宗教与世俗两方面的历史源流和意义表达。

在佛教的诸多传世典籍中，对于"花"的形象描述都充满了赞颂和溢美之词，以花供佛的文字颇为常见，如莲花。从古代印度开始，莲花的形象就经常出现在各种比喻的文字和图像中，人们提取了莲花的出淤泥而不染的生长特性来象征美好的品格以及修行状态等。除了白莲、青莲等莲花，优昙华、金婆罗华、曼陀罗华、曼殊沙华等，都在佛教典籍中出现频繁。例如，《佛本行集经》中有"借花献佛"❶典故的由来；《无量寿经连义述文赞》❷《大般若波罗蜜多经（第401卷–第600卷）》❸《正法华经》❹中都有明确段落描述天花四散以供养佛菩萨；《大乘宝要义论》里面记载优昙华与佛降临世间的一些现象关系，充分描述了优昙华的种种美好与出现条件等❺。在《长阿含经》中也有众多花卉记载："阎浮提人所贵水花：优钵罗花、钵头摩花、拘物头花、分陀利花、须干头花，柔软香洁。其陆生花：解脱花、蒼卜花、婆罗陀花、须曼周那花、婆师花、童女花。拘耶尼、欝单曰、弗于逮、龙宫、金翅鸟宫水陆诸花，亦复如是。阿须伦宫水中生花：优钵罗花、钵头摩花、拘物头花、分陀利花，柔软香洁。陆生花：殊好花、频浮花、大频浮花、伽伽利花、大伽伽利花、曼陀罗花、大曼陀罗花。"❻

由于本书是针对莫高窟唐代团花类纹样进行研究，因此，佛教洞窟艺术作品中表现的花卉母题就成为本书研究的重点之一，在佛教艺术中，花卉纹样与佛菩萨等造像相比虽然处于相对次要地位，但由于其在早期佛教中具有明确的象征意义，故花卉母

---

❶《佛本行集经》卷3〈受决定记品2〉。(CBETA, T03, no. 190, p.666, c12–p. 667, b1)
❷《无量寿经连义述文赞》卷1："诸天生喜天华散佛积至于膝故" (CBETA, T37, no. 1748, p. 140, a21)
❸《大般若波罗蜜多经（第401卷–第600卷）》卷513〈真如品19〉："种天妙香末及诸天华, 奉散世尊" (CBETA, T07, no. 220, p. 620, a23)
❹《正法华经》卷4〈往古品7〉："佛在树下满十中劫, 天华纷纷尽劫不绝" (CBETA, T09, no. 263, p. 89, a10)
❺《大乘宝要义论》卷1。(CBETA, T32, no. 1635, p. 49, c28–p. 50, a12)
❻《长阿含经》卷20〈忉利天品8〉。(CBETA, T01, no. 1, p. 132, b28–c7)

题在历代的视觉图像传承中的延续与变化就不仅是装饰性的，也构成图像意义的一部分。对于佛经中出现的几类主要的花卉，在此处也有必要略作描述，另外，佛教典籍的释义类文字中，也出现过"团花"的字样，如：《法华经义记》中提到"曼陀罗花"者，译为小白团花。"摩诃曼陀罗花"者，译为大白团花。"曼殊沙花"者，译为小赤团花。"摩诃曼殊沙花"者，译为大赤团花也。虽有四花，今合为两双，前二白团花譬在家二众，后二赤团花譬出家二众。"❶

一、莲花

从古印度翻译过来的经文中，"华"与"花"通假。所以出现在佛教经典中的花朵大都是以"华"字指代。《妙法莲华经》是大乘佛教净土宗的著名经典，该经的名字中就出现了莲花，以莲花的洁白清净比喻佛法的微妙无上；另外，花果同体的莲花也同时用来比喻佛法因果不二。《佛说阿弥陀经》中也有对莲花化生的相关描述"池中莲华，大如车轮，青色青光，黄色黄光，赤色赤光，白色白光，微妙香洁。"❷

（一）佛经中几种不同类别的莲花

钵头摩华为印度音译，梵语padma，通常指代红莲花。而优钵罗华，梵语"utpala"，即睡莲，有多种颜色，其中尼罗乌钵罗华，也就是青莲花，经常出现在颜色描述和类比中，譬如《妙法莲华经》中第二十四品《妙音菩萨品》中描述妙音菩萨的相貌时，就用莲花做比喻："是菩萨目如广大青莲华叶，正使和合百千万月，其面貌端正、复过于此。"❸《毗尼关要》卷中也记载了几种莲花："若优盋罗华（此云青莲华）。盋头摩华（此云红莲华）。拘物头华（此云地喜华。亦云拘某陀。此云黄莲华）。分陀利华（此云白莲华。叡师云。未敷名屈摩罗。将落时名迦摩罗。处中盛时名分陀利。体逐时迁名。随色变故。有三名也）"❹。

（二）莲花形象的譬喻

佛经中有许多关于莲花形象的譬喻，以莲花的种种美好来指代或阐述义理。《佛说除盖障菩萨所问经》卷九中曾出现以莲花出淤泥而不染的形态，清香广布的美好品质比喻菩萨所修的十种善法："离诸染污""不与恶俱""戒香充满""本体清净""面相熙怡""柔软不涩""见者皆吉""开敷具足""成熟清净""生已有想"❺。除了莲花本身的

❶《法华经义记》卷1〈序品1〉。(CBETA, T33, no. 1715, p. 582, c27–p. 583, a4)
❷《佛说阿弥陀经》卷1。(CBETA, T12, no. 366, p. 347, a4–5)
❸《妙法莲华经》卷7〈妙音菩萨品24〉:(CBETA, T09, no. 262, p. 55, c10–12)
❹《毗尼关要》卷2:(CBETA, X40, no. 720, p. 502, c4–7 // Z 1:63, p. 325, d12–15 // R63, p. 650, b12–15)
❺《佛说除盖障菩萨所问经》卷9:(CBETA, T14, no. 489, p. 726, c22–26)

形象的描述比喻以外，还有一些是佛教典籍中出现的以莲花命名的人或者物，譬如，瑜伽宗推崇心法之心莲，其宗派的义理有时候又称做莲理。莫高窟、云冈石窟等石窟群中出现的众多唐代佛造像中，佛、菩萨所坐花台为莲花台，可以理解为以莲花台来比喻佛菩萨于污秽地得清净之心。《大智度论》卷八中有关于佛为什么要坐于莲花之上的问答，其中，"显现神力""庄严妙法"等原因都在其中予以说明和解答❶。另外，莲花也是用来供养佛菩萨的重要花卉之一，如《大智度论》卷十记载："尔时宝积佛以千叶金色莲华与普明菩萨而告之曰：善男子！汝以此华散释迦牟尼佛上。"❷《别译杂阿含经》中有记载名为莲华色❸的比丘尼，经历种种磨难之后，听闻目犍连讲佛法而皈依佛门，后证阿罗汉果。在佛陀自忉利天为母说法重返人间时，莲华色比丘尼曾化作转轮圣王迎接。在一些与佛教相关的古籍中，例如在《释氏要揽》中，莲华衣❹也用来比喻清净无染的袈裟。在佛教经典《大方广佛华严经》《梵网经》中所描述的毗卢遮那佛（卢舍那佛）所在的世界称为"莲华藏世界"❺，也有学说认为这种说法很可能是受到婆罗门教影响，因为婆罗门教认为是水中现身的毗湿奴神肚脐中生莲华，从莲华中生出梵天神，然后由此创造了世界。在一些佛教典籍里面以"莲邦"❻来指代西方净土，因为按照教义，西方极乐世界的众生都是从莲花中化生，所以，整个世界被称为莲邦或莲刹❼，而此时的莲花有时候又被称作莲胎❽，因为比喻如同母胎般承托新生命。

（三）莲花的艺术表现

在具体的壁画表现中，莲花从北朝的壁画中就频频出现在洞窟的各个局部，可与忍冬结合而成组合纹样，盘绕在龛楣上或装饰在人字坡上，或窟顶平棋格中，同时，其中也偶有描绘莲花化生的形象。到了隋朝，整体装饰或寓意表现方法基本延续北朝时期的手段，也会以单独的浮雕泥塑形象装饰在龛柱上。由于隋朝洞窟形制已经发生了一定的改变，窟顶出现中央藻井，这部分的装饰纹样中也常会出现莲花，主体花朵形态为俯视，简洁而平面化。唐代的团花纹样中，莲花几乎是核心构成元素，无论团花纹样内部由多少的花卉元素构成，莲花瓣的形态特点都被保留下来——这也是初唐

❶《大智度论》卷 8〈序品 1〉:(CBETA, T25, no. 1509, p. 115, c22–p. 116, a5)
❷《大智度论》卷 10〈序品 1〉(CBETA, T25, no. 1509, p. 128, c2-4)
❸《别译杂阿含经》卷 12:"莲华色比丘尼"(CBETA, T02, no. 100, p. 454, b12)
❹《释氏要览》卷 1:"莲华衣"(CBETA, T54, no. 2127, p. 268, b27)
❺《大方广佛华严经》卷 8〈华藏世界品 5〉:(CBETA, T10, no. 279, p. 39, a16–20)《梵网经》卷 2:(CBETA, T24, no. 1484, p. 1003, b20–24)
❻《法华经授手〔卷首〕》卷 1:"则成四德。可趣极乐莲邦"(CBETA, X32, no. 621, p. 576, c10–11 // Z 1:51, p. 259, c14–15 // R51, p. 518, a14–15)
❼《佛说菩萨本业经》卷 1:"有青莲刹"(CBETA, T10, no. 281, p. 446, c25)
❽《销释金刚经科仪会要批注》卷 7:"同生西方净土莲胎化生也"(CBETA, X24, no. 467, p. 732, a1 // Z 1:92, p. 199, d17 // R92, p. 398, b17)

和盛唐的团花纹样的主要特点。这些纹样会出现在头光、身光、藻井等不同位置；同时，在壁画单独的花卉部分，莲花也会以完整的单支形态出现。除了上述的独立装饰功能，在壁画或彩塑尊像脚下的莲花是另外一类，它们的形态更为写实，基本遵循着尊像的时代造型特点。

二、佛教典籍中的其他花卉形象

（一）优昙华❶

桑科隐花植物，生长于喜马拉雅南山麓，斯里兰卡等暖湿之地。传说中三千年一开花，为佛出世而感应开花，所以人们取其灵瑞感应之意，也译作灵瑞花、空起花，也因其看似难得见到的开花比喻一些灵瑞之像难得遇见。

（二）曼陀罗华❷

又称佛花，一年生草本植物，植株高1米左右，枝叶皆似茄子，属茄科。夏秋之间开花，花朵形似漏斗，果实白色，整个植株有毒，可入药，印度、日本、中国都有生长。曼陀罗花在佛教典籍中常常解义为"适意""成意""天妙""悦意"等，在印度被认为是天界四种花之一。

（三）曼殊沙华❸

佛教典籍中出现的四种天界花之一，也被译作白圆花，如意花等。曼殊沙花洁白柔软，佛菩萨讲法时，天神可降落曼殊沙花，用来庄严说法的道场，使观者远离恶行。

第二节 "团"形式语言溯源

对于"团"或"圆"的概念，从自然科学到社会科学都有不同的解释，在中国传统文化的概念里，对于"圆"的文字解释可以在很多的传统经典著作中见到。如各朝代学者对于《周易》的不同注疏里面，就多次谈到"圆"的哲学层面的含义，并且用

---

❶《大方广佛华严经》卷27〈十回向品25〉："其心清净，希有难得如优昙华"（CBETA, T10, no. 279, p. 145, b14–15）；《悲华经》卷2〈大施品3〉："诸佛世尊出世甚难，过优昙华"（CBETA, T03, no. 157, p. 178, a22）；《迦叶赴佛般涅盘经》卷1："其水中则有优昙华，绀色华、红色华、紫色华。"（CBETA, T12, no. 393, p. 1115, b19–20）

❷《大智度论》卷99〈昙无竭品89〉："天华中妙者，名曼陀罗"（CBETA, T25, no. 1509, p. 750, a2–3）

❸《胜天王般若波罗蜜经》卷2〈法界品3〉："无量百千释梵护世诸天王等，合掌恭敬，散诸妙华——曼陀罗华、摩诃曼陀罗华、曼殊沙华、摩诃曼殊沙华、白莲华、赤莲华、红莲华、青莲华——耆阇崛山纵广四十由旬，积华遍满至于佛膝。"（CBETA, T08, no. 231, p. 694, c14–18）

多种譬喻来说明"圆"的精妙美好,《周易·说卦》中记载"乾为天,为圜"❶。这虽然会与原始的宇宙观不无联系,但是这个早期概念对于众多后世的方圆论是有一定的指导意义的。对于圆的运动性和与方之间的转化性,诸多学者都倍加推崇,认为圆是世界上最具无穷变化性的形态,涵盖其他的一切运化关系。除了本土的传统思想,佛教经典中"团""圆"字样出现的频率也颇高——《长阿含经》中记载:"团满无有损减"❷;《撰集百缘经》中记载:"花果茂盛,团圆可爱"❸;《大集法门经》记载:"摄心志念,而令一切增长圆满。"❹《中阿含经》记:"沙门瞿昙身形圆好"❺;《园生树经》记:"各获果证清净圆满,梵行具足一切见敬"❻;《护国经》记载:"文义深远纯一无杂,具足圆满梵行之相"❼;《杂阿含经》记载:"通者、广通者、圆通者"❽;《众许摩诃帝经》记载:"圆满六波罗,成就无上智"❾,这些"团""圆"在用作形容一种状态时都是意指美好的褒义词。

一、从太极到瓦当

提及团花,如果溯源逐本的话,考虑文字和概念的层级递进关系——从团花到团到圆,可以上溯到太极纹样的圆形。而阐释图案的虚形实形关系,也可以借用太极中的阴阳互补的图。这样的纹样空间概念,从汉代流传下来林林总总的装饰纹样中可以体会到当时的"艺术意志"❿——即实体图案和空间的关系非常有机地互为补充、互为图底,这样的纹样设计方法体现出高超的装饰艺术水准,无关材质变化。而团与圆的内涵追溯也可以称为是这类团形纹样的语义内涵,其内在的文化逻辑主线是"团"形纹样审美形式的文化心理基础。圆形纹饰出现的历史非常久远,甚至可以追溯到新石器时代,例如,图3-2仰韶文化的西北分支的马家窑文化,其出土的陶瓶上就能清晰地看到圆形图案的装饰。如果不强调圆形图案的内容的特别指向性,只看整体的纹样轮廓和大致结构特点,可以见到从新石器时期到商周、秦汉等绵延下来的各个历史时期,均有圆形装饰图案出现。多见于商周的青铜器,其上纹样外轮廓多为方直的四边形,但是也不乏圆形器物上出现适合纹样。及至汉代,出现了更多的圆形适合纹样,如铜

❶《周易》,郭彧,译注,北京:中华书局出版社,2006年9月第1版,第407页。
❷《长阿含经》卷22〈世本缘品12〉:"团满无有损减"(CBETA, T01, no. 1, p. 147, b25)
❸《撰集百缘经》卷3〈授记辟支佛品3〉:"花果茂盛,团圆可爱,如尼拘陀树"(CBETA, T04, no. 200, p. 216, a11)
❹《大集法门经》卷1:"摄心志念,而令一切增长圆满。"(CBETA, T01, no. 12, p. 228, b23–24)
❺《中阿含经》卷41〈梵志品1〉:"沙门瞿昙身形圆好"(CBETA, T01, no. 26, p. 686, b17–18)
❻《园生树经》卷1:"各获果证清净圆满,梵行具足一切见敬"(CBETA, T01, no. 28, p. 811, a21–22)
❼《护国经》卷1:"文义深远纯一无杂,具足圆满梵行之相"(CBETA, T01, no. 69, p. 872, b1)
❽《杂阿含经》卷6:"通者、广通者、圆通者"(CBETA, T02, no. 99, p. 41, b14–15)
❾《众许摩诃帝经》卷5:"圆满六波罗,成就无上智"(CBETA, T03, no. 191, p. 945, c1)
❿[奥]阿洛伊斯·李格尔著,《风格问题——装饰历史的基础》,邵宏译,中国美术学院出版社,2016年11月第1版,第2页。

图3-2 螺旋纹彩陶大瓮（马家窑文化）

（图片来源：作者拍摄于甘肃省博物馆）

镜、铜壶、各类圆形漆器、玉器等。其中，玉器是较有代表性的一类——圆、环状礼器上，雕刻遒劲有力的纹样，极为概括、装饰性非常强，而且基本为动物题材，如常见的龙纹、凤纹等吉祥动物。此时的圆形图案，虽然整体为圆形，但是纹样内部的细节线条并不柔弱，反而在强调方圆曲直的变化对比。利用龙凤的脚爪等部位的直线来打破一味地弧线，用直线穿插于圆环的整体造型的不同局部，使得整个器物的装饰气韵生动，富于硬朗阳刚之气。战国时期的铜镜上已经开始出现植物纹样，只不过此时的植物纹样以今天的标准而言称不上非常写实，其装饰手法相当简练概括。然而纹样无论线条为曲为直都在围绕中心进行对称分布。秦汉瓦当的纹样是大家较为熟知的一类具有极强时代特色的纹样，基本为圆形轮廓，内里有文字和动植物图案两大类，瓦当发展到唐代，就已经有了与莫高窟壁画非常相似的植物团花纹样装饰了。

二、内生性圆形与限定性圆形

如果此时采用另外一种分类方法进行尝试——内生性圆形与限定性圆形，似乎可以对历史上的圆形纹样进行不同路径的梳理。首先，内生性圆形纹样在本书指代那些不需要外轮廓或者器物形状的空间制约，而在相对较为宽松的面积区域内，谨出于图案组成的内生性需求而呈圆形的图案，其纹样的各个组成部分联系紧密，有机的生长在一起，形成团状外轮廓。限定性圆形，在本书表述中指代那些由于器物形状或外轮廓限制因势利导做圆形的纹样，其内部装饰纹样无论形状适合与否，都没有选择余地地组成圆形，以求适合外部边界；并且可能为了填充圆形或环形的区域，将本身并不具备团状特点的纹样组合在一起，这样的结构可以是紧密的，也可以是松散的。如此一来，再看圆形纹样，也可以从材质上进行有效划分了：出现于陶器、铜器表面、纺织品表面等半开放或全开放区域中的圆形纹样基本可以认作是内生性圆形纹样；而器形为圆、环状的内部装饰纹样，可以认作是限定性圆形图案。例如，唐代纺织品的染色——由于时代的工艺特点，缬类纹饰较多，而通过反复折叠而进行防染的缬类纹样容易形成团状图案，因此也多为模拟花朵的圆形。在莫高窟壁画中的菩萨或供养人衣裙上，这类图案较为常见。

第三节　从自然形态到装饰纹样

自然形态的植物与工艺图案有着较大的区别，从前者到后者的演变过程也是缓慢渐进的。无论东方或者西方的原始部族，从基础的求生状态到装饰生活的状态经历了漫长的发展过程。自然形态的植物或者动物对于原始部族的先民而言具有重大的意义，反映在原始装饰纹样作品中，可能是非常抽象的形态。然而，出现在工艺品上的装饰纹样，无论是水中的鱼还是奔跑的野兽，大多与原始信仰或愿望息息相关——一方面是具有促使愿望达成的作用；另一方面与自然崇拜有不可分割的关联。虽然装饰纹样的出现范围远不止于生活器物，还会出现在人体肌肤上，但是由于本书研究范围所限，并不过多赘述人体装饰方面的内容。

一、基本需求层面的"装饰"手法

从自然物像到图案，这其中的演变过程有一个非常重要的推动力就是功能的需求。原始阶段的形态转化还是将自然形态较为客观地描绘刻画在不同的装饰表面，但其中有一些影响因素是不可忽视的，譬如，人类社会不同族群的文明的阶段性发展状态。处于相对原始状态的先民，其对物像的可视化表现手法也是相对原生态的，没有复杂的转化和变形，只取其中可识别性较强的部分加以利用，视觉形象的表现手段概括而单纯。因为此时的功能目的其实更多偏重于愿望实现或者图腾力量祈求，他们的"图案"也并不是严格意义上的装饰图案，更加倚重其象征意义。如同进行图像学分析一样，此时的各类自然物，其自身的符号化意义在装饰表面得到实现或强化，而相对于这类的功能性，其单纯的审美性意义处于较弱的地位，并没有得到充分的开发。这样一来，其自身形态的特征表现、线条的节奏感、点线面的穿插关系……甚至于色彩的搭配组合，都是退后的需要，附属于核心需求之外。

装饰是一个非常宽泛的概念，其手法和具体指向都不是单一的，本书着重阐述的是各类装饰概念中比较传统的视觉化平面装饰手法。将装饰的概念向文化历史中较早的时期回溯的话，其视觉效果是有着非常鲜明的时代特征的。如果这里可以举出的例证不一定是限制在东亚或唐代，那么不妨将视野拓宽——无论是波利尼西亚、马来西亚还是非洲、中东，很多原生态的装饰纹样也都在向大家展示原始纹样极强的组织规律性。从长江流域的原始文明到非洲现存的原生态身体纹饰，再到太平洋原始部落的装饰遗迹……都可见富于秩序感的几何纹样。如果再将范围缩小，使着眼点更为具体的话，可以看到在中国西南地区的民族传统印染工艺中，蜡染的纹样中经常出现的几何纹与美拉尼西亚岛上的原生态几何装饰纹样有着异曲同工之处，包括装饰的手法都有相近似的特点，如"反复"。从某种意义上来讲，绪论中所谈及的"集体无意识"可以视被为这种文化现象在不同区域同时萌生的精神土壤——由于共同的精神基底，对于诸多自然形态的抽象化作为看起来如出一辙。

二、文化层面的含义表达

以上阐述的部分都还集中在装饰的基本生存需求和基础手法的范围内，如果将这一需求的层面向上层结构提升，会发现更多的精神层级功能的实现。然而，并不能将"装饰"纹样的功能由此与图像学分析相脱离。从物质需求到精神需求的实现，无论是原始渔猎民族祈求战利品的多多获取，还是农耕民族祈望风调雨顺——装饰纹样都将这些精神层面的需求进行物化整理，以简单的形态表达丰富的愿望。当这些愿望从满足基本生存需要进入装饰审美阶段后，装饰纹样的形态有了更为复杂和远离自然原初路线的发展状态。对原始的自然力量的崇拜会体现在原始巫术❶中，人们对原始巫术的力量崇拜经过物质生活水准和精神需求的全面提升之后，逐渐过渡到早期宗教，而后，更为系统化的精神层面的追求推动了各类装饰手法的发展。不同宗教在推行信仰崇拜的过程中，不可避免的要用到各类视觉化的符号语言，这些表达方式在传递宗教信息的过程中更为直观和富于情景模拟优势。虽然不同的宗教对于教义的传播有着各异的方式，且其中有些并不主张以图像方式传播宗教义理，然而对于大多数宗教类别，图像都是一种有效且持久的方法。例如，基督教中的"受胎告知"，在不同历史阶段的绘

❶ [英] 弗雷泽著，《金枝》，徐育新等译，北京：大众文艺出版社，1998年1月第1版，第32页。

画作品中都有相似的符号出现：扬起手指的大天使、惊讶的年轻女人、白色百合花等。无论披上何种历史时期的外衣，都恒定的延续着相同的视觉语言符号，无论各个历史阶段的表现特点如何，这些固定的符号都起到了至关重要的识别功能。再将视线转移到佛教：对于同一种经变画题材，尽管莫高窟早期、盛期和晚期的壁画，其视觉效果差异巨大，但是可以通过一些恒定的符号来进行辨识和归纳，如描绘剃度场景往往成为辨识弥勒经变的重要标准之一。

佛教洞窟开凿修缮过程中，尽管不同阶段的审美风格有所不同，但是规律化的装饰手法相对恒定地沿着自己的脉络向前发展。其演化固然受到多重因素的影响，但是依然可以通过装饰图案的表现特征来分析其相对独立的"艺术意志"。装饰母题地呈现在同一类壁画题材中也是趋于稳定的，只是表象有所差别，如各类花卉在洞窟中以不同面貌出现，也是宗教含义的表征之一。从莫高窟早期的北凉洞窟开始，就出现了莲花和忍冬花纹样，虽然组成形式还不是团花，但是符号化的象征性是非常明确的。到后来的北魏和西魏洞窟，甚至隋代洞窟中，都能够看到与印度的石窟装饰类似风格的莲花图案。至初唐时期，表现风格开始有了非常大的转变，但仍然是以莲花为主要的花卉纹样构成元素。尽管唐代的花卉纹饰有了较为完全的"装饰感"，其组成结构和特点呈现与莫高窟早期洞窟差异巨大，但是其装饰母题是从前朝一直延续下来的，并保持着恒定的地位。除去考虑到地理条件等自然物质的因素，若非精神性要素起到指导作用，一种题材的纹样很难如此持续地传承下来。然而，当人们联系佛教经典中关于莲花的记载，以及其出现的频次和受到的推崇来看，就会发现这种稳定的代际传承是顺理成章的。莲花此时已经部分地脱离了花卉本身的自然意义，佛教艺术创作者更多地将其象征的精神含义提取出来，加以放大和反复强调，并在构建理想的佛国世界的美好形象之时，利用其本身的自然属性的特点，向信众宣说其美好洁净的寓意。这类手法如同佛教典籍中的诸多故事，都是以比喻的方法将晦涩深奥的思辨性内容加以通俗化阐释，以具体的装饰纹样来进行画面的丰富和表征传达，只不过是一种视觉化的语句而已。

三、装饰效果的建构

装饰的集群效果和体量感的实现是装饰注重的方面之一，此处以"反复"为例来说明对于这种方法的普遍热衷。如果可以的话，不妨也试用相对独立的"艺术意志"所诞生的场阈来做总体框架的建构。因为这种手法的普适性是跨民族和跨历史时期的，具有极其宽泛的应用表现。对于"反复"的装饰手法，从新石器时代的纹样中，就可以找出相当多的案例来说明，无论是有意识的"设计"艺术的形式还是下意识的质朴审美表现，于人们的装饰情怀中，都在或多或少地利用着"反复"的手法，以使简单的个体元素通过一定的排布方式，将自身复制出若干。这些由于古代手工艺技术限制，即使无法达到完全相同的数字化重复，也会尽其所能的使得复制的个体体现出相同特征。从最初始简单的几何元素的反复，例如，短的直线、弧线、简单的几何形到复杂的成组图形，都在一定的面积内达到必要的量值，才能使被装饰表面整体呈现出较大的变化。他们甚至会主观上认为附加了这些装饰纹样之后的物体，已经发生了本质上的变化，其价值已经完全不同。还有一点不容忽视，那就是某一单体纹样经过反复的使用，在被装饰物表面形成一定规模的矩阵，后人作为观众所感受到的是反复的力量感——因为简单纹样经过一维和二维的反复以后，所诞生的视觉冲击力会成倍加大。

相对于现代意义上被社会所认可的纯艺术创作而言，恰恰是不停地反复成为人们欣赏的对象和"设计"的效果所在；而大多数时候，传统的纯艺术创作是会尽量避免重复，无论笔触、色彩或者造型，多变且绝不雷同是接受基础绘画训练时人们惯常听到的词汇。这些在传统的中世纪绘画、文艺复兴、巴洛克、洛可可以及新古典主义，直到波普艺术之前，一直都是为人所推崇的。然而，同时期的土著原始装饰，包括之前以及之后的部分装饰手段，由于单位的纹样较为单一，缺乏多变性，初级阶段的"设计创作"就会利用"反复"的方法来改善这一状况。即使是简单的同心圆或同心菱形、水波纹，经过反复组合之后，这些效果滞留在造型简单的木器、陶器或其他材质表面，会形成惊人的视觉力量，仿佛在宣告一种手法的胜利。对于本书涉及的团花纹样的案例，可以观察到，即使是初唐或盛唐时期形态变化非常丰富的藻井中心团花，也是将几种主要构成元素经过不同方向的反复组合后，构成整朵团花。其采用的基础元素虽然相比于前朝或后世都多，但是反复的手法可以归为一类的。

假设并不基于原始纹样装饰手法与古典绘画的比对，而是相较于中世纪之后的建筑装饰，那人们就会发现更多的类似手法的使用。只不过是复杂的莨苕叶和简单的几何形的区别，或者说是更为复杂的写实装饰和简单的平面图形的区别，模式非常相近——都是利用"反复"的力量。无论是佛罗伦萨的维奇奥宫天花板的几何格局还是敦煌莫高窟窟顶的平棋格，都是利用"反复"手法制造视觉冲击力。不妨再将范围缩小：从团花纹样的中心对称式的单元纹样反复到卷草纹的二方连续，都是将反复的形态进行变异应用，但是采用相对于独立绘画而言较低的创意工作量，来实现丰满的视觉效果，而这是否可以称得上是一种自古以来的视觉艺术创作的变通手段和需求？

当然，这里有必要说明的一点是，艺术史研究的一些学者对于近现代绘画的观念性有这样的判断：也就是艺术家往往会挑战社会主流的思想或者审美倾向。但这通常是指社会动荡或者政治局面不够稳定、思想流派互相产生较大冲击的时期，有一部分思想较为激进的艺术家往往会让观念先行，用自身的工具优势来体现一定的社会责任性——也就是利用视觉形象表达的优势来展现社会现实，并且会试图通过阶段性的努力来完成自己的社会使命，这与当代艺术的诸多作品有着共同的出发点。在不同的社会发展阶段与文化情境内，艺术创作者所秉持的艺术创作理念有着较大的差别，向前追溯的话，当观念的概念并没有被创作主体单独提出来加以特别对待的时候，他们的作品中呈现出来的艺术创作和审美的理想与社会主流文化更容易趋同。莫高窟的壁画装饰，从北朝到宋，皆有连续不断的纹样布满某一区域。在莫高窟唐代壁画装饰中大量出现的"千佛"装饰就是由一种佛的形象经过横纵反复，铺于局部装饰面，在大幅的经变故事、本生故事等壁画内容的框架边缘处、藻井内距离中心较远的位置多出现二方连续纹样装饰。中晚唐经常采用的团花平棋格装饰，也是将两种团花纹样经过斜向45°的交替反复而布满装饰面。这种纹样反复的装饰手法，在唐朝早期的洞窟中往往搭配以变化多端的大面积单幅创作的绘画作品，但后世的五代、宋时期开凿的诸多洞窟，就已经在主体墙壁和天顶平棋装饰中采用大面积甚至几乎满铺的纹样了。如此一来，一方面减少了创作的创新体量；另一方面也可以理解为更多地依赖于纹样的装饰效果。而且，单独观察时会发现同样的团花或卷草纹样，单位面积内的艺术性和创造性都不同程度的有所下降，有些过于倚赖体量感所带来的视觉上的丰满效果，但结果其实并不尽如人意。

四、动物与植物纹样装饰题材

无论是东方还是西方，为数众多的传统民族图案取材于自然界的动物或植物。往往在原始的环境下，更容易出现对于动物题材的应用较为偏重的现象，相对发达的民族对于植物纹样的使用概率会有所增加❶。这其中，自然也涉及一种心理状态的映射——可以理解为人们对于自然界种种强大力量的崇拜的同时，希望借助动物的力量或特殊能力达到一些目的，譬如熊、虎、牛等动物的力量、鹰的飞翔能力等。这其中也涉及对待灵魂的态度和原始巫术的信仰问题：如借助动物图腾将动物的力量转移到自己的身上，或者试图以图腾为桥梁及纽带进行超过物像层面的沟通和力量转化等。当然，在这样的分析过程中，我们必然要联系不同民族的生活环境和生活习惯来阐述他们对动植物题材的偏好。游牧民族或以狩猎为主要生活方式的民族，他们的传统装饰纹样中，动物题材会出现较多；而以传统农耕方式生活的族群，对于植物纹样的选用会更加偏爱。但这仅仅是从生活方式上来看，并不能因此划定这二者的起源偏差。还有一种说法是，从族群生活相对原始落后到富庶安定的发展过程中，装饰纹样的题材也会从动物转向植物——因为人们心理上的安定和自身强盛的状态会导致审美和取材发生偏转。

❶ [德]格罗塞著，《艺术的起源》，蔡慕晖译，北京：商务印书馆出版，1984年第2版，第90页。

中国唐代地域辽阔，中原或南方与西北内陆生活方式差异较大，但是装饰纹样的相互影响和传承并未因此受到完全阻隔。中原地区适宜的土壤和气候下生长着种类繁多的花卉，由此诞生的植物装饰纹样随着纺织品和建筑纹样画稿来到了西北边陲，在这里，又与来自印度和波斯等地的纹样相融合而呈现出新的面貌。中国西北的植物、印度的植物、中原的植物在这里共同组成敦煌的植物装饰纹样群落，也是世俗装饰与宗教艺术的结合。从北朝的洞窟装饰来看，北魏、西魏时期均有动物纹样出现，但是出现的面积和所占的比例非常小，而且越到后期汉文化占优的时候，动物纹样越少，植物纹样的比例越大。部分北凉洞窟中，莲花、忍冬纹只在少数的藻井或者壁画空隙部分出现，及至唐代，洞窟中大面积覆盖着植物纹样：如佛像背光、经变画内众多建筑装饰、洞窟四披及立面边饰、窟顶藻井等。在莫高窟早期洞窟中，这些部位并没有完全被植物纹样装饰，而是以其他相对简单的纹样来实现佛教洞窟的基本装饰效果，还不能构成非常完满的装饰体系。西魏时期的285窟中，窟顶四披的装饰内容里有大量的动物形象出现，当然，此时动物形象出现的意义大多还是为了完成本生故事等叙事内容，但是这种装饰风格到了唐代基本上就放弃了——窟顶四披不再采用这类的装饰形式，而是绘制趋于单一的千佛纹饰。

　　在佛教的石窟或者壁画创作中，装饰纹样一直处于较为次要的位置，相对于主要的表现对象，装饰纹样的处理更为松动随意。作为主要的表现内容之一的佛陀造像，大都是较为简洁的基本造型，全身没有过多的花哨装饰；但是菩萨的造型就较为复杂，身姿变化更为优美，并富有曲线和韵律感。尤其是唐代的菩萨塑像，衣裙和装饰反映了当朝比较有代表性的服饰特点，从上至下，全身的首饰也分有不同类型。而到了飞天等一些稍次要的角色上，衣裙和姿态就变得非常随意和流畅，从多幅壁画的飞天造型比较就可以看到这些特点——他们甚至可以作为边饰的元素出现。植物纹样基本上是更为轻松的画面装饰部分，处理起来似乎更容易与本土化的风格特点相结合，无论是植物的类别或纹样的结构。创作者可以忽略植物花卉的某些特点，而将其与多种花卉纹样混合绘制，以至于人们无法第一时间辨识出具体的种类。然而，作为一种装饰手段，其创作思想也是与石窟整体的艺术格调相吻合的，而且必定会受制于彼时的创作环境和人文思想。

　　本章概述了佛教文化中与"花"和"团"有关的部分内容，并且结合装饰纹样发展历史，从社会需求的角度阐述了植物纹样的发展流变及其文化背景。团花纹样中出现的花朵的形象与佛教的传播历程息息相关，是物化的宗教思想传播，也是审美观念的渗透过程。花朵的造型归纳入圆形之后，其所形成的植物纹样类别在漫长的历史发展过程中，承载着人们的思想和文化的发展印迹，展现着古典审美的一部分阶段性特征。

第四章

莫高窟壁画团花纹样形式语言代际演变

团花纹样作为中国古代纹样发展史中具有强烈时代特点的一类纹样，将偏好动物纹样演化为植物纹样占优的装饰纹样发展历程填补的更加饱满，除了从总体上回溯人类对于动植物审美的偏好的阶段性特征以外，具体分析莫高窟壁画类团花纹样在整个唐代的演变细节是本章的主要内容。

有关于唐代敦煌的年代划分，大致有两种思路：其一是按照唐代中央政权的发展状况，以重大历史事件为转折进行总体划分，以概括唐朝政权统治力变化的不同阶段；其二是按照敦煌当地的区域性年代划分方法：由于敦煌地处边疆，其与中央政权更替的时间不能够完全同步，并且在中晚唐时期，统治政权为地方性的，如吐蕃统治时期和归义军时期。然而目前大部分学者在进行莫高窟洞窟年代划分时，还是会沿用敦煌当地的分期方法。敦煌研究院大致按前一种分类将唐代莫高窟❶划分为初唐（唐朝建立到武周政权结束，618～704年）、盛唐（中宗李显即位至吐蕃占领敦煌，704～781年）、中唐（吐蕃统治时期，781～848年）和晚唐（张议潮归义军时期，848～914年）这四个时期。马德老师在《敦煌莫高窟史研究》一书中的时间划分略有不同，他结合开窟营造的延续性，将年代划分为：唐朝前期（618～767年）、吐蕃统治时期（768～850年）、张议潮归义军时期（851～914年）。由于这并非本书研究涉及的重点，暂时沿用目前敦煌研究院莫高窟洞窟既有年代划分的方式。

第一节　从北朝到唐代壁画风格转变概述

本书研究所选取莫高窟纹样，包括壁画、彩塑、洞窟内部其他建筑装饰在内，其历史阶段是中国的唐朝，也就是618～914年，然而，并不像历史文献记录的那样具有准确的时间节点——一种艺术风格的转变不是从某一刻立即开始，然后至某一点戛然而止。纹样的风格演变是需要时间和社会背景因素等外力推动，并在某种视觉艺术内在发展逻辑的支撑下，其表现形式会开始演变。

东汉末年，佛教传入汉地并开始本土化，与佛教相关的诸多历史现象也开始萌芽。历代王朝和民众对于佛教的态度影响着它的发展，包括寺庙的建设、洞窟的开凿、文化的渗透等。其中，鸣沙山断崖上的佛窟开凿就成为世界佛教发展史上的重大事件之一。涉及信仰的问题时，宗教文化展现出来的力量是强大的——民众将最为精美的手工艺和虔诚的心情奉献出来，落到具象的载体上，将一段历史时期的部分精神文明发展状态记录并保留下来。

❶ 敦煌研究院编，《敦煌石窟内容总录》，北京：文物出版社，1996年12月第1版，第268—269页。

无论是彩塑的手工艺还是壁画的绘画技艺，都是要落在某一历史发展阶段上审视的，它们与当时的社会主流审美和思想倾向息息相关。从莫高窟的北朝洞窟到隋代再到唐代，可以看到每一个主要的时代变迁阶段，其绘画和造像风格都发生着重大的变化。

　　北朝洞窟中254窟萨埵太子舍身饲虎的本生故事在平面结构连续叙事的绘画中具有相当突出的代表性（图4-1）。生动的内容和设计精巧的画面结构，使得大众可以认识到那个年代特有的"异时同图"的布局透视和叙事方式。另外，包括257窟的藻井在内，北朝的洞窟绘画整体来讲结构较为松动，在装饰方面没有后世的繁复，相对简单。无论是人物还是动植物的描绘都强调有力的轮廓和边界性，人物姿态造型的描绘更倾向于写实地触觉化呈现。对比之下，人们不难发现，唐以前的洞窟尤其是北朝时期开凿的洞窟，塑像和壁画的人物和纹样的风格并没有完全脱离犍陀罗艺术❶表现形式的影响。

图4-1　莫高窟北魏254窟萨埵太子舍身饲虎

（图片来源：《莫高窟第二五四窟附第二六零窟（北魏）》，南京：江苏美术出版社，1995年10月第1版，第94页）

---

❶ 犍陀罗艺术是马其顿国王亚历山大大帝（前356～前323年）东征时在位于印度次大陆西北部的犍陀罗地区（今巴勒斯坦境内）形成的希腊、罗马艺术与中亚、印度艺术相融合的独特艺术风格；主要以希腊、罗马式装饰手法表现中亚和印度次大陆地区的题材，特别是佛教美术。犍陀罗风格大约始于前1世纪，印度的贵霜王朝时期，在2世纪前半叶扩展至印度全境，后来沿丝绸之路东传到我国新疆、敦煌，再延伸到中原地区，同时也成为中日韩佛教美术的源流。犍陀罗艺术的兴起，不仅与佛陀崇拜和佛像的塑造之风兴盛有关，也与大乘佛教的兴盛有关。参阅《犍陀罗美术寻踪》，[日]宫治昭著，李萍译，人民美术出版社出版，2006年1月出版，引言第1-3页。

隋朝虽然存在的年代较短，但是，留存下来的壁画中，可以清晰的看到绘画造型风格的重要转变，也就是可以看到创作者的观念在进行重要改变。从表现手法上可以发现，飞天的造型比北朝壁画的造型大大地提升了意象化的特点。飞天不再拘泥于表现四肢是否强健完整以及是否需要立体感的呈现，而是将更多的精力放在描绘飘逸的衣裙和饰带上，力求构建画面整体的柔美灵动。而且，表现三维立体的忍冬团花边饰的"凹凸平台纹"❶，可以说是北朝末期到隋朝莫高窟壁画的一种装饰纹样特色。如图4-2所示，边缘处的装饰纹样并没有完全地平面表现，而是利用起伏的三维透视立方体的背景来衬托其上出现的团状旋转忍冬纹，这在唐以后洞窟中很少能够见到。

　　如果说隋朝是一座转折时期的桥梁，那么经过了这座桥以后的大唐王朝就开始全面构建并完善中原化的敦煌佛教艺术创作风格了，出现所谓"张家样""吴家样""曹家样"等造型模式，白画粉本广泛用于壁画制作。由于多重原因，莫高窟唐代的壁画水准达到了前所未有的巅峰——人物的造型更加中原化，线条的表情更为丰富而有生命力，绘画技艺和艺术创造力是前后朝所难以企及的（图4-3），装饰纹样相比于北朝和隋朝，呈现出极为自信和饱满的华丽。从藻井纹样的对比就可以看到，核心纹样结构

图4-2　莫高窟隋305窟"凹凸平台纹"

（图片来源：《中国壁画全集 敦煌隋代》，天津人民美术出版社，1991年8月第1版，第31页）

---

❶ 关友惠著，《莫高窟隋代图案初探》（《敦煌研究》，1983年6月）中称之为"凹凸平台纹"。

图4-3 莫高窟初唐220窟文殊菩萨及帝释天

（图片来源：段文杰 主编：《中国壁画全集 敦煌5初唐》，沈阳：辽宁美术出版社，1989年7月第1版，第52页）

越加精细，装饰越加复杂，对花卉纹样的布局设计更为成熟，而且基本以团花纹样为主，较少出现动物和人物。中原画师的风格更为全面地影响了莫高窟的艺术创作，所带入的中原花卉的造型特点和审美倾向，在藻井的设计上就可以见到非常明确的痕迹（图4-4）。

图4-4　莫高窟隋代314窟藻井、盛唐第103窟藻井

（图片来源：莫高窟314窟藻井，《中国壁画全集 敦煌隋代》，天津人民美术出版社，1991年8月第1版，第152页；莫高窟第103窟团花藻井，段文杰 主编，《中国壁画全集 敦煌6盛唐》，天津人民美术出版社，1989年12月第1版，第121页）

第二节　北朝、隋代团花纹样演变

一、北朝的团花纹样概况

　　莫高窟的北朝洞窟绝大多数并无明确开凿时间记载，本书中涉及的北朝洞窟的营造大致年代为5世纪中期到6世纪末，也就是北凉、北魏、西魏、北周四个时期。图4-5、图4-6中所示的花卉装饰纹样是莫高窟北朝430窟的平棋格和428窟人字披上的忍冬纹，北周时期绘制。北周时期的社会状况和皇家崇佛思想相对于北朝其他时期而言已经与隋较为接近了——尤其是洞窟的壁画和装饰方面，纹样更为优美华丽，结构更为精细复杂。由于洞窟结构原因，北朝洞窟与隋、唐有较大不同，多为中心塔柱的形制❶，基本上没有覆斗顶的四披与藻井结构出现，但选择同样为方格状结构的天顶平

---

❶ 源自印度，模拟窣堵波 stupa 的形式。

图4-5　莫高窟北周430窟窟顶

（图片来源：段文杰 主编，《中国敦煌壁画全集 北周》，沈阳：辽宁美术出版社，天津人民美术出版社，2006年1月第1版，第23页）

图4-6　莫高窟北周428窟人字披

（图片来源：段文杰 主编，《中国敦煌壁画全集 北周》，沈阳：辽宁美术出版社，天津人民美术出版社，2006年1月第1版，第33页）

棋装饰与后期的藻井纹样，可以进行一些相似结构的比对研究。如图4-6中所示的平棋装饰，其中，忍冬纹是最主要的植物装饰纹样。忍冬纹填充在平棋单元格的四角和边框内，正反交错，适合于所处的格局形状。平棋单元格中央区域为莲花纹：黑白交错同心圆，内部斑驳的纹样残迹较难辨认最初形态，但依稀可见黑色圆环内部的白色面积上留有放射状的线迹，但具体细节模糊。遗憾的是，大部分北朝洞窟中出现的类似同心圆状的圆形纹样都很难清晰地辨别出内部的细节，只有少数同心圆中还能辨别出纹样类别，大致还是指向莲花纹样，中心的暗色为带有莲子的莲蓬，四周有半褪色的平面俯视莲花花瓣纹样。另外极少数的团形图案中有清晰的俯视莲花，但是以通常概念上图案的中心对称来衡量的话并不十分规范。相比于平棋格，图4-6中矩形面积中的忍冬纹更有代表性，北朝洞窟中可以见到大量的此类装饰。矩形的面积内，忍冬纹作为适合纹样分布在其中，而且往往都不是单独出现，而是成组地分布于窟顶人字披两侧，并时常与莲花结合。

北朝洞窟中的植物纹样，大多没有呈现出丰富完整的团花纹样状态，除了简单的俯视莲花之外，较少出现团形图案。矩形人字披、龛楣等位置出现较多的适合纹样，植株形态随意自由，结构框架不一，与北朝同时期的绘画风格大体一致。

北魏时期的忍冬纹大量出现在敦煌莫高窟的壁画中，西千佛洞和榆林窟同时期的洞窟装饰纹样中，忍冬纹也是非常重要的品类——甚至在整体洞窟的装饰纹样中，忍冬纹亦占有绝对优势的比例。纹线条简单，结构流畅舒展，造型较为写实，出现的位置包括窟顶平棋格边饰纹样、人字披窟顶装饰纹样、龛楣装饰纹样、洞窟四壁的边饰纹样等。到了西魏时期，这类忍冬还会出现在窟顶四披的空白处，脱离了枝叶和成组的规范而单独出现，也就是成为散花装饰纹样。另外，忍冬纹的构成格局也发生着变化——人字披窟顶中，长方形的反复适合纹样中，忍冬大多单枝出现且花朵较大，并且占有主体地位。二方连续的边饰纹样中，忍冬的枝叶经常被省略而单独将花朵反复排列——无论是相同方向的并列反复还是一正一倒的"之"字形。花朵有时候会以颜色区分相邻的两朵，但是基本上都没有变形重组。北朝洞窟以及隋朝洞窟的龛楣上经常出现忍冬和莲花组合的装饰纹样。两种花朵题材并置于龛楣之上，互相借用叶片和枝条，但是非常和谐的融为一个整体，其中比较重要的一个原因或许也在于忍冬和莲花此时的造型表现特点并没有极大的差别——忍冬花的花瓣非常饱满宽大，犹如莲花瓣；同时莲花花瓣表现得较为纤瘦，而且多为侧视莲花，由极为柔软的枝条连接在一起，因而，它们混合在一起时不是特别容易区分开，视觉效果颇为整体。

隋朝407窟和420窟的西壁龛主尊佛背光中，也饰有忍冬纹，但此时的忍冬已经较为收敛，而且出现组合花朵。为了适应佛背光的外轮廓形，花朵大体呈现长条拉伸状，而且图形并没有因为要严整排布在佛背光条状面积内而谨慎造型，而是在有限的区域面积内尽可能地展示出自由的状态，花朵之间的扭转方向都不尽相同。如前所述，在西魏时期，忍冬纹开始独立成团状图案，单独装饰洞窟墙壁空白处。那时已经出现忍冬花的非直线性排列组合方式了，在249西披和北披上，出现了围绕中心旋转组合的忍冬纹变体。三朵或四朵忍冬纹顺时针旋转，均匀分布于圆心四周，重新组合成新的完整纹样。隋代305窟窟顶西披北披均有旋转组合的忍冬纹，有五瓣和六瓣两种，较249窟更为复杂和概括，从纹样的组合规则来讲，这更加接近于"图案"的概念，而不仅仅是对一种花卉的描绘。这种组合方式到了凹凸平台纹装饰带上，又变的更加复杂了，花朵的数量增加为六到八朵，甚至更多。在隋朝的凹凸边饰上，忍冬纹的题材同样占有非常大的比例。向右旋转的忍冬纹花朵和花朵的造型线连接在一起，流畅优美的单根线条勾勒出全部纹样，使得整朵"忍冬团花"显得丰富而完整。此时的忍冬花已经不是单独成纹样了，而是将每一朵花作为新团花的一片花瓣使用，重新组成"忍冬团花"。

二、隋代团花纹样概况

相比北朝时期，隋朝洞窟装饰纹样有明显的变化。隋朝的建立也意味着中国北方纷乱的政治格局得到一定程度的统一，这当然也会对文化的融合产生较大的影响。隋朝两代皇帝都笃信佛教，尤其是开国文帝，由于他自幼的成长经历与佛教有密切的关系，他本人也坚信自己能够成为一代君王是由于佛法庇佑，所以更加崇佛。自上而下的社会风气带动了莫高窟隋朝时期洞窟的修建，因此，虽然隋相对于唐，其存在时间只有短短的三十多年，但是作为承前启后的转折阶段，其重要性不可忽视。无论是洞窟的形制还是壁画、塑像的造型特点，隋朝都在北朝基础上有了较大的发展变化。时至今日，人们在比较隋与前后朝的造像等视觉艺术语言时，还是会发现诸多有趣的联系和较为明确的独特性。如前文提到的源自北朝的独特立体造型的"凹凸平台纹"纹样装饰中，就是由忍冬纹进行中心对称的连续旋转排列而成的团状造型组合而成。每个单元方格中的团状旋转忍冬纹基本都是线造型，底色有间错的变化。这可以算作是隋代团形植物纹样的一类。之所以称之为独特的纹样，是由于这种凹凸的立方体组合的纹样在中国传统绘画和工艺美术范畴中都比较少见。中国传统绘画基本为平面造型，并不在透视上着力，很少致力于塑造某物的体积感，大多偏抽象并且更喜欢用概括的精神性表达方式。而这里所见的凹凸平台纹与西方绘画中追求体积感的触觉表现如出一辙，因而，可以视为是从深受欧洲艺术造型影响的犍陀罗艺术到敦煌的一种西方美术表现手法的传承性阐释。

另一类就是图4-7中所示的藻井纹样。不同于北朝时期，隋代洞窟中有很多中央藻井的结构。图4-7中所见，隋代藻井纹样偏爱莲花，即使不是单纯的莲花纹样，也是以莲花为主，辅以伎乐。莲花造型规整，花瓣结构优美细腻，无论是单层莲花瓣或多层，形态都非常工细，但是结构相对于唐朝藻井莲花较为简单，没有向内的更多花瓣形态和层次的变化。中心俯视的莲花构成整个藻井最核心的纹样：莲蓬的造型居中，花瓣错落呈现出多个层次，相比于北朝时期的俯视莲花，其形态出现较大差异。每片花瓣的全部造型都只有一条精细工整的轮廓线，曲线富于韵律美感，平面化明显，而且花朵构成细节丰富许多。图4-8隋代311窟、390窟藻井中心莲花四周环绕着卷曲连续的侧面莲花花朵和枝叶，造型以线为主。花朵形态质朴简单并无过多变化；枝叶也是细线造型，动势较为随意，相比初唐纹样，其规律性的力量感较弱。核心区向外是多个层次的装饰带，饰有小型团花、忍冬纹等，帷幔层有部分饰有联珠纹❶。

图4-7　莫高窟隋代407窟藻井

（图片来源：关友惠 主编，《敦煌石窟全集 图案卷上》，商务印书馆（香港）有限公司出版，2003年3月第1版，第164页）

图4-8　莫高窟隋代第311、390窟藻井

（图片来源：莫高窟第311窟莲花缠枝化生纹藻井，关友惠 主编，《敦煌石窟全集 图案卷上》，商务印书馆（香港）有限公司出版，2003年3月第1版，第171页；莫高窟第390窟莲花缠枝花纹藻井，关友惠 主编，《敦煌石窟全集 图案卷上》，商务印书馆（香港）有限公司出版，2003年3月第1版，第172页）

❶ 如前文所说，由于联珠纹的特殊性，也尊重图案研究的历史和惯例中的独立性，本研究因此并不将其归入团花范畴。

敦煌莫高窟唐代团花纹样研究

第三节 唐代壁画类团花代际统计与结构分析

一、代际统计

为了能够更好地对唐代四个时期团花纹样的结构和形态特点进行流变分析，本书收集了莫高窟部分唐代洞窟团花纹样的局部案例图片，并且按照多重方法进行分类统计和比对，从中可以看到团花纹样自身较为明确的时代演化痕迹。需要加以说明的是：进行案例梳理时所说的"壁画类"团花意指宽泛，并不是单纯地指经变画或佛教史迹画中的团花，而是洞窟内壁上绘制的所有团花装饰纹样，无论是藻井或龛楣、四壁边饰等均包含在内。本书收集的团花纹图像资料来自88个莫高窟唐代洞窟，虽然只占莫高窟唐代洞窟总数约三分之一，但由于莫高窟现存唐代洞窟中，有相当一部分洞窟的内部已经被大面积毁坏，其壁画很难见到清晰内容，很多甚至已经没有壁画、彩塑等任何图像遗迹了。即使在有图像留存的洞窟中，含有有效信息的洞窟数量也并不占优，其中相当一部分洞窟的壁画或彩塑中已经看不到明确含有团花纹样的图像片段了。而保留有完整团花纹样的壁画或塑像的洞窟中，能够合理收集到图像案例的只占其中一部分。因而，本书目前基本上是将实地考察与印刷品资料结合起来提取案例进行研究（图4-9）。

如图4-10所示，在全部88个洞窟中初唐洞窟为18个，盛唐为44个，中唐为12个，晚唐为14个，分别占总数的20%、50%、14%、16%。这与莫高窟现存洞窟数量中唐代各个时期洞窟比例相适应。如图4-11所示，莫高窟现存269个唐代洞窟中，初唐洞窟为46个，盛唐为97个，中唐为55个，晚唐为71个，分别占总数的17%、36%、20%、26%。由于本书的研究纵观了莫高窟团花纹样发展历史，而唐代前期的纹样变化会起到承上启下的作用，对于前朝的影响有消化吸收的转变之态，而唐代后期以继承发展的顺延为主，因此本书研究更加侧重初唐和盛唐的团花纹样，所以取样量相对较大。

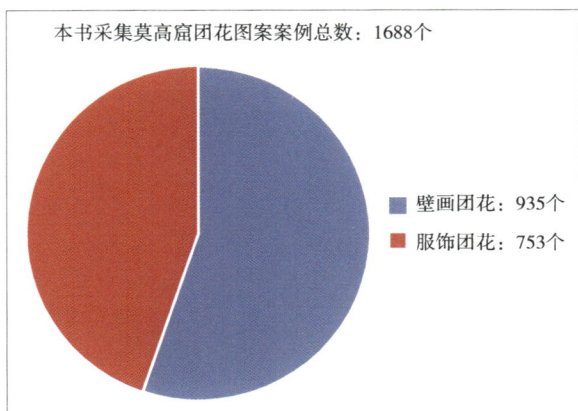

本书采集莫高窟团花图案案例总数：1688个

- 壁画团花：935个
- 服饰团花：753个

图4-9 莫高窟团花案例统计

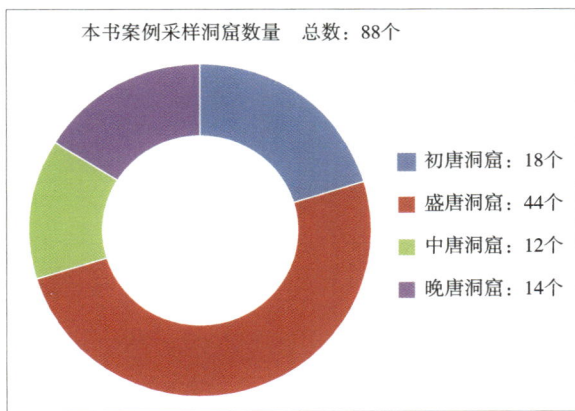

本书案例采样洞窟数量　总数：88个

- 初唐洞窟：18个
- 盛唐洞窟：44个
- 中唐洞窟：12个
- 晚唐洞窟：14个

图4-10 莫高窟团花案例采样洞窟比例统计

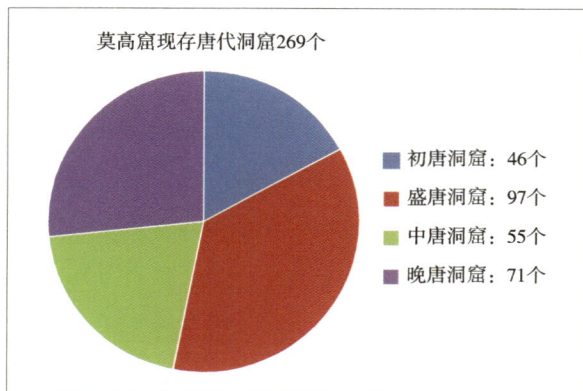

图4-11 莫高窟现存唐代洞窟统计

莫高窟现存唐代洞窟269个

■ 初唐洞窟：46个
■ 盛唐洞窟：97个
■ 中唐洞窟：55个
■ 晚唐洞窟：71个

本书的研究中，对于团花纹样的统计分为两条线路：第一条线路就是本章的壁画类团花纹样，第二条线路是下一章阐述的服饰类团花纹样。本章的案例取材范围包括除了服饰上出现的团花纹样以外的洞窟内的壁画团花装饰纹样，从下面的分期统计内可以看到不同时期的具体团花类别的数据。但是需要说明的一点是，团花纹样的分析研究有多种维度，但是花瓣数量是团花纹样组成的骨架结构，是最为基础性的因素，对于基本组成结构进行量化分析是比较有效和易于操作的。

表4-1显示了本研究所收集的各个初唐洞窟中，壁画团花纹样的分类以及各类数量情况，并按照单层以及多层复杂团花进行分类统计，在表4-2中横向比对了所收集的17个初唐洞窟中不同类型的团花所占的比例，其中，明显是四瓣结构占优，同时，八瓣团花已经开始不均衡的显露出发展态势。

表4-1　本书采集莫高窟初唐壁画团花案例汇总

窟号	案例数量	临摹案例数量	照片案例数量	团花种类数量	三瓣团花案例数量	四瓣团花案例数量	五瓣团花案例数量	六瓣团花案例数量	八瓣团花案例数量	八瓣以上团花案例数量	单层花瓣团花案例数量	多层花瓣团花案例数量	壁画团花数量	彩塑团花数量
57	2	1	1	2				1		1	2	0	2	0
71	4		4	4		3		1			0	4	4	0
205	6	1	5	6		4		2			2	4	4	2
209	1		1	1		1					0	1	1	0
220	28	6	22	21		16		3	8	1	1	27	28	0
321	21	3	18	21		20		1			1	20	21	0
322	9		9	6		9					1	7	3	6
323	2		2	2		2					0	2	2	0
328	18	2	16	7		8		1	9		0	18	18	0
329	54	3	51	28		48		1		5	4	50	54	0
331	4		4	4		3			1		0	4	4	0
334	23	5	18	19		19		3	1		0	23	23	0
335	10		10	8		4			1	5	1	9	10	0

窟号	案例数量	临摹案例数量	照片案例数量	团花种类数量	三瓣团花案例数量	四瓣团花案例数量	五瓣团花案例数量	六瓣团花案例数量	八瓣团花案例数量	八瓣以上团花案例数量	单层花瓣团花案例数量	多层花瓣团花案例数量	壁画团花数量	彩塑团花数量
339	4		4	4		2		1	1		0	4	4	0
372	2		2	2		1			1		0	2	2	0
373	1		1	1							0	1	1	0
381	1	1		1					1		0	1	1	0
汇总	190	22	168	137	0	141	0	14	25	12	12	177	182	8

表4-2　本书采集莫高窟初唐各洞窟壁画团花案例类别比例分布

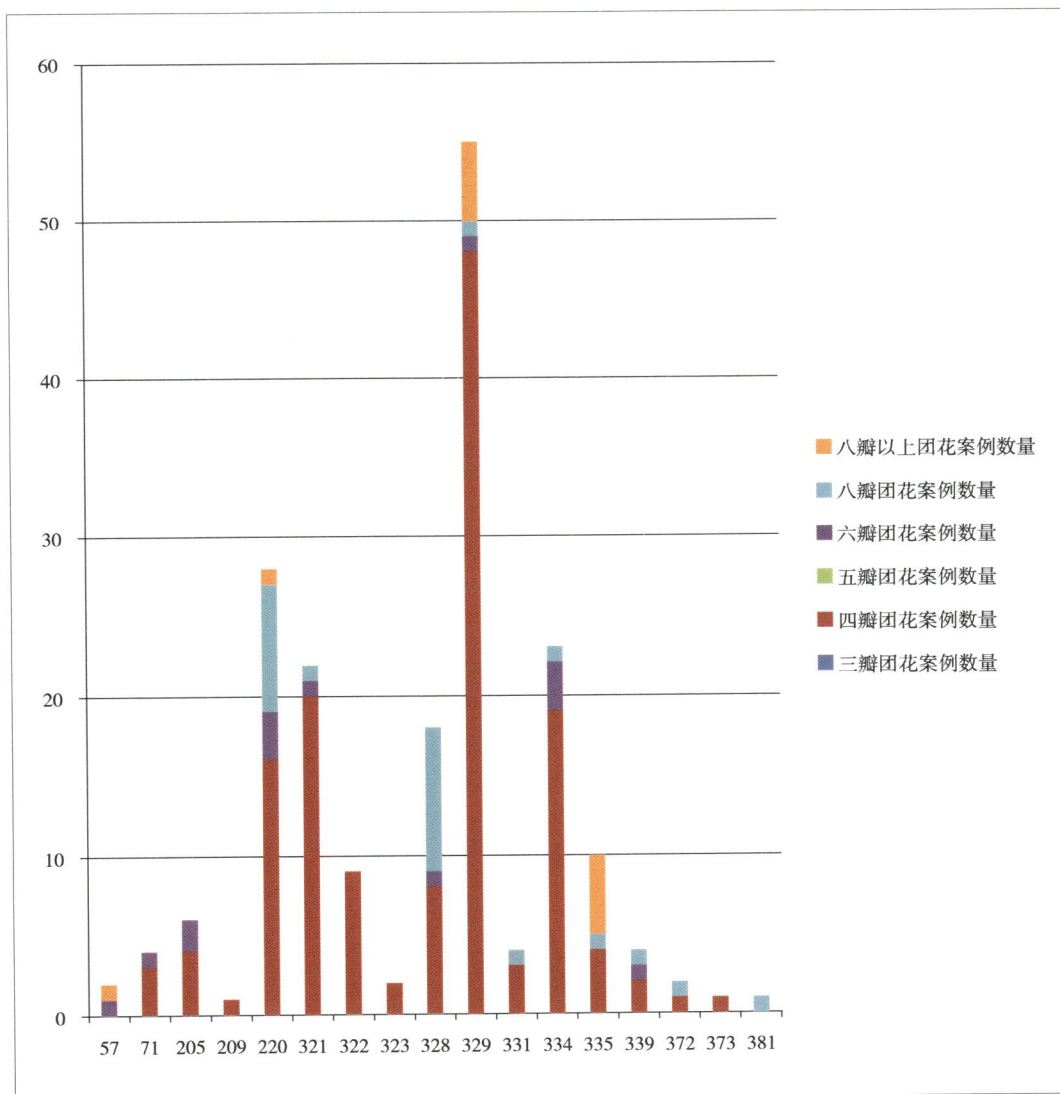

表4-3显示了本研究所收集的盛唐洞窟壁画团花纹样的分类以及具体数量，相对于其他三个时期，这部分的基数最大，也是与莫高窟唐代四个时期洞窟数量比值匹配的。在表4-4中可以看到，虽然各洞窟中各类团花比例有所变化，但仍然是四瓣结构占优，同时八瓣团花已经普遍显现于绝大部分洞窟，成为另一个普及的特征。但是需要说明的是，各个洞窟的壁画保存状况以及团花装饰数量不同，加之通过合理渠道限制，因而图表中显示的各洞窟的状态会有一定的差异。

表4-3　本书采集莫高窟盛唐壁画团花案例汇总

窟号	案例数量	临摹案例数量	照片案例数量	团花种类数量	三瓣团花案例数量	四瓣团花案例数量	五瓣团花案例数量	六瓣团花案例数量	七瓣团花案例数量	八瓣团花案例数量	八瓣以上团花案例数量	单层花瓣团花案例数量	多层花瓣团花案例数量	壁画团花数量	彩塑团花数量
23	2		2	2			1	1				1	1	2	
26	3		3	3	1					2		0	3	3	
31	4		4	4	3					1		0	4	4	
39	6		6	3				6				2	4	6	
41	3		3	3	2					1		0	3	3	
45	33		33	27		14	7	4	1	6	1	10	23	32	1
46	14		14	14		7	1	3		3		5	9	14	
49	4		4	4	1					2	1	0	4	4	
66	16		16	16		7	1	4		3	1	2	14	16	
74	3		3	3			1			1		0	3	3	
79	10	2	8	10		3	6			1		1	9	10	
103	15	2	13	14		6	3			6		0	15	15	
113	5		5	5		2	2			1		0	5	5	
117	3		3	3		1	2					0	3	3	
120	1	1		1	1							0	1	1	
122	4		4	4		1	1			2		0	4	4	
123	3		3	3		1	1					0	3	3	
126	2	2		2	1					1		0	2	2	
129	6		6	6		1	2	2		1		2	4	6	
130	2	1	1	1						1		0	2	2	
148	7		7	7		3	4				1	1	6	7	
166	4		4	4		2	1			1		0	4	4	
169	2		2	2							2	0	2	2	
171	7		7	7				4		1	1	0	7	7	
172	22	2	20	22		7	2	5		2	5	2	20	22	
175	5		5	5			1			4		1	4	5	
182	2		2	2						1	1	0	2	2	
188	1	1		1							1	0	1	1	
208	5		5	5		2	2			1		0	5	5	
215	1		1	1						1		0	1	1	
216	1		1	1						1		0	1	1	
217	74	1	73	57		48	5	1	1	8	11	5	69	73	1
225	23	6	17	17		4				7	12	2	21	23	
319	4		4	4		2	1			1		0	4	4	
320	26		26	18		5	1	8		9	3	1	25	26	

窟号	案例数量	临摹案例数量	照片案例数量	团花种类数量	三瓣团花案例数量	四瓣团花案例数量	五瓣团花案例数量	六瓣团花案例数量	七瓣团花案例数量	八瓣团花案例数量	八瓣以上团花案例数量	单层花瓣团花案例数量	多层花瓣团花案例数量	壁画团花数量	彩塑团花数量
323	2		2	2		2						2	2		
384	5	2	3	5		2		1		1	1	0	5	5	
387	4		4	4		2				1	1	0	4	4	
444	6		6	6		3				1	2	0	6	6	
445	17		17	14		12	1	4				2	15	17	
446	1		1	1							1		1	1	
汇总	358	20	338	309		147	23	67	4	71	45	39	321	354	2

表4-4　本书采集莫高窟盛唐各洞窟壁画团花案例类别比例分布

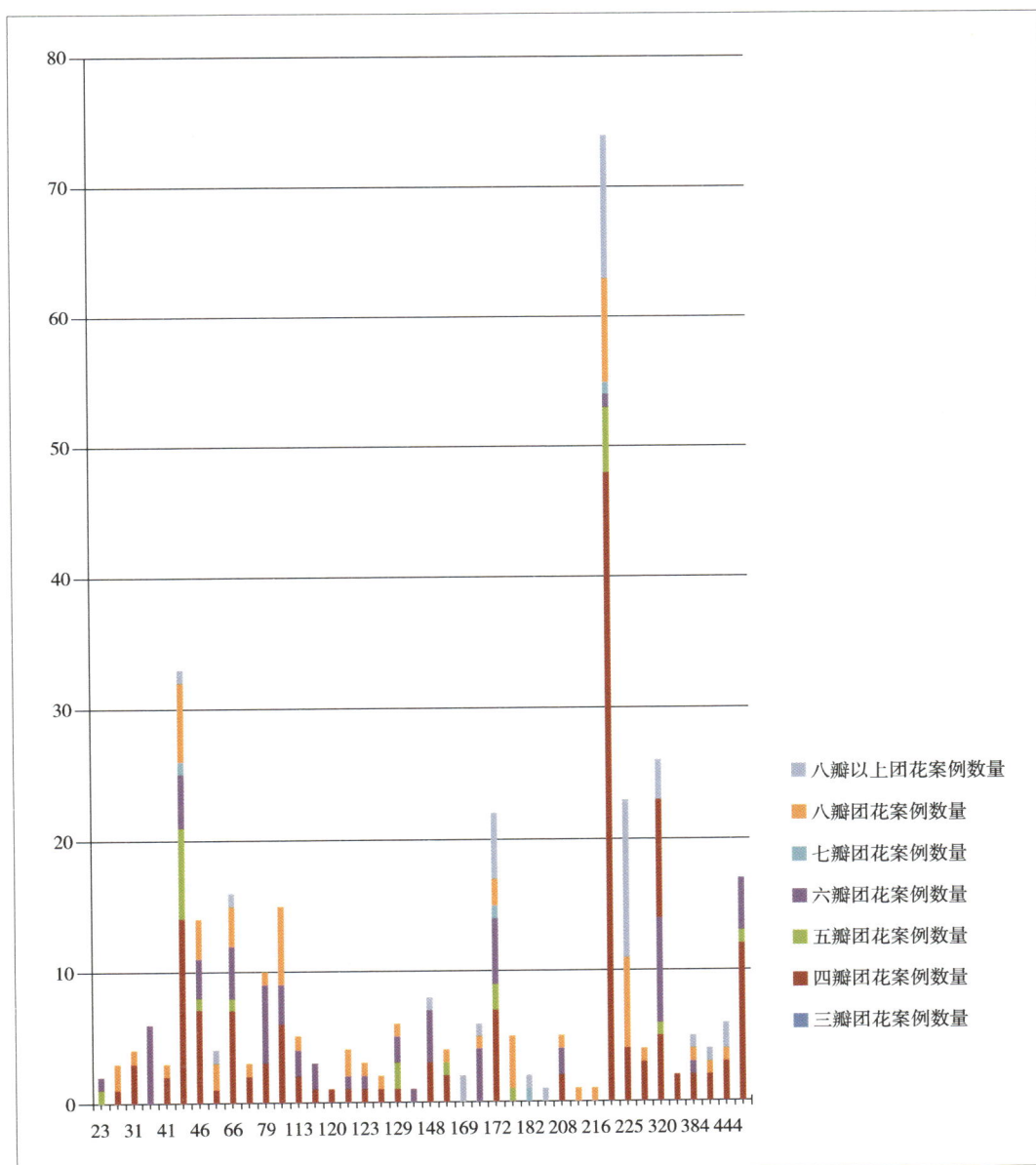

表4-5、表4-6显示了本研究所收集的各个中唐洞窟中，壁画团花纹样的分类以及各类数量情况，其中的优势从柱形图中可以比较清晰地看到，横向来看，大多数洞窟中的六瓣团花纹样的比例都上升较大，其中159窟的六瓣团花数量为16，在单体洞窟提取案例中数量最大。

表4-5　本书采集莫高窟中唐壁画团花案例汇总

窟号	案例数量	临摹案例数量	照片案例数量	团花种类数量	三瓣团花案例数量	四瓣团花案例数量	五瓣团花案例数量	六瓣团花案例数量	七瓣团花案例数量	八瓣团花案例数量	八瓣以上团花案例数量	单层花瓣团花案例数量	多层花瓣团花案例数量	壁画团花数量	彩塑团花数量
112	8		8	7	1	1					6	2	6	8	
154	39		39	14	7	16	8			1	7	22	17	39	
158	23	3	20	18	6	6	8		2		1	12	11	23	
159	27		27	20	3		7	16		1		16	11	27	
197	2		2	2			1	1				0	2	2	
201	7		7	7			4	3				0	7	7	
231	28		28	25	6	6		12			4	13	15	28	
360	4		4	4				3			1	2	2	4	
361	8	2	6	8							2	4	4	8	
468	1		1	1			1					1	0	1	
汇总	147	5	142	106	23	42	51		2	2	21	72	75	147	

表4-6　本书采集莫高窟中唐各洞窟壁画团花案例类别比例分布

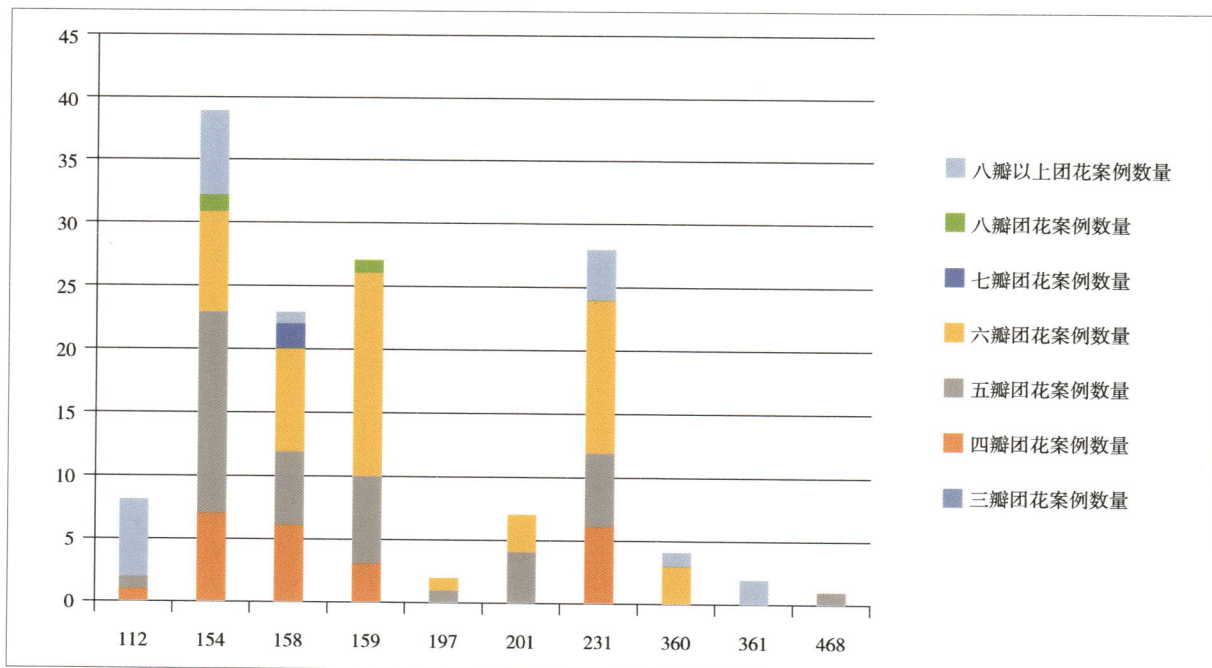

图例：
- 八瓣以上团花案例数量
- 八瓣团花案例数量
- 七瓣团花案例数量
- 六瓣团花案例数量
- 五瓣团花案例数量
- 四瓣团花案例数量
- 三瓣团花案例数量

表4-7、表4-8为本研究所收集的晚唐洞窟壁画团花纹样具体数量情况，收集案例的洞窟数量与中唐接近，其中第9窟的六瓣团花数量为27，其中部分原因也在于该洞窟的相对完整的保存状态以及留存较多的团花纹样。

表4-7　本书采集莫高窟晚唐壁画团花案例汇总

窟号	案例数量	临摹案例数量	照片案例数量	团花种类数量	三瓣团花案例数量	四瓣团花案例数量	五瓣团花案例数量	六瓣团花案例数量	七瓣团花案例数量	八瓣团花案例数量	八瓣以上团花案例数量	单层花瓣团花案例数量	多层花瓣团花案例数量	壁画团花数量	彩塑团花数量
9	95	21	74	42		18	26	27	3	14	7	25	70	95	
12	50		50	21		4	10	20	1	5	10	20	30	50	
14	22		22	13			11	5		3	3	13	9	22	
18	2		2	2				2				1	1	2	
20	1		1	1				1				1		1	
29	2	2		2		2						1	1	0	
54	3		3	3			2	1				2	1	3	
85	23		23	10		2	4	15			1	7	16	23	
144	2		2	2			1		1			1	1	2	
156	17		17	9		1	4	7	2		3	8	9	17	
196	20	6	14	15		11		6		1	2	1	19	20	
232	3		3	3		1		2				1	2	3	
汇总	240	29	211	123		39	58	86	7	24	26	81	159	238	

表4-8　本书采集莫高窟晚唐各洞窟壁画团花案例类别比例分布

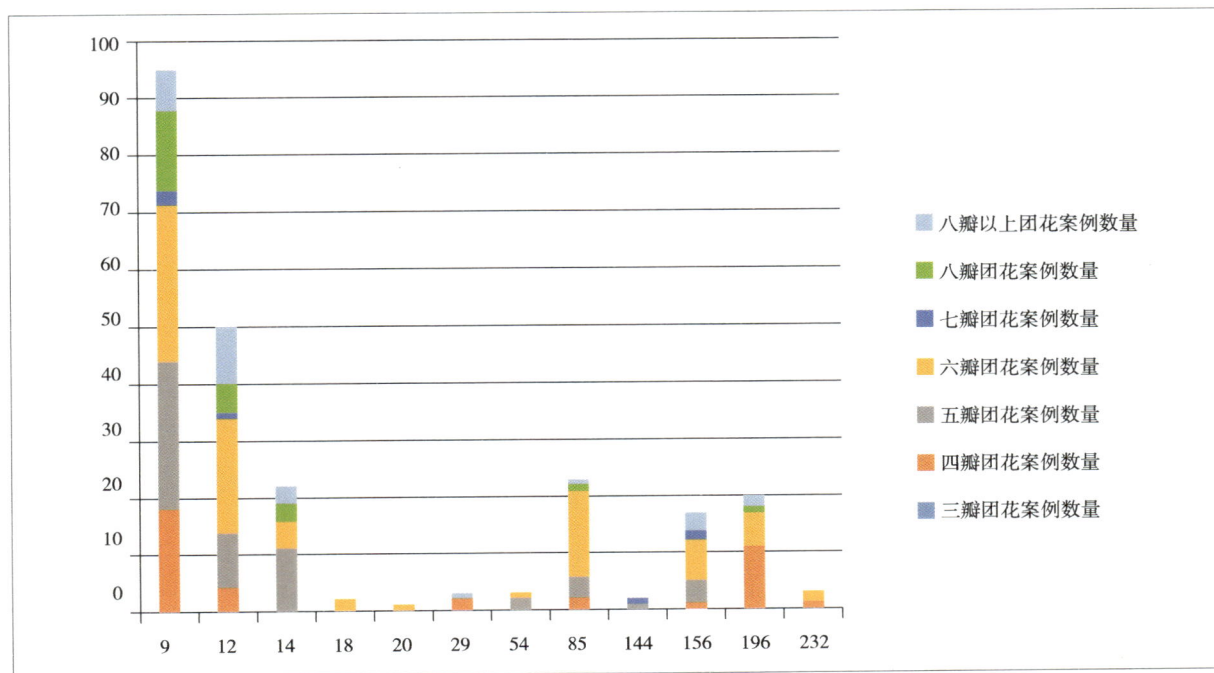

图例：
- 八瓣以上团花案例数量
- 八瓣团花案例数量
- 七瓣团花案例数量
- 六瓣团花案例数量
- 五瓣团花案例数量
- 四瓣团花案例数量
- 三瓣团花案例数量

横轴（窟号）：9　12　14　18　20　29　54　85　144　156　196　232

从图4-12可以看到采样洞窟中初唐团花的类型倾向——以十字结构的四瓣为主，四瓣花型占到总体案例的74%；八瓣花型占到13%，六瓣花型占到总体7%，这在表4-1中可以看到比较细节化的各洞窟具体数据比例。

及至盛唐时期，莫高窟的壁画团花纹样的类型又发生了转变（图4-13），其中四瓣团花的比例仍然占优，为总量的41%；而变化更明显的是六瓣团花的比例，由初唐的7%上升到19%；更一个比例上升明显的类别是八瓣团花，由初唐的13%上升到现在的20%。初唐时期几乎没有五瓣团花，但是盛唐时期，这一类型的比例已经为6%。

如果说初唐到盛唐时期的团花类别已经发生了较大的变化，那么到了中唐时期（图4-14），这样的格局又发生了一定的偏移——初唐、盛唐时期一直占统治地位的四瓣团花纹样在中唐时期不再占有最大的优势，而是退到较为次要的地位，而比例最大的是六瓣团花，占总量的36%；五瓣团花份量相当，占总体30%。

就本书研究过程中收集的案例而言，到了晚唐时期（图4-15），其总体状态较中唐没有非常大幅度的变化，只是稍许调整，譬如五瓣团花和六瓣团花占整体案例的比例，但是大体上呈延续状态。

在有关归类的内容里，需要说明的是，唐代前期有相当一部分团花的纹样并没有

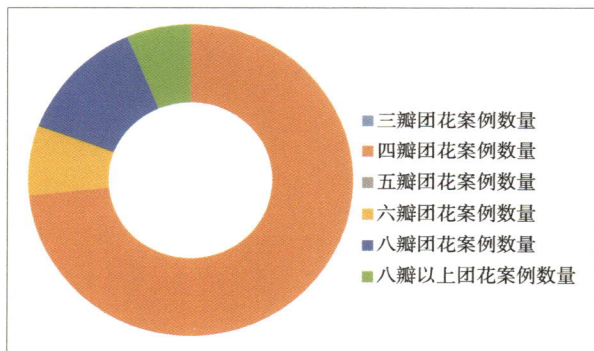

图4-12　本书采集莫高窟初唐壁画团花案例类型比例

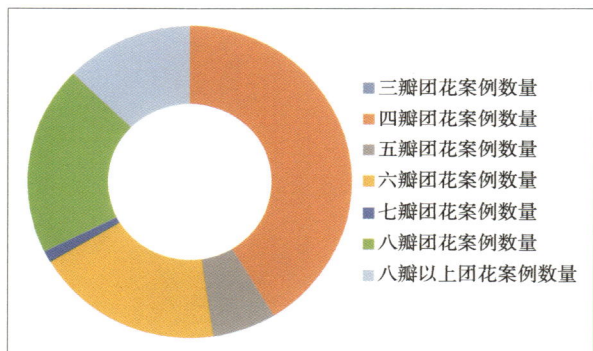

图4-13　本书采集莫高窟盛唐壁画团花案例类型比例

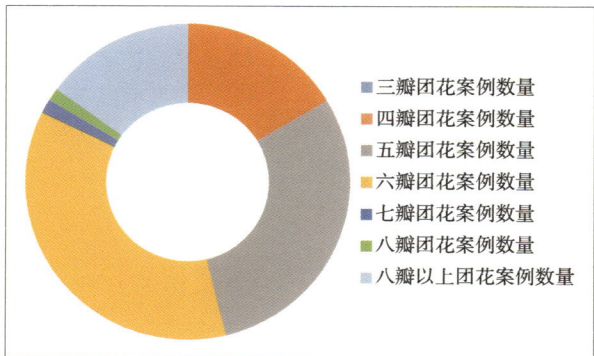

图4-14　本书采集莫高窟中唐壁画团花案例类型比例

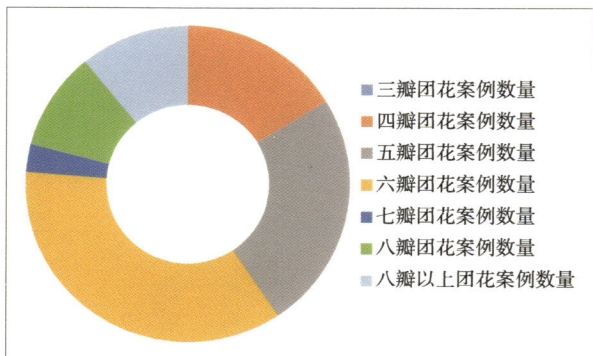

图4-15　本书采集莫高窟晚唐壁画团花案例类型比例

直接呈中心对称的放射状分布，而只是将各类组成元素纳入圆形或环状的区域内，如盛唐225窟的百花草纹尊像头光，它们的组成形制从总体上来看是团状的适合纹样。第二类总体来讲是团花状对称分布的结构，但是每个单元花瓣的组成都是各自成组的复杂的小集合，又遵循整体的中心对称。第三类是组成的花瓣超过八瓣，但是其他的结构都与六瓣、八瓣团花相同，只是花瓣的数量较多。本书在进行案例归纳整理的时候是将这三类纹样归类到"八瓣以上"的类别里面。因此，各个时期所归类的八瓣以上团花的类别里面并不是单一指向某一种花型。

从本书收集的案例的比例关系来尝试进行下面的分析：初唐的案例类型从总体上来讲比较偏重于第一类，即四瓣团花，第二大类就是八瓣团花，因而可以说初唐洞窟的团花装饰纹样中以十字结构为主的四瓣和八瓣团花占绝对优势。然而，从饼图上看到的分布态势是极不均衡的，某一类纹样结构占绝对优的状况是本书收集案例中初唐壁画团花装饰纹样的特点；盛唐时期洞窟的团花装饰图案的分布状态是更为均衡的，四瓣结构团花占优的优势面积缩小了，但是仍然是最大比例的一类，八瓣团花比例增加到唐代最高峰时期，并且同初唐一样，四瓣团花和八瓣团花一起构成了最大的比例面积。中唐的类型格局一下子就发生了重大的变化，其中的五瓣和六瓣团花的比例急剧扩大，其他退让到少于三分之一的面积比例；这种格局一直持续到晚唐，没有发生太大的变化。前面的柱形图中显示，各个时期的采样洞窟数量有一定差别，其中盛唐数量最大，这与其中涉及的典型纹样分布较广有一定关系，中晚唐时期的团花纹样从分布上来讲相比于盛唐和初唐洞窟有一定的格局变化。

二、结构分析

（一）十字结构与六等分结构

本章所展示的量化是基于花瓣数量变化来进行的代际差异表述，但是除了看到从初唐到晚唐的花瓣数量整体的变化态势以外，还可以由此进行更多的引申意义上的分析尝试。图4-16中左侧的十字结构的团花纹样，无论四瓣或者八瓣，主体都是呈直角交叉的两条线，呈直角的结构从视觉上带给人方正平直的心理暗示，其对称性也较为直接。从属于

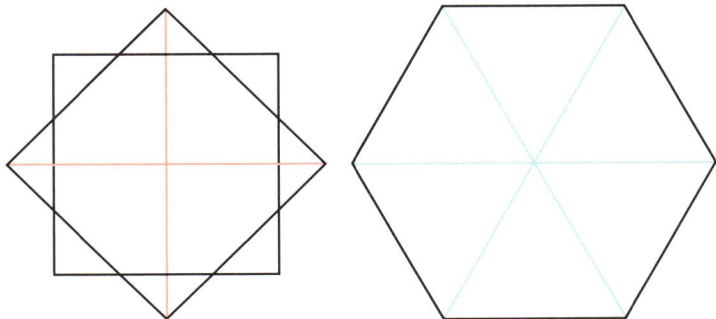

图4-16　唐代团花纹样十字结构与六等分结构示意图

（图片来源：作者绘制）

其中的图案无论花瓣的层次如何填充，线条如何卷曲，都会暗示方正平稳的情感，但会含有略显强硬的成份。而右侧图中的六瓣结构的团花纹样，将圆心分割呈六等份后，每一份呈60°的锐角，从视觉传达的效果上偏柔和，而且锐角给人的心理感觉没有直角那样的稳定性，会显得偏向随和自然。由于中晚唐团花纹样大多采用茶花和如意卷云纹的组合，其组成结构绝大多数都是六瓣形式的中心对称格局，因而，相对于十字结构占优的初唐和盛唐团花而言，整体装饰朝向自然亲和的方向演变。同时，考虑到初唐和盛唐时期的藻井大团花的格局，都是单独的团花纹样构成整个窟顶的中心，其丰富性和体量感需要达到一定的程度，才能够支撑得住一个建筑体完整的一面。但是中唐以后，尤其是晚唐洞窟的团花往往以平棋格局出现，一个装饰面是以多个单独的团花纹样构成的，所以就单体图案来讲，体量感和视觉冲击力有很大程度上的减弱。

（二）唐代团花纹样的原始十字结构

莫高窟团花纹样在隋代形成之初是有着简单的四瓣结构的，于圆形区域内简单的一分为四，于上下左右各绘制一个花瓣，隋末唐初之时的藻井团花，也基本上都是四瓣结构。从图案的简单结构向复杂结构转化，这是一个自然的发展过程，四瓣结构也可以视作是唐代团花纹样的原始结构。四瓣的划分法可以最直接的填充整个团花的圆形布局，起到平衡稳重的和谐表达目的，无须过多的计算和设计，对于起步的基础要求并不高。初唐和盛唐团花纹样大多都为四瓣的十字结构，尤其是初唐，虽然绝大多数都是复合纹样，具有第二层或第三层花瓣穿插在四瓣十字结构之后或空隙部位，但是由于计数是以第一层主体花瓣的数量为基准，因而并不影响主体造型骨架的分析。八瓣的结构可以视作四瓣的复合版，两个同心十字间隔45°角，形成米字结构的八瓣骨架，它终究没有完全脱离四瓣原始结构。盛唐洞窟的窟顶藻井团花是莫高窟唐代团花纹样的典范和顶峰，复杂的层次穿插在八瓣的骨架结构之间，米字结构庄重而华丽，与八卦的结构有异曲同工之处。总观莫高窟唐代前期的团花纹样，是以最原始的十字结构为标志特征，慢慢发展成十字结构与米字结构并存的状态。

中国古代的种种传统思想中都对"四"和"八"进行解读，《易经》中出现的"四"，有四象之说，阴阳两仪生四象；以四象把事物的发展规律表述成八个卦象的组合形式就有了八卦。天圆地方的地属方，有东、西、南、北四个方向，而四个方位又与四象相关，形成了方位的复合解读。数字"四"和"八"，尤其是"四"，在中国传统文化中具有很广泛的民间基础和认可度。对于中国传统文化中约定俗成的四方概念，与纹样建构之初对于四瓣的崇尚和大量使用，二者之间的关联并不能完全被确定，但是建构这样一种联系又似乎具有一定的文化逻辑的合理性。团花纹样不同于卷草或火焰纹，其成形的年代是中原汉文化入主敦煌艺术创作之时，其创作主体极有可能是植根于中原文化的环境中的，其对于四方的认可态度是可以肯定的，加之纹样形成之初的简单向复杂的自然路径诱导，整体由最稳妥单纯的四方向八分演变，也符合中国传统审美中对于平和稳定状态的欣赏。

（三）中晚唐团花纹样的六等分结构

六爻成卦，是古代推演天地人万象的变迁的方法，六爻到六合、五行都是顺应着古代中国传统世界观的理论组成部分。六分结构是中晚唐时期团花纹样最主要的骨架特征，五分居其次。传统理论与花朵骨架结构之间的关系亦如"四方""八卦"一样，于壁画只是显现的一个方面，从传统手工艺图案的设计上，也可以看到对"六"等分团花的偏爱。中晚唐时期，最为复杂华丽的大团花尤其是单体大团花，其结构偏爱六等分，前文对于六等分的圆形，其结构的自然以及不稳定性的心理暗示有初步的阐述。六等分的团花相比于传统端庄大气的十字结构有了更为随意的发展趋势。自然状态和世俗化的风格愈加明确，此时的团花纹样已经去掉了宗教符号性极强的莲花纹样，代之以茶花纹和如意云纹。而自然界的单层花瓣茶花，花瓣数量是5～7，与团花纹样基本相符。小朵花六等分组成的团花纹样的复合性也是中晚唐时期的一个特点，但是其花朵的原生特点被模糊化，造型变得更加通俗并具有一定普适性。从四等分的原始结构到六等分为主的自然结构是团花纹样在莫高窟唐代洞窟中的一种变化趋势，其宗教性被逐渐消解，直到与世俗生活中出现的工艺品六等分结构团花纹样基本一致。

（四）唐代壁画类团花层次演变

本书所取得的团花纹样的样本中，可以按照花朵层次划分为单层花瓣纹样和多层次花瓣复合纹样。从表4-9中可以看到唐代初、盛、中、晚四个时期的花朵层次相对的比例关系是有比较明显的代际差异的。初唐与盛唐的单层花瓣团花与多层花瓣团花的比例关系非常悬殊，单层团花只占总数的很少一部分；但是从图中可以看到中唐的这一比例极为接近，也就是洞窟团花纹样装饰中对于单层团花和复合团花的使用相对均衡；到了晚唐时期，单层虽然呈现出减少的态势，然而其比例关系并没有回到唐代前半期。这种趋势的局部数据显现可以说是从纹样的绘制角度来印证，对于唐代莫高窟洞窟建设投入水准的变化。从初唐年间到盛唐时期，莫高窟的开凿建设得益于汉族中原统治阶层的崇佛倾向，敦煌在这样的整体趋势影响下，接纳大量来自中原和西域的画师、塑师等艺术和技术人才，使得莫高窟的洞窟绘制水平得到极大提升。这样的水准除了从抽象的"量化"角度来审视，还可以与团花纹样等一系列装饰纹样的意义独立化和丰富描绘关联起来。首先，纹样的宗教功能在慢慢褪隐的同时，其装饰功能逐渐占据主要地位，如此一来，其所展现出来的形象可以融入更多的世俗性元素，并且朝着更加的多元、复杂的方

表4-9　本书采集莫高窟唐代壁画团花案例代际层次差异

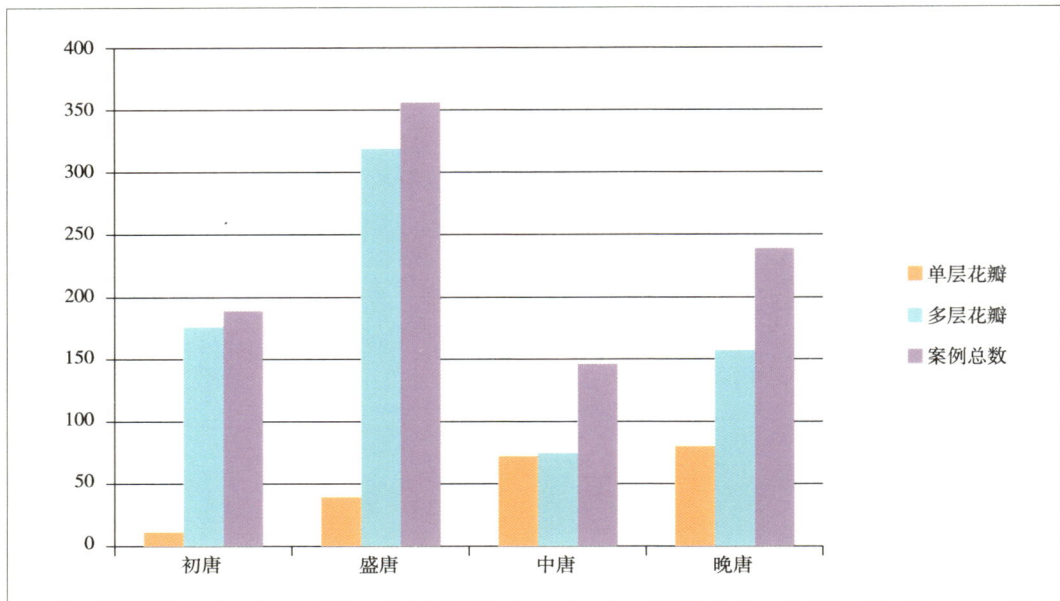

向发展。从北朝脱胎而来的团花纹样在吐蕃统治时期之前展现出复杂华丽的多层结构，除了规范化的十字结构或者八瓣团花的米字结构之外，由于手绘的偏差性出现了部分不甚标准的层叠团花和半团花，例如，第45窟主尊佛背光。

　　中唐和晚唐时期的敦煌经历了吐蕃统治和归义军时期，其洞窟壁画的内容融入了部分吐蕃的密宗内容，装饰纹样也日趋程式化。从单体洞窟团花纹样绘制的创造性和艺术性方面，较盛唐时期有明显衰落的趋势。越来越遵照同一模本，缺乏差异化的创意结构，千篇一律的团花纹样在众多中晚唐洞窟出现，纹样不再显现出盛唐团花形态各异的创造性，人们在这种纹样上的智慧与情感的投入似乎中止了——一种纹样的发展的衰落期就中唐拉开序幕。中晚唐时期还出现了一些以动物为花心的卷瓣莲花装饰，这类纹样基本为单层花瓣，每片花瓣向花心翻卷，整体结构趋向简单。

第四节　唐代单体团花纹样造型分析

一、单体结构分析

　　经过上文对团花纹样的细节和层次的代际梳理，可以就案例纹样的组成结构进行分析比对，研究唐朝四个时期的团花纹样的结构变化脉络。

　　第一，从外轮廓看，四个时期的线稿呈现出来的状态是：从初唐到盛唐都是有较大起伏关系的轮廓，由于莲花瓣的尖角与牡丹花瓣的弧角交替出现，构成较有节奏变化的轮廓形态；中唐与晚唐团花的外轮廓总体结构上来讲没有差异较大的起伏变化，都是在平缓的弧线中过渡到下一造型，因此总体来讲呈现出相对流畅的圆弧形外轮廓。

第二，从对称形式上看，四个时期的线稿案例均呈中心对称的造型。但是，如图4-17所示初唐334窟藻井团花为圆周均分的八瓣团花，从团花外沿到中心，均为八等分结构。中心部分的四瓣团花的不同层次交错穿插，也呈现十字结构的均等划分。盛唐320窟藻井团花外层如图所示为八瓣造型的中心对称，这种造型结构在整个团花图案的外层部分均适用（可参见图4-16原图）。中心小团花部分的外缘两层均为六瓣团花中心对称结构，但内层花瓣为五瓣中心对称结构。因而320窟团花的基本构架类似于初唐八瓣中心对称，但是内层花瓣数量减少（图4-18）。中唐201窟藻井团花纹样的外层

图4-17　莫高窟初唐334窟与盛唐320窟藻井团花纹样结构示意图

（图片来源：作者绘制）

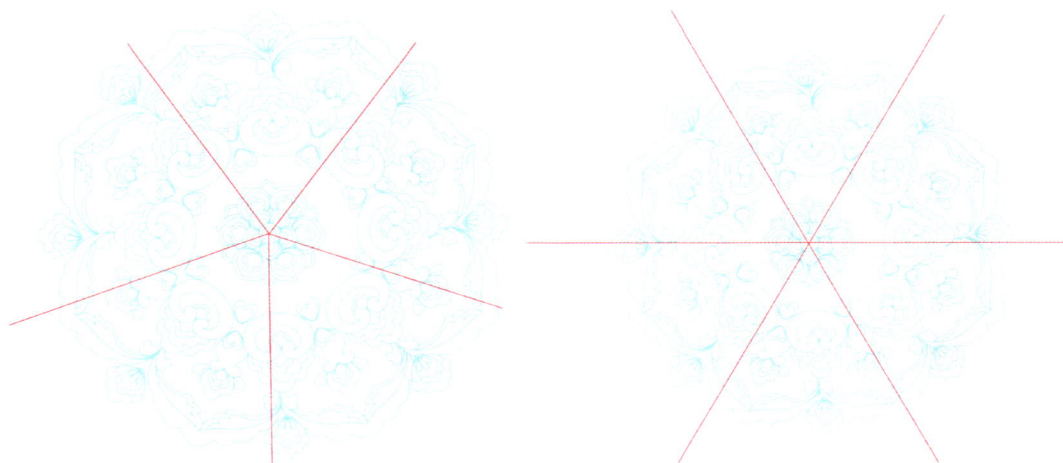

图4-18　莫高窟320窟藻井团花纹样中心小团花内外结构等分示意图

（图片来源：作者绘制）

为小团花组（图4-19），共同缠绕于中心圆环部分，中心为莲花纹样，从内向外均为六等分中心对称结构（由于此时外层的石榴纹小团花为小型花瓣和叶片围绕中心成小团组结构，因此以组划分更能明确整体结构，故统称六等分）。晚唐232窟平棋团花的两种团花纹样中（图4-20），第一种为小团花组共同围绕而成团花外层结构，内层为莲花俯视，从内至外均为六等分中心对称结构。第二种团花纹样从内到外均为六瓣中心对称结构。

第三，从团花图案整体结构穿插看，初唐时期的团花纹样整体结构较为松动，花瓣在造型多变的基础上各部分分配较为平均，尽管以334窟为例看初唐团花纹样自外而内也会大致以如意纹为界限而区分两个大层次——外层花瓣和中心小团花。但是两个大层次之间有诸多装饰元素进行衔接，也导致从外至内并没有特别明确的空白面积。花瓣到花瓣之间的间隙较为平均，但是整个图案中有明确的主导造型元素——莲花瓣，它可以控制整个纹样的风格走向，牡丹花瓣为辅助元素，补充在相邻的莲花瓣之间或者莲花瓣内部空白处等位置。

盛唐团花以320窟藻井为例（图4-18），其整体结构也可划分为两个大层次，即外围花瓣组合和中心小团花。外围结构中的节奏感非常明确，也是以尖瓣莲花为主导元素，穿插其他，而且莲花瓣的造型比初唐更为复杂多变。如意纹是外围层次的终点，但是单体如意纹造型更为饱满，向圆形进一步演化，更趋向于后朝的形态特征。牡丹花瓣的形态在盛唐团花中占有非常重要的地位，花瓣的复杂程度也是初唐和中唐所不及的。团花图案核心的莲花瓣小团花的构成格局不同于初唐和盛唐时期的八瓣结构，更类似于中唐以后多采用的六瓣结构。盛唐团花纹样中有一部分已经能够比较明确的分离不同区域层次的空间关系，团花图案中已经有非常明确的空间面积，以防止从外

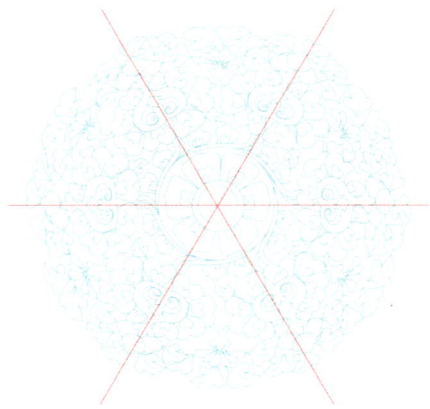

图4-19　莫高窟中唐201窟藻井团花纹样结构等分示意图
（图片来源：作者绘制）

图4-20　莫高窟晚唐232窟藻井两种团花纹样结构等分示意图
（图片来源：作者绘制）

缘到中心的装饰元素互相混淆。整个团花纹样节奏感非常明确，主体元素和辅助元素的大小比例也区分清晰。

以201窟藻井团花为例的中唐团花纹样（图4-19），有一种明确的倾向，就是团花图案的整体性大大加强。各个部分元素组成小群落，然后由小群落组成大群落，层级递进的花卉生长攀附在一起，从中心部分生长而出，形成一个非常致密的视觉面，将图案的空间关系构造成有机的生长状态。图中略呈右旋的石榴花茎扭动缠绕于中心圆形外周，复杂的外围图案与中心部分简洁的莲花纹样形成鲜明对比。虽然图形的种类减少了，重复利用增多，但是从图案的线稿来看整体布局时会发现，这一团花图案浑然一体，不同于之前比对分析的莲花牡丹花瓣构成的松散结构的团花。然而201窟藻井团花从线稿来看外层部分的内在节奏不够清晰，基本可以视作一个整体——因而抛开色彩，只审视造型的时候，团花图案会呈现出与有色状态相差迥异的样貌。

如果简单归纳莫高窟唐代四个时期团花结构特点相对位置关系的话（图4-21），可以以各个时期较为典型的团花案例来说明唐代四个时期团花纹样结构的复杂程度和紧密程度的变化。初唐时期的团花，其内部结构较为疏松，团花内部各个元素之间的关系是在一种松动的状态下较为随意的排布，但是纹样内部的元素的多样性还是保持在一定水准上的。盛唐时期的团花纹样所处位置最为明确，无论是内部元素结构的紧密性还是组成元素的复杂性都相对较高。中唐时期的团花纹样开始向简单元素复杂化方

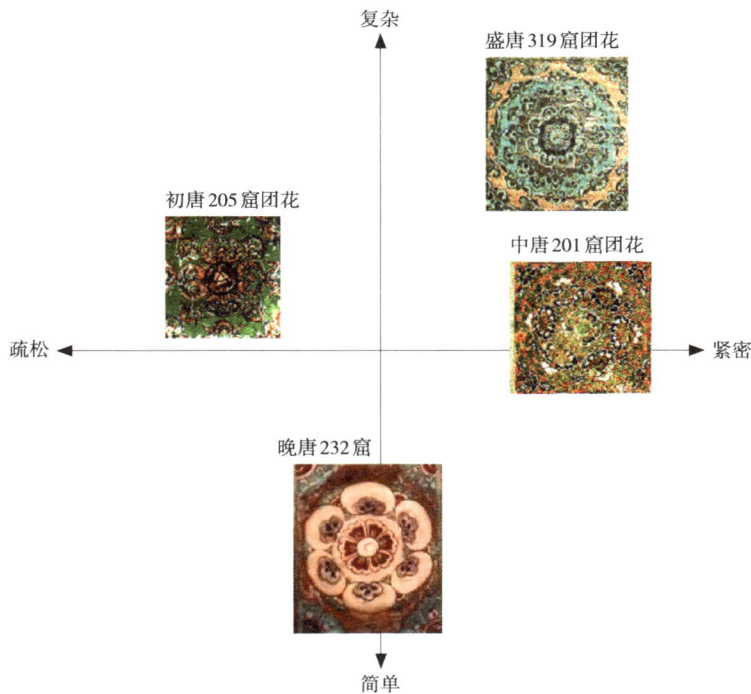

图4-21　莫高窟唐代四个时期团花结构特点相对关系示意

（图片来源：作者绘制）

向发展——组成元素变得相对单一，但是内部结构紧密结合程度较高。晚唐时期的团花纹样整体构成元素愈加简单，同时，由于元素简单，其结合程度也没有特别的紧密饱满。四个时期的洞窟中虽然各有不同的案例，但是会呈现出一个时代总体的特点，这也会与下一个时期的变化密切相关，如果将其放入发展演变的过程来观察，会得到较为整体的认识。

二、唐代团花纹样花瓣层次与组成元素分析

（一）唐代团花纹样层次流变特征

经过了隋朝的发展，到了初唐时期，莫高窟团花纹样已经有了较为完善和复杂的形态。相比隋朝藻井纹样中莲花的简单造型，初唐的藻井团花在莲花的基础上分化出了更复杂的结构，从内到外花瓣的层次大大增加。如图4-22所示，以莫高窟初唐第334窟为例，藻井团花从中心到花朵外缘，共有7个层次的花瓣，这其中还没有包括每个花瓣内的多层装饰。初唐第372窟藻井中心团花从中心到花朵外缘一共有8个大层次的花瓣，大花瓣内部的小花瓣装饰没有计算在内。328窟西壁龛内北侧菩萨头光中分布有半团花，半团花花瓣层次从内外外共有约5层。盛唐320窟中央藻井中心团花从内到外共有约10个层次的花瓣，320窟西壁龛顶半团花边饰中，每个单元的半团花中心向外大约有5个层次的花瓣，如图4-23所示。如图4-24盛唐45窟西壁龛沿团花边饰带中，每个团花和半团花单元纹样从中心向外缘大约有6个层次的花瓣。

如图4-25所示，中唐159窟窟顶平棋团花纹样中，每个单元格的中心团花大约有5个层次的花瓣。需要说明的一点是：由于中唐以后的团花纹样中，出现了更多的小团花组成大团花的形式，因而花瓣的层次在计数的时候是将小团花作为一个层次的花瓣

图4-22　莫高窟初唐334窟、盛唐320窟、初唐372窟藻井中心团花

（图片来源：莫高窟第334窟 窟顶藻井，敦煌文物研究所编著，《中国石窟 敦煌莫高窟 第三卷》，北京：文物出版社出版，1987年8月第1版，第83页；莫高窟第372窟 窟顶藻井，敦煌文物研究所编著，《中国石窟 敦煌莫高窟 第三卷》，北京：文物出版社出版，1987年8月第1版，第57页）

图4-23　莫高窟初唐328窟菩萨头光团花、盛唐320窟西壁龛顶半团花边饰

（图片来源：莫高窟第328窟 西壁龛内北侧半跏菩萨头光，敦煌文物研究所编著，《中国石窟 敦煌莫高窟 第三卷》，北京：文物出版社出版，1987年8月第1版，第115页；莫高窟第320窟 窟顶藻井，敦煌文物研究所编著，《中国石窟 敦煌莫高窟 第四卷》，北京：文物出版社出版，东京：株式会社平凡社1987年3月第1版，第8图；莫高窟第320窟 西壁龛顶，敦煌文物研究所编著，《中国石窟 敦煌莫高窟 第四卷》，北京：文物出版社出版，东京：株式会社平凡社1987年3月第1版，第3图）

图4-24　莫高窟盛唐45窟西壁龛沿团花边饰

（图片来源：敦煌文物研究所编著，《中国石窟 敦煌莫高窟 第三卷》，北京：文物出版社出版，1987年8月第1版，第125页）

图4-25　莫高窟中唐159窟、360窟、晚唐85窟藻井中心团花

（图片来源：莫高窟第159窟 西壁龛顶，敦煌文物研究所编著，《中国石窟 敦煌莫高窟 第四卷》，北京：文物出版社出版，东京：株式会社平凡社1987年3月第1版，第93图；莫高窟第360窟 窟顶藻井，敦煌文物研究所编著，《中国石窟 敦煌莫高窟 第四卷》，北京：文物出版社出版，东京：株式会社平凡社1987年3月第1版，第121图；莫高窟85窟 窟顶藻井，关友惠 主编，《敦煌石窟全集 图案卷下》，商务印书馆（香港）有限公司，2003年1月第1版，第145页）

计算。中唐第360窟顶藻井中心部分的团花为翻卷莲瓣的莲花，花瓣的层次为一层，团花中央绘制迦陵频伽鸟。晚唐85窟藻井中央为狮子纹样，向外一层为卷瓣莲花，加上最外层花瓣一起组成大团花，花瓣从内向外的层数为3层。

以上为唐代四个时期的部分保存较完好的团花装饰案例，虽然从初唐、盛唐到中晚唐的团花不能够仅仅以花瓣层次的数量来区分，但可以由此初步判断团花纹样大致的发展脉络：团花纹样在莫高窟北朝洞窟中所占份额很少，而且并没有完整意义上的团花纹样；到了隋代，团花纹样有了初步的发展，人们在进行洞窟装饰的时候开始注重这类造型的规整纹饰，但是仅仅是初级起步阶段，纹样层次较为单一；团花纹样在唐代得到了充分发展，虽然从隋到初唐在朝代更迭上是连续的，但是莫高窟的唐代洞窟与隋代洞窟相比已经出现非常大的差异，仅从团花纹样装饰来看就有了长足的进步，团花纹样从初唐开始真正兴盛，呈现出完全不同于隋代单层或双层莲花的简单样貌，已经出现了多个层次变化的花瓣；盛唐团花纹样层次繁多造型饱满，为前后期所不及，从层次角度审视而言称得上是唐代的顶峰；中唐以后由于政治管辖更替、民族文化等原因，莫高窟的团花纹样细节层次的创造性开始减弱；至后期晚唐时代，团花纹样的层次进一步减少，纹样也开始偏向程式化。

（二）初、盛唐团花纹样细节造型分析

1. 初、盛唐团花纹样造型细节

初唐时期的团花纹样真正具有了独立的装饰意义，在洞窟装饰中得到广泛地使用。除了本身的层次数量相比于隋朝有了巨大的变化之外，团花纹样内部细节的造型种类也极剧增加。譬如图4-26左侧初唐334窟藻井中心团花，将其单纯线的造型归纳整理之后，发现其内部共有大小花瓣共约13组，完全不同的花瓣细节造型有15种之多。其中，最主要的花瓣造型为外缘第二层的尖瓣莲花——这一造型支撑起了整朵团花的主体结构，成为这一团花纹样最典型的识别标志。花瓣之间和花瓣内部中心位置有单体牡丹花瓣装饰，与下一大层次中间分布有小型牡丹花瓣装饰，最向内为类似"如意头"❶的纹样构成环状结构。团花中心部分仍然以牡丹花瓣为主要构成元素，组合成小型团花。整体看来，为莲花和牡丹合二为一的团花纹样❷。

盛唐320窟的窟顶藻井团花纹样临摹线稿如图4-26右所示，与初唐334窟藻井团花相比，整体结构类似，也是由莲花花瓣构成整个团花的框架性结构。莲花瓣在此团花纹样中单体面积最大，其次是内层的如意纹，莲花花瓣和如意纹与夹杂其间的多层牡

---

❶ "如意"纹的起源有多种说法，一说起源于中国本土的灵芝纹或汉代云气纹，此说源于道教影响；一说起源于西亚，源自西亚的心型涡卷纹，总之在中国南方自秦汉始，如意纹有了初步的发展。

❷ 团花与宝花分属不同的分类方法下的名称，在本书的研究范畴中，没有特别区分不同团花的历史阶段名称，所以统称为团花。

丹花瓣纹样共同构成这一个大的层次。图案中心部分为小型团花，整个图案从内向外共有大小花瓣约14组，完全不同的花瓣造型约11种（可参见图4-12原图）。

图4-26　莫高窟初唐334窟与盛唐320窟藻井团花纹样示意图

（图片来源：作者绘制）

2. 初、盛唐团花纹样典型特征演变前奏

隋朝的植物纹样装饰中忍冬纹依然延续了前朝的茂盛之态而占有重要地位，但是莲花的份量相比于北朝已经大大增加。莲花的形态虽然比唐朝简单随意许多，但是已经呈现出较为明显的中原装饰绘画特点。忍冬纹与团花之间的关系从画面表述上看并不是非常直接，但是如果向上追溯忍冬纹自北魏时期开始到隋朝再到唐朝的形态特征变化，就会发现这是一个十分自然的流变过程，纹样形态在不同时期的文化生态影响下，其表象会顺应时代的风格影响发生转变。如同其他生物的进化路线一样，团花纹样在演变的过程中也会有直线性或跳跃性的不同节奏，在某些关键环节中，可以看到重要元素起作用，促成了这些基因突变从而产生新形态的情形，本章所选取的案例都是阐述唐代团花纹样形成过程中起较为关键的作用的环节。

忍冬纹与火焰纹之间的关系也可从对两者造型的观察上得到有趣的发现。从254窟窟顶南侧的一个平棋格单元中，可以发现方形角落里分隔出来的三角形内有一组火焰纹饰，但是，经过仔细观察会发现火焰纹连接处的卷勾造型与忍冬纹有着极强的相似性。如果换个角度观察，甚至可以认为"火焰适合纹样"是由一组连续的忍冬纹组合而成，只是将边界隐含掉了而已。诸如此类的情形，在观察诸多北朝时期的平棋窟顶纹样中都可以发现。另外，众多北朝、包括隋代洞窟的主尊佛背光的火焰纹也与连续忍冬纹的轮廓造型十分类似，这种图形和图形之间的相似性关联有众多的例证可以说明。

在249窟的窟顶藻井纹样中，可以看到四角的适合纹样中，有左右对称的忍冬花造型，每侧三折，组合在一起就成为平稳的直角适合纹样，与之前的中心旋转对称的忍冬纹动感极强的造型特点有较大区别，与后期初唐、盛唐时经常采用的每侧三折的牡丹花瓣造型又有很大相似之处（图4-22）。这样的忍冬造型在北朝其他洞窟中可以找到很多例子，例如，早至北凉时期272窟窟顶的平棋格中，也是在方形顶角处有对称忍冬。272藻井四边均为忍冬纹不同组合形成的装饰边，其中一面的装饰纹就为对叶忍冬纹，由忍冬纹样两两正向和背面相对连接而成。除了平面表现的对叶忍冬纹以外，在北魏254窟北壁西侧的两相邻龛之间出现浮雕式背对叶忍冬纹，似以忍冬纹将两个相邻龛梁连接在一起。北周430窟龛楣处也出现有对称忍冬（图4-6），但是外围出现如意纹轮廓，这种样式又可以与来自埃及和欧洲的棕榈纹联系起来。

如图4-27所示，从古希腊的陶瓶图案中可以见到类似图案，奥地利美术史学家李格尔在其著作中反复提及棕榈纹的起源和分布，认为其受到埃及的莲花纹的造型影响，并且在地中海沿岸的罗德岛、迈锡尼❶等地，这类纹样曾经一度非常普及。然而对于地中海沿岸的棕榈和卷须结合的纹样，与敦煌对叶忍冬纹之间是否有直接的影响关系，目前尚无定论。隋朝407窟的藻井图案中，井心外围装饰部分也有来自忍冬纹的变体纹样：与凹凸平台纹或背光纹样中出现的忍冬组合纹样类似，此处的忍冬纹两两相对，中心处为同心套叠椭圆形花心，周围是十字结构八瓣花。这一造型与意大利文艺复兴时期的百合花纹样有十分相似的结构特点。此处，也不妨设想这一造型恰恰是忍冬花纹样从动感到平稳的转折，与后期的花瓣造型有着极为连贯的关联性。

图4-27　希腊陶瓶上的棕榈纹

（图片来源：左图拍摄于法国卢浮宫；右图引自［美］H.W.詹森，《詹森艺术史》，艺术史组合翻译小组 译 世界图书出版公司北京公司出版，2013年9月第1版，图5-27）

❶ ［美］H.W.詹森，《詹森艺术史》，艺术史组合翻译小组，译，世界图书出版公司北京公司出版，2013年9月第1版，第121页。

隋代401窟西壁龛边饰为联珠纹，原本联珠纹并不在本书的研究范畴之内，之所以在此处提及是由于401窟出现的联珠纹内有多种团花造型的纹样装饰。这些团花纹样均为十字结构或者米字结构，以对叶忍冬、三折边的牡丹以及如意纹为主要组成元素，形态相比于唐代团花更为简单，但是相对于前朝的忍冬旋转纹样等团花雏形而言，它已经发展的比较成熟了。或者，此处可以将其看作是连接北朝与唐代团花的一个重要环节，从另外一个角度来讲——从单株的植物写生纹样发展到唐代的大团花装饰图案，需要这样的步骤来完善其中的转变过程。如果说北朝的莲花与忍冬的系列装饰纹样是偏写实、单体的均衡形式，而唐朝的团花图案已经脱离单纯写实模拟表现，而呈现出偏重抽象概括的复合形式——401窟中的小型团花图案可以称作是两者中间的一个过渡阶段，从中可以观察到从对写实绘画性的强调到对纹样的装饰概括性的强调的一种循序渐进的演化过程。之前的忍冬纹无论是正对叶忍冬纹还是背对叶忍冬纹或组成三角区域的适合纹样，都是图案的一种构成元素，并没有看到对团花演变产生了怎样的影响以及在单株纹样向复合团花纹样发展过程中发挥了怎样的作用，但是从联珠纹内的简单十字结构小团花中却可以清晰地看到这样的一个演化环节——忍冬纹演变成侧卷瓣莲花并组成小团花。

3. 初、盛唐团花纹样典型特征及背景解析

初唐、盛唐时期出现的大团花纹样中，侧卷瓣莲花是非常重要的一种造型标志，其翻卷部分的造型特点可以认为是源自忍冬的三折或四折的造型。在部分洞窟的侧卷瓣莲花的绘制中，侧向翻卷的造型线部分为多重，并且与花瓣轮廓几乎相脱离。而这种半脱离状态的侧卷瓣线极容易被认为是忍冬纹。国内也有一些学者认为侧卷瓣莲花的造型"脱胎"于忍冬纹。从图4-28中看到莫高窟初唐373窟的团花纹样，是刚刚从隋代的团花雏形演变而来的完整团花，四方的花瓣内就是由三折忍冬类的造型线构成内部的装饰填充。初唐211窟的团花纹样比373窟要更为完善很多，从莲花瓣的侧向翻卷的造型可以观察到比单线的忍冬造型更为复杂的分色阶晕染的忍冬造型，而且靠近花瓣根部的侧卷瓣部分，已经不再完全模拟莲花瓣侧向翻卷的形象，而是更加突出忍冬纹的勾卷，从而将侧卷部分的造型独立于写实描绘之外，从注重自然形态的写实方法中解放出来，将不同的花卉题材有机地结合在一起，造型相契合的同时更多的赋予其装饰意义，以丰富花瓣部分以及整体团花的视觉效果，也称得上是写实纹样向装饰纹样过渡的一个重要进步。331窟的团花纹样整体比例关系中突显了大莲花瓣的造型，其侧翻卷部分也非常醒目——从外向内三个层次的结构由于采用了晕染变化的效果又增强了层次的丰富性。此时，忍冬的痕迹除了侧卷瓣的最内侧造型以外已经看不到其他更多的衍生了，也基本上结束了它作为莫高窟纹样主体题材的历程。而由莲花和忍冬有机组合而形成的侧卷瓣莲花，作为初唐和盛唐团花纹样的主要识别特征，开始了

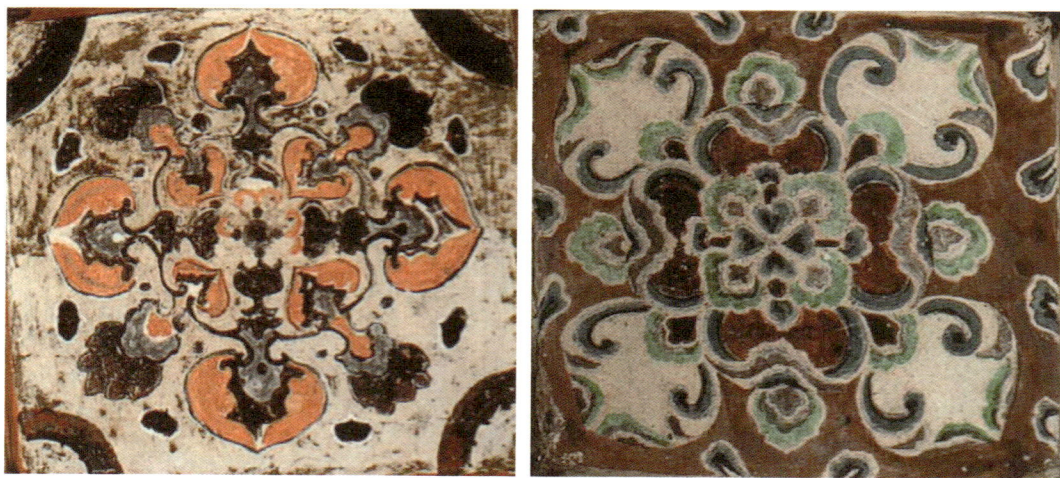

图4-28 莫高窟初唐373窟、211窟、331窟藻井中心团花

（图片来源：关友惠 主编，《敦煌石窟全集 图案卷下》，商务印书馆（香港）有限公司，2003年1月第1版，第17、18、22页）

它辉煌的展示时期。尤其是在洞窟顶部中央的藻井处，最重点描绘的纷繁富丽的大型团花纹样中，莲花瓣的部分是最具识别性的，不但是直观的视觉效果，更是时代特征的显现。

此时，不妨假设纹样的发展流变并不是简单的题材或造型的独立变化，从此题材到彼题材，尽管年代不同，但是它们之间的造型是互相有着非常强烈的关联性的。研究者可以从北朝的造像衣褶中观察到汉代纹样的造型特点，也可以从唐代侧卷瓣莲花中看到对称组合的忍冬纹，这些变迁的线路是连续不断的，并没有因为时代和题材发生变化而全部重新开始一种全然不同的范式。这些纹样的造型特点从前朝的纹样中都可以寻找到根源，这时可以借用一个概念——"派生"❶。从汉代的云气纹到北朝石刻的行云流水般的线状造型表达，再到西魏菩萨衣褶的相像造型特点，这其中的演变关系从某种意义上来讲可以称作是一种派生关系：因为材质和表现手段的变化并没有影响整体造型的延续性发展，而且从一个源头派生出来的纹样，携带着一种相对恒定的"基因"继续在下一个时期发展变化。但是从中可以观察得到那些较为稳定的造型关键因素，并且人们总是可以根据现状来推断之前的原始样貌。在纹样的发展变化过程中，不同时代的影响因素或多或少的改变着它的进程，譬如政治生态和审美情趣等，但是有关于纹样的结构形式会相对稳定的向下遗传发展的，这也是有关于相对独立的艺术意志的。此时，对于艺术创作主体的猜想如果暂停的话，只是将艺术作品从社会学背景下剥离出来，将其前后的表现和状态加以串联并分析，也会得到一定的脉络结论，似乎无关乎创作主体的民族文化背景和受控于其的意识形态特征。

但是，如果更多地将纹样的发展放置于社会学背景下观察的话，也会有更多细节化的发现。譬如莫高窟北魏257窟中，从洞窟内飞天和伎乐天的造型和场景表现上就能够发现非常多的西域文化影响因素。257窟北壁上方的边饰部分，是由凹凸的平台纹和穿插其中的伎乐天组成。这个时候的伎乐天并没有如唐代壁画中那样随意飞举，同时演奏各类乐器，而是安住在平台纹上方绘制的一个个拱形房间中，"脚踏实地"地在一个确切的实际空间范围内进行演奏。仅以莫高窟盛唐时期壁画为例，其中的飞天飞扬舒展的飘带和身姿比北朝洞窟中写实的画法更加强调精神化的感受。受希腊化艺术风格影响的犍陀罗佛教艺术在东传之前，已经具有侧重强调身体肌肉人性化成份的表现特点了，这些特点与佛教教义最初强调的非偶像崇拜大相径庭。但是从另外的角度审视，从佛教发展传播方面来讲却又是较为现实的做法。这些写实的佛教艺术表现手法在莫高窟的北朝洞窟中得到了较为充分的展示，虽然画师的自身修养和能力不尽相同，但是总体来讲，表现手法趋同——喜欢强调肌体的体积感和写实的场景还原等，都较

❶ [法] 福柯著，《知识考古学》，谢强，马月译，北京：生活·读书·新知三联书店出版，2003 年 1 月第 2 版，第 185 页。

多的延续和继承了犍陀罗特点。其中，装饰纹样中的植物纹样也从不同程度上注重强调植株的完整性和真实呈现，概括归纳方面较后期偏弱。以北朝龛楣的莲花为例，其形态多强调正面和侧面的真实生长状态，不似唐代已经完全将其归纳为抽象的团花装饰纹样，莲花只是作为一种花瓣元素，出现在各类纹样组合中。北朝洞窟中的莲花或忍冬纹的单独纹样以及组合纹样，都偏重自然形态呈现，纹样与纹样之间没有过多的寻求同质化。

西魏时期的莫高窟洞窟建设，相对于北魏时期更加中原化，这从壁画和塑像的造型和取材上就可以看到。仍然以249窟为例，西魏洞窟的窟顶四披壁画中，非常自然地融入了中原汉地的神话传说，壁画中可以见到东王公和西王母的形象，还包括道教中的天皇、地皇、人皇以及中原传统的风、雨、雷、电诸神，于壁画空白处，出现了云气纹的装饰。另外，主尊佛的袈裟也更多地采用较为保守而且中原化的通肩袈裟——而众所周知，由于气候原因，在印度的佛教造像的表现作品中，更多地采用当地的斜肩袈裟，露出更多的身体部位，在最初的洞窟造像和壁画中都能够看到源自印度的服饰特点。但是由于不同地域的自然和人文环境已经发生了改变，这些外部因素的转变直接影响到了视觉造型呈现出本土化特点。飞天也从最初全裸体或暴露身体部位较多的造型转变为宽衣博带的中原人物形象。

除了印度的影响，随着与中原各方面交流的加强，来自波斯地区的装饰艺术因素也更多地对古代中国北方产生了影响——多种纹样造型流传到沙州一带，在佛教洞窟开凿的时候得到了广泛的应用。例如，源自波斯的联珠纹中心为动物纹样，诸如各类有翼兽，它们在漫长的传播线路中被逐渐过滤掉，反映在北朝莫高窟洞窟装饰中，只剩下四周的联珠；到了隋朝，甚至只留下联珠的格局，圆珠纹样已经变成点状。但是从新疆境内出土的各类纺织品来看，联珠纹还是得到了较为完整的保留，甚至在中唐吐蕃时期的文物中，也可见联珠纹和有翼兽的织物。但是在莫高窟，唐代洞窟中虽然一直可以见到联珠的痕迹，但是其只是次要的一种装饰元素。因而或许可以这样阐释：对于佛教艺术创作而言，世俗纹样的影响只是作为一类因素有限度地出现，而且与世俗生活用品更多地受工艺水准制约不同——纯艺术创作的洞窟艺术，即使会成为彼时生活文化的一种反映，也并不能影响其自身相对独立的风格的演变，也就是前文引用的"艺术意志"——形式语言发展是有着自身独特的规律性的。

（三）中、晚唐团花纹样细节造型分析

从历史年代的划分来看，中唐期间的敦煌经历过较为突出的民族冲突和吐蕃统治。由于吐蕃统治期间对于佛教十分崇尚，敦煌当地开凿大量洞窟供养佛像，造像和装饰风格一度表现出与盛唐迥异的风貌。从洞窟壁画的风格来看，中唐期间的洞窟与初唐、

盛唐相比而言已经出现了较大的转变，及至随后的晚唐五代，该风格逐渐顺延，变化减缓。尤其表现在团花装饰纹样的类别上，肉眼可简单识别的造型风格转折是比较明显的。

以中唐201窟藻井为例，如图4-29所示，团花纹样的线稿与前面初唐334窟和盛唐320窟相比出现较大变化。团花的细节层次与前面的唐朝前期相比有了较大变化。整朵团花纹样从内向外的层次如果大致区分的话可以分为8组，团花纹样细节的种类大致为9种。其中，莲花的花瓣造型不再是最重要的框架因素，而是位居中央，成为简单的花心纹样，环绕周围的石榴花成为主导性因素。花瓣的造型都偏圆顺，更趋于"团"状，因此，从花朵图案内部构成因素上来讲比

图4-29　莫高窟201窟藻井中心团花
（图片来源：作者绘制）

初唐和盛唐时期更偏统一，造型的细节种类在一定程度上减少，而且细节重复较多。

盛唐纹样向中唐转变的一个重要特点就是图案的形式感进一步增强。中唐的很多纹样相比于盛唐时期而言，其单体元素的变化和丰富程度在减弱。而将有限的单体元素尽最大可能地进行不同的组合，衍生出各类团花造型，是中、晚唐纹样的一个明显趋向。盛唐时期的团花纹样，每个团花内部的构成元素众多，形成了有秩序的组合关系，然后由此诞生丰富的视觉效果。中唐时期，已经开始合并减少团花构成元素的种类，而且偏爱的花卉类别也由占绝对优势的莲花变为茶花。除了201窟的茶花藻井是非常明确的例子之外，还有晚唐138窟的藻井团花，也是以茶花为主要花卉品种进行整理绘制的。其构成形式与201窟藻井茶花非常相似，都是尽量采用一种花卉的花朵和枝叶组合构成整体图案，并非初唐、盛唐那样采用牡丹、莲花、忍冬等多种花卉的元素进行联合组织。

中唐时期敦煌民族政治上的重大变化即从唐朝中央管辖转为吐蕃统治。安史之乱时，各藩国均伸援手，唯独吐蕃利用藩镇政策之乱，趁机向中原进兵。八世纪下半叶，瓜州、沙州等部逐渐陷于吐蕃政权统治之下。吐蕃统治者在唐朝时期对于佛教持笃信态度，与唐朝诸位公主的和亲都有利于大乘佛教在当地的发展。吐蕃统治者曾派多人赴印度学习佛法，但是均为密宗，因而在吐蕃境内得以发展的佛教宗派也为密宗。虽然吐蕃本教与佛教之间的斗争从来没有因为国王对佛教的崇扬态度而有所减弱，但是在中唐时期，还是能够见到佛教的有力发展。然而，毕竟是同期并存的两类宗教，由

于权利纷争等原因，统治者也会派佛教僧人参与本教的经文抄写等工作，本教教徒也会参与到佛教的译经工作中去，互相的妥协在客观上促进了两宗教间的交流和融合。因而在吐蕃地区发展传播的佛教艺术表现形式带有较为明显的地域和民族特色。吐蕃统治敦煌以后，这类特点也影响到了敦煌石窟艺术的表现。包括各类装饰纹样在内的洞窟壁画从中唐起带有明显的转折性，例如，从题材表现上看，密教的诸神形象在洞窟中频繁出现、典型藏式佛塔的表现、特定的佛、菩萨表现形式等等都是唐朝前期洞窟中极难见到的。其中，较为明确的通用判断标准就包括千手千眼观音菩萨、宽肩细腰的造像特点、金刚杵等。这一时期的洞窟装饰较盛唐有着非常明显的变化，其中最重要的一点就是装饰结构单一化。由于中唐时期多开凿盝顶帐形龛，往往会以横纵交错出现的两类团花纹样为平棋格装饰，满铺于龛顶。这两类相似而有变化的团花如同千佛装饰一样，均为斜向相同，横纵向间隔交错。中唐洞窟的卷草纹的造型是另外一类变化，这一时期的卷草纹相比初唐和盛唐，其花朵造型更为饱满，线条更加规整，呈现较为标准的二方连续，可重复性强，不似初唐时期的卷草纹边饰那样，虽然大体上为二方连续，但是，随意性较强，单元图案差异大，可重复性较弱。

　　晚唐与中唐之间的团花纹样变化的速度已经减缓，晚唐的洞窟已经出现更多的平棋结构。装饰在平棋格中的单体团花由于单位面积等原因，其复杂程度比洞窟藻井团花要低很多。以莫高窟晚唐232窟窟顶平棋团花为例，如图4-30所示，两种团花纹样交错出现，构成整个平棋装饰区域的矩阵格局。团花的花瓣层次大约为3个组，不同的花瓣种类为5种左右，此时的层次和元素都是参照初唐盛唐的标准以单片花瓣为准的。然而晚唐的团花纹样已经出现了更为明确的小朵茶花构成的大团花的纹样，这在中晚

图4-30　莫高窟晚唐232窟顶平棋团花

（图片来源：段文杰 主编，《中国敦煌壁画全集8 晚唐》，天津人民美术出版社出版，2001年第1版，第124页）

敦煌莫高窟唐代团花纹样研究

唐洞窟装饰中非常多见，尤其是晚唐壁画。而如意纹的大量使用也带动了团花的整体面貌朝着简单化的方向演变，这种趋势在五代、宋朝洞窟中出现的概率也极高。以232窟为例看晚唐团花纹样，已经将装饰的细节元素大幅度的减少，而且单体图案的描绘层次也弱化很多。将单元装饰元素的功能尽量放大，力求使用最少的元素种类实现尽量丰富的效果。如果可以将这种装饰思路看作是"设计"的话，那么其表现手法似乎更接近于现代意义上的"设计"的概念。

中唐团花的主要花卉题材为茶花，莲花和牡丹都比较少见。无论是窟顶平棋格中出现的横纵交错变化的团花，还是边饰半团花或小团花，抑或服饰纹样中出现的团花图案，基本都是以五等分或六等分的中心对称结构为主。除去少量其他题材个案，茶花基本上是中晚唐的最重要的团花纹饰元素。但在少部分团花或半团花装饰中，也出现有石榴纹的组合，例如，中唐148窟，此窟是盛唐末中唐初的李氏家族开凿兴建的大型洞窟，内里的装饰绘画都非常富丽饱满。其中四壁与窟顶交界处的边饰均为大型石榴纹半团花，每个半团花由三朵大石榴纹组成，呈三角结构，带有枝叶。通常来讲，洞窟边饰中的石榴纹出现较早，在初唐、盛唐洞窟中均有呈现，但是，由石榴纹组成半团花的案例比较少见。另外，中唐洞窟中的茶花团花纹样，有一个重要的特点不容忽视，那就是枝叶的带入。自北朝洞窟中出现忍冬纹团花雏形到隋朝联珠纹内团花纹样的简单呈现，再到初唐洞窟中团花纹的完全成型，基本上很少在标准的中心对称的米字结构或十字结构的复合团花纹样中出现枝叶的元素，都是由各类花瓣组合而成。无论是多重花卉元素构成的复合式团花图案，如宝相花，都是单纯的团花纹样，如旋转的忍冬纹或者茶花团花纹样，极少像卷草纹那样枝叶俱全，或者向前追溯如北朝或隋朝的单支莲花或忍冬纹装饰那样，将枝条作为构成骨架纳入纹样结构绘制。而中唐之后的大量团花图案，都是以枝条将各朵小团花连接在一起，组成大团花，也就是赋予其更为明确的骨架结构，这也是前朝很少出现的情况。

另外，还有非常重要的一类，就是卷瓣莲花，如图4-31中第360窟顶藻井。这种翻卷的莲花瓣由于本身花朵的造型非常单纯的

图4-31　莫高窟中唐360窟顶平棋团花

（图片来源：高窟第360窟窟顶藻井，敦煌文物研究所编著，《中国石窟 敦煌莫高窟 第四卷》，北京：文物出版社出版，东京：株式会社平凡社1987年3月第1版，第121图）

呈现莲花的俯视状态，并没有如同大部分团花那样由多种花朵的花瓣共同构成。需要说明的是，此处的卷瓣莲花与前文的侧卷瓣莲花不同：卷瓣莲花为花瓣末端整体向侧上方翻卷，基本都是单层花瓣；侧卷瓣莲花是花瓣为平面分布，每片花瓣的两侧边缘向内翻卷，绝大部分时候是与其他花朵元素共同组合成团花纹样。侧卷瓣莲花强调的是平面稳定效果中的单独元素的丰富性，而卷瓣莲花强调的是整朵莲花的动感。在中唐的很多洞窟中都能够见到卷瓣莲花的影子，譬如中唐201窟西壁龛顶的八瓣卷瓣莲花纹样，还有201窟北壁壁画中的栏杆装饰纹样为五瓣卷瓣莲花。作为藻井出现的卷瓣莲花中心部位往往为动物纹样，龙纹或者鸟纹等。目前还不能够判定这一特征是否为中唐时期受西来文化影响。但是，在莫高窟初唐、盛唐目前已知绝大部分洞窟中，都没有采用藻井心为动物、外围为单层卷瓣莲花的形式，另外，西夏时期敦煌的部分洞窟的藻井中也有动物纹样的表现，中原汉地文化的影响在此处的显现并不强势。

但是如岑仲勉先生的《隋唐史》[1]中对于中原与西域文化交汇影响问题进行的阐述中，持有中原文化为基础，西来的影响为辅的观点，并对常书鸿先生的西域文化在敦煌汉化的一说持怀疑态度。莫高窟作为文化的"集散地"，承载着多种教派的融合和多重民族文化的交汇，表现在个别纹样上——无论是题材的选择还是造型特点、构成特点的呈现，都是不同时期占主流的民族文化的特征呈现。

第五节　莫高窟唐代壁画类团花纹样流变小结

团花纹样表现形式背后是主流思想的变迁。犍陀罗佛教艺术与中原本土艺术相结合，又融合了本土的传统的人文精神，衍生出来的具体的视觉形象中，结合了不同的审美和造型特点，这些形式语言在唐代内部的四个时期也出现了较为明确的变化。由于统治政权的变化，宗教具体派系的信仰出现偏移，体现在洞窟绘画和装饰纹样特点上都出现了多重变化。但是不可否认的是，这其中又有相当一部分纹样的构成元素保留了下来，并且朝着工艺化的方向发展，弱化了多变的绘画性的同时，强化了完满的简单的装饰效果展现。针对这些建筑团花纹样，本书收集了80余个唐代洞窟中的900余个团花案例，并将这些案例进行分期统计，总结每个阶段不同瓣数团花的数量比值，希望能够将唐代团花以花瓣数量和层次为划分的结构变化状态简明地呈现出来。另外，也单提出卷草纹与侧卷瓣莲花的演变关系，以此为例进行尝试性解析，试图通过多个角度综合解析从唐代初年到末期团花纹样在莫高窟墙体壁画装饰中的典型特征演变。

[1] 岑仲勉著，《隋唐史》，北京：商务印书馆出版，2015年7月第1版，第573页。

第一，单一特征语言的演变。初唐的团花纹样，其主体特征的形成是基于北朝的忍冬和莲花的形式语言特征。莫高窟北朝洞窟大量出现的忍冬纹样装饰在隋代之后便慢慢消失，但是这并不是真正意义上的消失，而是取其关键的三裂或四裂的造型，重新与曲线花瓣相结合，而成为初唐的石榴纹，或石榴、莲花纹相结合，而后逐渐成为盛唐时期的侧卷瓣莲花。

第二，特征性构成元素的演变。初唐、盛唐时期的团花纹样的造型的最主要特点为尖瓣莲花为核心元素，这在唐代后期的中晚唐不具有识别优势，中晚唐时期的团花纹样从尖瓣莲花的尖角状态向更为圆润饱满的简单造型方向发展，以茶花和如意云头纹为主要构成元素。

第三，团花纹样构成和元素的简化趋势。从唐代前期的莲花、如意纹、牡丹纹、卷草等多种元素的组合，到唐代后期单一化为茶花和如意纹为主的组合，团花纹样从细节组成和层次来讲逐渐简化。

第四，团花纹样结构变化。团花纹样的对称结构在唐代初期，多呈现十字结构，初唐后期和盛唐较多出现八等分中心对称结构，中晚唐时期偏爱六等分中心对称。

第五，注重单体团花视觉效果向注重集合效果的演变。唐代前期的团花纹样其单体效果丰富，创作者注重其单体纹样之间的差异性和变化，但是到了唐代后期，这一特点转向注重集合的整体视觉效果，例如整体的平棋格的满铺效果，个体团花的复杂性和个性逐渐减弱并趋同。

总体而言，莫高窟的唐代团花纹样，从初唐、盛唐到中晚唐的形式语言流变的艺术特征的有这样的创造力周期表现（图4-32）：其形成期于北朝到隋代完成，这段时间的团花纹样从造型和细节方面受到多种支撑，譬如来自三裂的忍冬花瓣细节特征、造

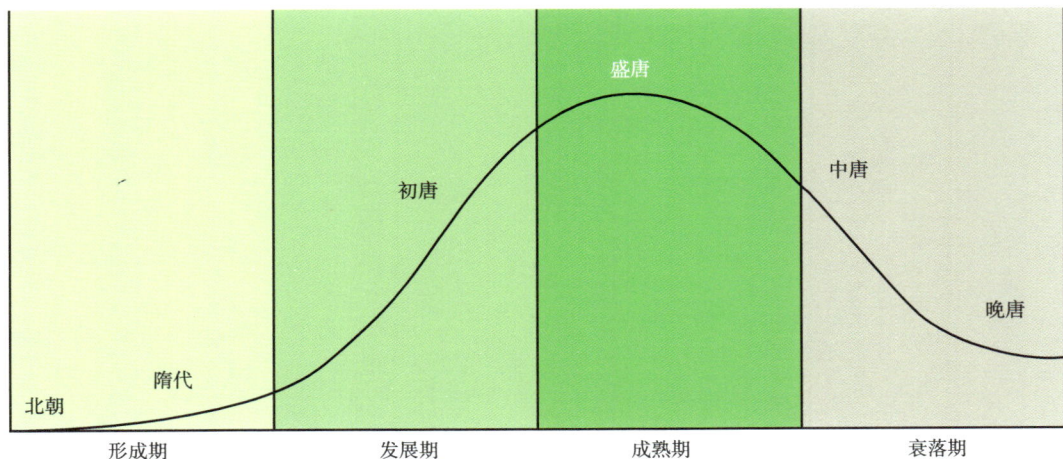

图4-32 莫高窟壁画类团花纹样形式语言特征创造力周期曲线

（图片来源：作者绘制）

型简单的平棋俯视莲花，以及形成于隋的十字结构；其发展期于初唐时期，经过初唐早期的演化，团花纹样已经具有了较为完善的形态，因而初唐后期已经具有饱满的造型和丰富多变的细节了；其成熟期于盛唐时期，团花纹样的造型、构成元素、结构的丰富性以及纹样之间的差异化等多方面的创造性都达到了唐代的峰值；盛唐晚期到吐蕃时期，团花纹样的丰富性开始下降，从结构的复杂性到组成元素和层次的数量都开始萎缩，及至晚唐时期，团花纹样基本上为大面积装饰中重复使用的一种装饰元素，单一而乏味，全无茂盛之态。

第五章

莫高窟唐代服饰团花纹样造型演变

莫高窟唐代壁画团花纹样的绚丽之姿在洞窟装饰中发挥了重要的作用，概观整个洞窟的布局和内容，如果将装饰纹样与主体的人物形象完全分割开，并且将洞窟的全部装饰纹样去掉的话，那么洞窟的佛教文化和艺术的形式语言表现将显现出不可想象的苍白。因而，当后来的研究者们将洞窟中装饰纹样与主体人物造像、经变故事等内容相结合进行综合审视，去思考装饰纹样在整体洞窟中究竟占有何种地位的时候，就会发现装饰纹样已然植根于这样的艺术表现空间中，成为不可或缺的有机组成部分，其发挥的作用显然已经超越了简单的装饰功能。因为装饰的多类元素和细节都是佛传中有迹可循的，是佛教经典的意义的表达。相对于壁画的团花纹样而言，莫高窟众多唐代洞窟中的服饰团花纹样就较为简单了，其造型和结构特点的时代性变化不是特别明确。尽管彩塑造像的服饰部分目前仍可见比较复杂的团花和半团花纹样，但是大部分的壁画服饰团花纹样，尤其是单层的小团花，样式从初唐到晚唐呈现出相对恒定的发展脉络。

第一节　唐代服饰团花纹样代际变化统计

　　唐代服饰团花纹样从初唐到晚唐的变化曲线与壁画纹样有所差别，虽然两者联系紧密，但服饰纹样在绘制的过程中需要参照纺织品实物，因而与壁画相比具有一定的独立性。对于洞窟整体规划而言，人物彩塑表面可以绘制纹样的面积较小，而且有多重的结构分割，壁画中的人物服饰纹样就更不具有可进行大面积装饰的部位。相比之下，由于莫高窟洞窟壁画纹样的绘制面积较大，而且很多大的建筑面，譬如窟顶和藻井部分，是洞窟艺术表现的重点之一，在营造洞窟整体视觉氛围方面具有非常重要的作用，因此其表现的细节极为华丽，层次丰富。而服饰上的团花纹样最为华丽的绘制就要数彩塑了，不同时期的彩塑上呈现出的团花纹样可以成为洞窟内所有载体上服饰纹样的代表。壁画上的服饰纹样，由于单位面积和在洞窟整体艺术创造层次中的限制，绘画细节上不会特别加以强调，总体花型较为简单，大多为单层的花瓣结构，而且单体花瓣内部并无更多细节装饰，只是以小型团花的造型整体显现。从唐代早期到末期，都有类似的模版式的小型单层团花纹样出现。联系同时期的纺织品纹样，可以看到类似造型，也会发现对这种纺织品纹样的写生性描绘一直持续着，这类小团花的造型特点与纺织品纹样的工艺手段等因素相关，对此，在下一章会有更为详细的阐述。

一、初、盛唐服饰团花纹样结构特征

　　表5-1～表5-4为初唐和盛唐时期莫高窟服饰团花纹样的统计分析，如图5-1所示，

表5-1 本书采集莫高窟初唐服饰团花案例汇总

窟号	案例数量	临摹案例数量	照片案例数量	团花种类数量	三瓣团花案例数量	四瓣团花案例数量	五瓣团花案例数量	六瓣团花案例数量	八瓣团花案例数量	八瓣以上团花案例数量	单层花瓣团花案例数量	多层花瓣团花案例数量	壁画团花数量	彩塑团花数量
71	2	2		2		1		1			2	0	2	
205	14		14	5		12		1		1	12	2	1	13
209	1		1	1				1			0	1	1	
220	30	13	17	13	9	17		3		1	24	6	30	
321	12		12	7	1	2	3	1			11	1	12	
322	1		1	1		1					1	0		
323	4		4	2	2	2					4	0	4	
328	21	3	18	17	3	10	3	2	3		8	13	8	13
329	54	1	53	14	4	16	12	20		2	51	3	54	
334	4		4	4		1	2	1			4	0	4	
335	9		9	3			7	2			9	0	9	
372	3		3	3		2		1			1	2	3	
未知	4		4	3		2		2			4	0	4	
汇总	159	19	140	75	19	66	27	35	3	4	131	28	132	26

表5-2 本书采集莫高窟初唐各洞窟服饰团花案例类别比例分布

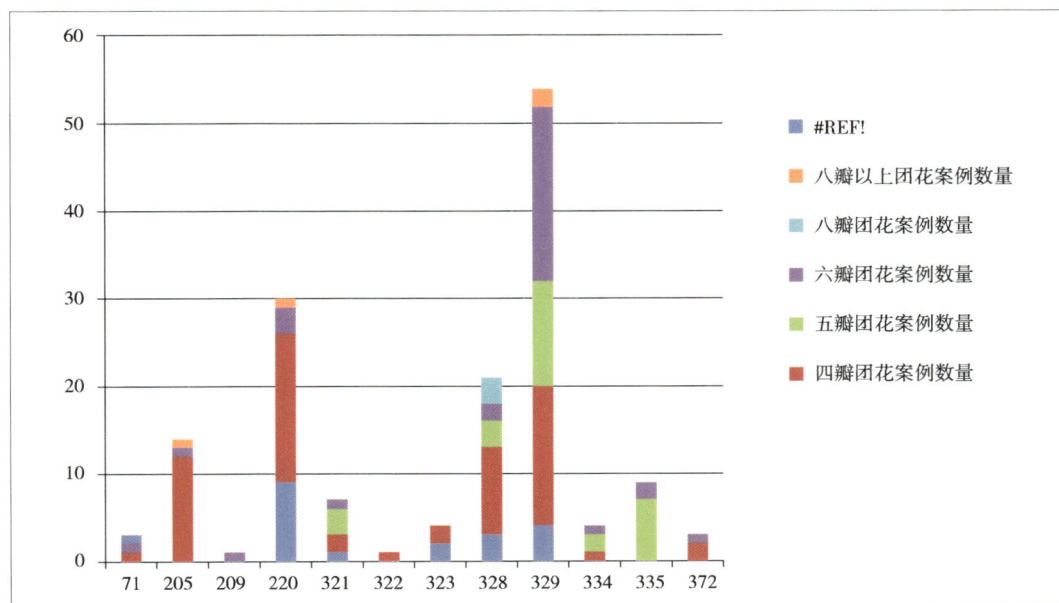

图例:
- #REF!
- 八瓣以上团花案例数量
- 八瓣团花案例数量
- 六瓣团花案例数量
- 五瓣团花案例数量
- 四瓣团花案例数量

第五章 | 莫高窟唐代服饰团花纹样造型演变

本书所收集的初唐服饰团花纹样是以四瓣团花为主，四瓣团花约占案例整体的43%，这一状况在本书收集的盛唐洞窟服饰团花案例中表现的数值也得到优势性延续，盛唐时期的四瓣团花比例为53%，占团花纹样案例整体的半数多，这里面需要说明的一点是，所有的团花类比都是按照单层花瓣的数量来进行划分的。无论整朵团花有几个层次，或者相互穿插开来以后的丰富程度如何，只要单层花瓣为四瓣，那么就会认定其为四瓣团花，这样可以有效地与八瓣团花进行区分。因为八瓣团花的单层花瓣数量是八，这样的情况在只有一两个层次的团花纹样中可以更清晰的观察到，反而是在层次较多，结构复杂的团花中不容易清楚识别。此处谈及的唐代早期团花的四瓣花，有相当一部分是十字结构的花朵，但是整体结构非常复杂。然而，由于类别划分有不同角度，在本小节的论述中，只论及花瓣单层的数量并以此来进行纵向的发展比对，如图5-2所示。

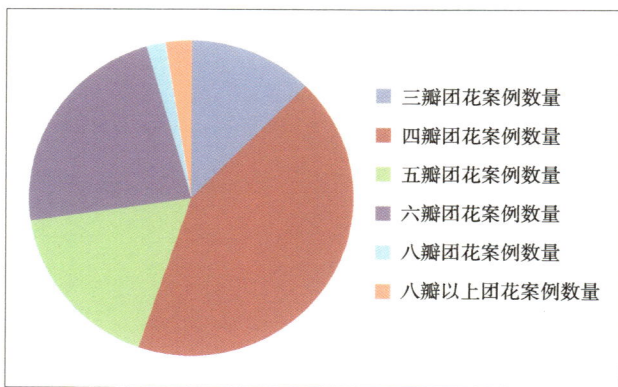

图5-1　本书采集莫高窟初唐服饰团花案例类型比例

三瓣团花案例数量
四瓣团花案例数量
五瓣团花案例数量
六瓣团花案例数量
八瓣团花案例数量
八瓣以上团花案例数量

表5-3　本书采集莫高窟盛唐服饰团花案例汇总表

窟号	案例数量	临摹案例数量	照片案例数量	团花种类数量	三瓣团花案例数量	四瓣团花案例数量	五瓣团花案例数量	六瓣团花案例数量	七瓣团花案例数量	八瓣团花案例数量	八瓣以上团花案例数量	单层花瓣团花案例数量	多层花瓣团花案例数量	壁画团花数量	彩塑团花数量
23	1		1	1		1						1	0	1	0
39	7		7	3		2	2	3				7	0	7	0
45	53		53	26	2	41	7	3				36	17	33	20
46	12		12	11		2	3	7				8	4	0	12
66	16		16	8			6				10	3	13	0	16
74	3		3	3	1	2						3	0	3	0
103	7		7	3	2	5						7	0	7	0
113	2		2	2		2					1	1	1	1	1
130	8	8		8	1						7	1	7	8	0
166	6		6	5		2	2	2				6	0	6	0
172	3		3	2			2		1			2	1	3	0
194	23		23	19		5	3	10	5		1	8	15	0	23
199	1		1	1			1						1	1	0
217	42		42	14	1	30	4	7				37	5	42	0
225	1		1	1			1				1		1	1	

窟号	案例数量	临摹案例数量	照片案例数量	团花种类数量	三瓣团花案例数量	四瓣团花案例数量	五瓣团花案例数量	六瓣团花案例数量	七瓣团花案例数量	八瓣团花案例数量	八瓣以上团花案例数量	单层花瓣团花案例数量	多层花瓣团花案例数量	壁画团花数量	彩塑团花数量
320	32	2	30	23		20	7	4		1		14	18	19	13
328	1	1		1		1							1		1
384	3		3	2		1		2				1	2	3	0
444	2		2	1		2						2	0	2	0
445	16		16	6		13	1	2				12	4	15	1
汇总	239	11	228	140	7	129	39	40	6	1	20	150	89	151	87

表5-4 本书采集莫高窟盛唐各洞窟服饰团花案例类别比例分布

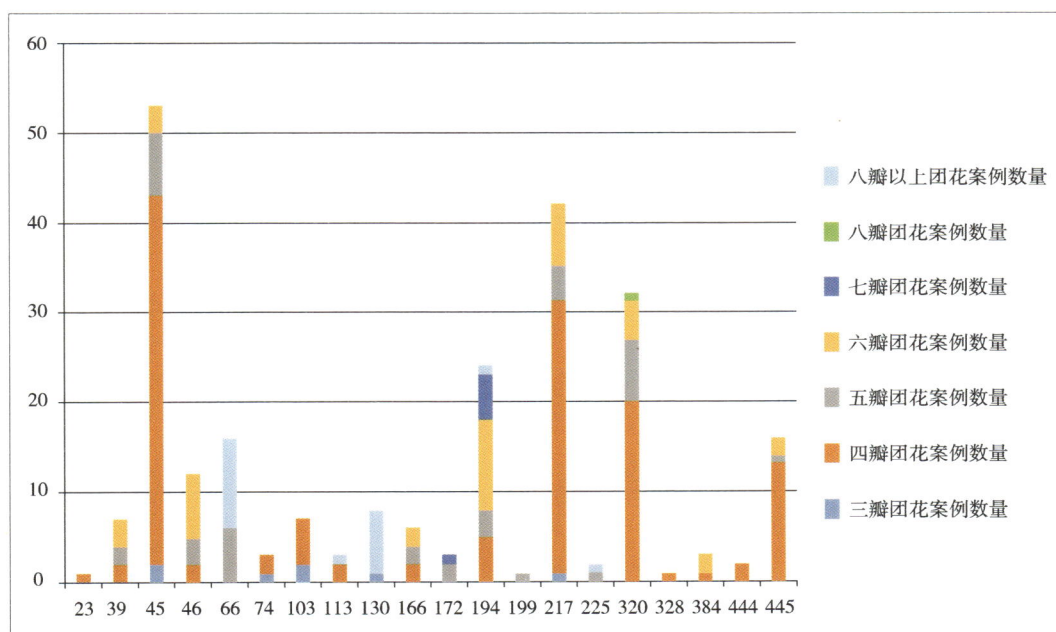

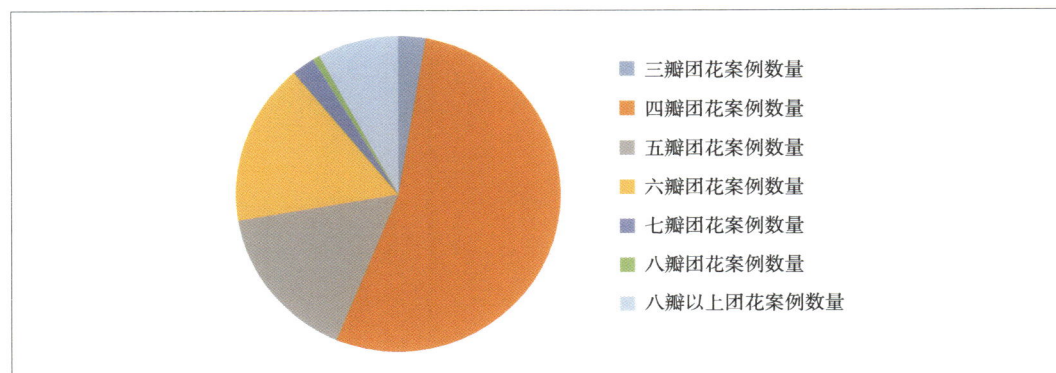

图5-2 本书采集莫高窟盛唐服饰团花案例类型比例

二、中、晚唐服饰团花纹样结构特征

到了中唐时期，从本书收集的案例中（表5-5～表5-8，以及图5-3、图5-4），可以看出四瓣团花的比例开始下降为20%，五瓣和六瓣团花的比例上升到最大，分别为30%和32%。晚唐时期，相比于中唐，变化不是非常大，仍然是五瓣团花和六瓣团花占最大比例，这与壁画的团花类型变化有很强的关联性。

表5-5　本书采集莫高窟中唐服饰团花案例汇总

窟号	案例数量	临摹案例数量	照片案例数量	团花种类数量	三瓣团花案例数量	四瓣团花案例数量	五瓣团花案例数量	六瓣团花案例数量	七瓣团花案例数量	八瓣团花案例数量	八瓣以上团花案例数量	单层花瓣团花案例数量	多层花瓣团花案例数量	壁画团花数量	彩塑团花数量
53	2		2	2	2								2	2	
153	1		1	1	1						1		1	1	0
154	14		14	11		4	3	6			1	6	8	3	11
158	14		14	5			6	7	1			13	1	14	0
159	18	3	15	12	1	8	5	1			3	9	9	4	14
197	2	1	1	2			1				1		2	0	2
231	14		14	11		5	3	3	1	1	1	11	3	14	0
361	1		1	1				1					1	1	0
468	3		3	3	1					1	1	3		3	0
总计	69	4	65	48		14	21	22	4	2	6	43	26	42	27

表5-6　本书采集莫高窟中唐各洞窟服饰团花案例类别比例分布

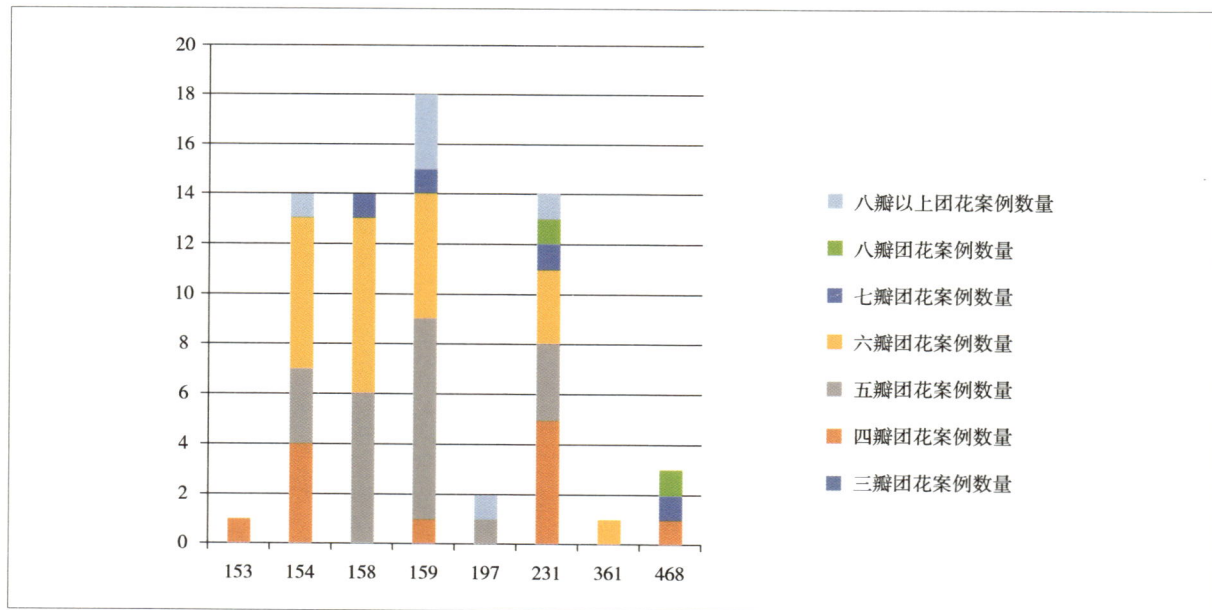

图例：
- 八瓣以上团花案例数量
- 八瓣团花案例数量
- 七瓣团花案例数量
- 六瓣团花案例数量
- 五瓣团花案例数量
- 四瓣团花案例数量
- 三瓣团花案例数量

（纵轴：0～20；横轴窟号：153、154、158、159、197、231、361、468）

表5-7　本书采集莫高窟晚唐服饰团花案例汇总

窟号	案例数量	临摹案例数量	照片案例数量	团花种类数量	三瓣团花案例数量	四瓣团花案例数量	五瓣团花案例数量	六瓣团花案例数量	七瓣团花案例数量	八瓣团花案例数量	八瓣以上团花案例数量	单层花瓣团花案例数量	多层花瓣团花案例数量	壁画团花数量	彩塑团花数量
9	97		97	39		30	30	24	4	12	16	44	53	97	
12	52	4	48	28		4	12	19	2	2	14	24	28	42	10
14	43		43	11		9	3	22	4	5		34	9	43	
85	9		9	9		5		2		1	1	5	4	9	
114	2	2		2		1					1	1	1	2	
138	8		8	8		4	1	3		1		3	5	8	
144	2		2	2		1		1				2		2	
156	33		33	18		17	6	5			5	14	19	33	
196	40		40	18		17	8	7		2	6	19	21	33	7
汇总	286	6	280	135	0	88	60	83	10	23	43	146	140	269	17

表5-8　本书采集莫高窟晚唐各洞窟服饰团花案例类别比例分布

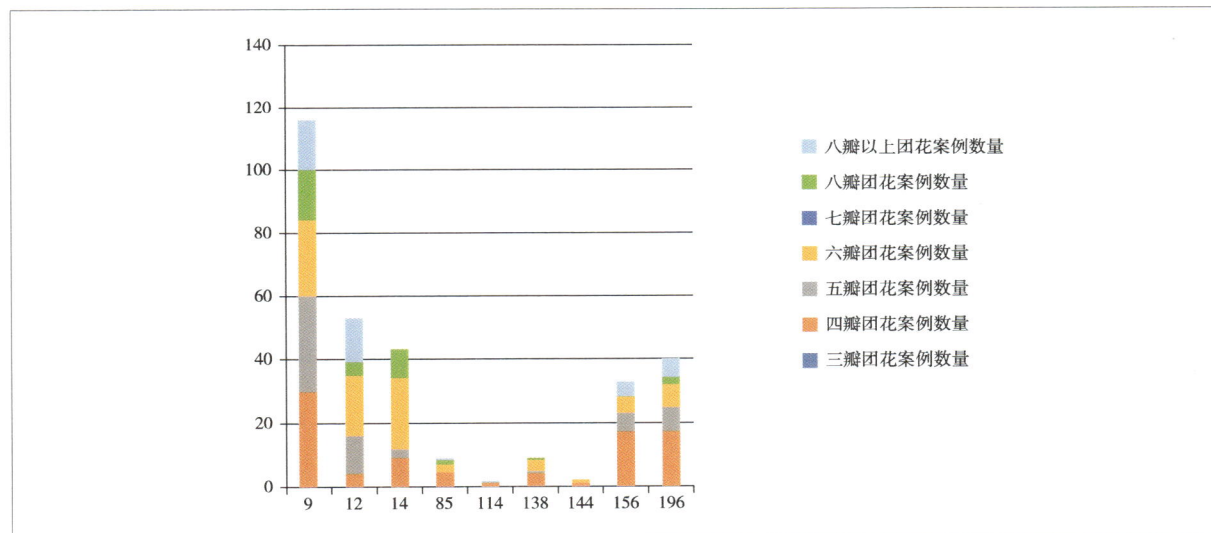

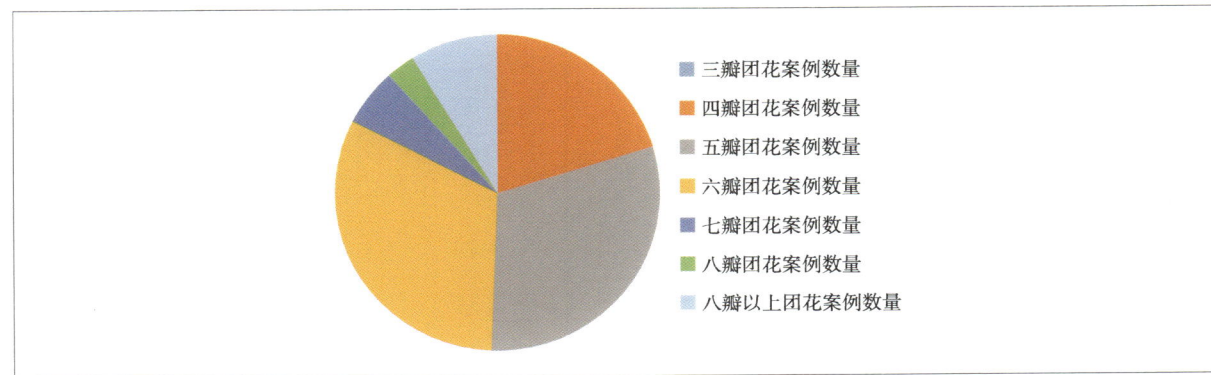

图5-3　本书采集莫高窟中唐服饰团花案例类型比例

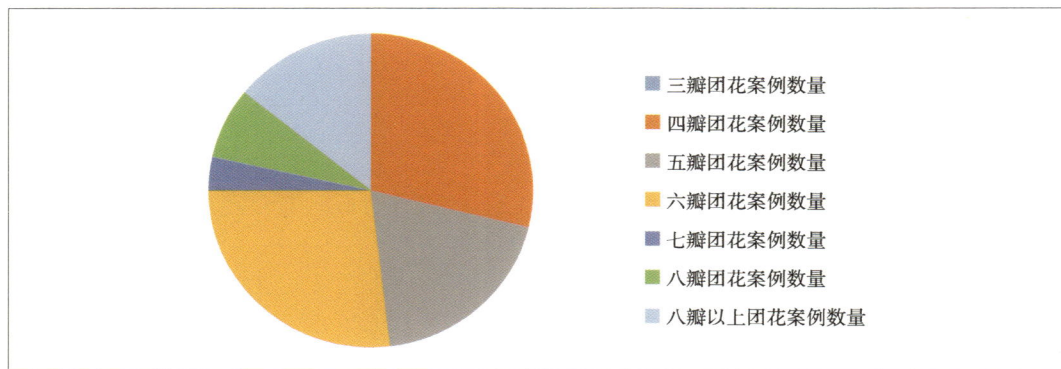

图5-4 本书采集莫高窟晚唐各洞窟服饰团花案例类别比例分布

图例：
- 三瓣团花案例数量
- 四瓣团花案例数量
- 五瓣团花案例数量
- 六瓣团花案例数量
- 七瓣团花案例数量
- 八瓣团花案例数量
- 八瓣以上团花案例数量

第二节　唐代壁画类团花纹样与服饰团花纹样代际变化比对

一、壁画类与服饰团花纹样造型流变曲线比对

从表5-9、表5-10中可以看出从唐朝早期洞窟到唐朝末期洞窟中，壁画团花和服饰团花类型比例的变化曲线。其中壁画团花纹样从初唐到晚唐，四瓣团花所占比例下降非常明显；服饰团花中四瓣团花是在盛唐洞窟的采样中达到峰值，进而也明显下降到低位。壁画团花纹样中五瓣团花和六瓣团花是到中唐时期开始达到比例的峰值，并且占了大部分的面积；服饰纹样中大体趋势也是如此，只是曲线更为缓和，同壁画的比例情况一样，也是在中唐时期，五瓣团花和六瓣团花达到整体比例的最大值。

通过以上两个表的比较，可以发现整个唐朝时期，洞窟中服饰团花纹样同壁画装饰纹样中的团花纹样的发展脉络有着相辅相成的关联性。当壁画纹样中四瓣团花盛行的时候，服饰中的四瓣团花也占有大的比例；当壁画中五瓣团花和六瓣团花的比例开始达到峰值的时候，服饰团花纹样中饿五瓣团花和六瓣团花也开始了最为盛行的阶段。这样的相似性可以将人们带回到洞窟中的具体个案，在考虑到建筑装饰纹样与纺织品装饰纹样在洞窟壁画彩塑的表现过程中合为一体的时候，也就是在洞窟的艺术创作过程中，以绘画的方法弥合了不同工艺和材质的跨度和区别，将同类纹样的不同工艺表现暂时抛开，只以绘画的平面方式展现它们所共有的视觉形象。这样的艺术创作手法之下，不能单纯地将服饰团花归回纺织品纹样分析，同时将壁画装饰纹样归类回建筑纹样，将两者完全割裂开看，因为此时它们同属于洞窟艺术表现的效果之中，为一个整体。艺术创作在对待这些"局部"和"细节"时，一定会将它们先放置在整体的框架内加以考虑，这也是基础性规律。

表5–9　本书采集莫高窟唐代服饰团花纹样案例造型类别流变曲线

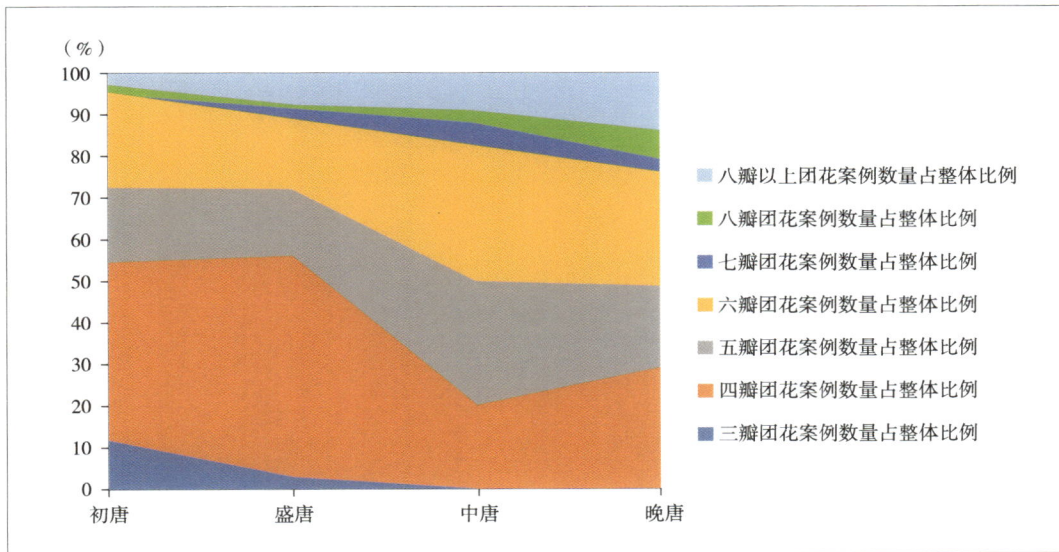

表5–10　本书采集莫高窟唐代洞窟壁画团花纹样案例造型类别流变曲线

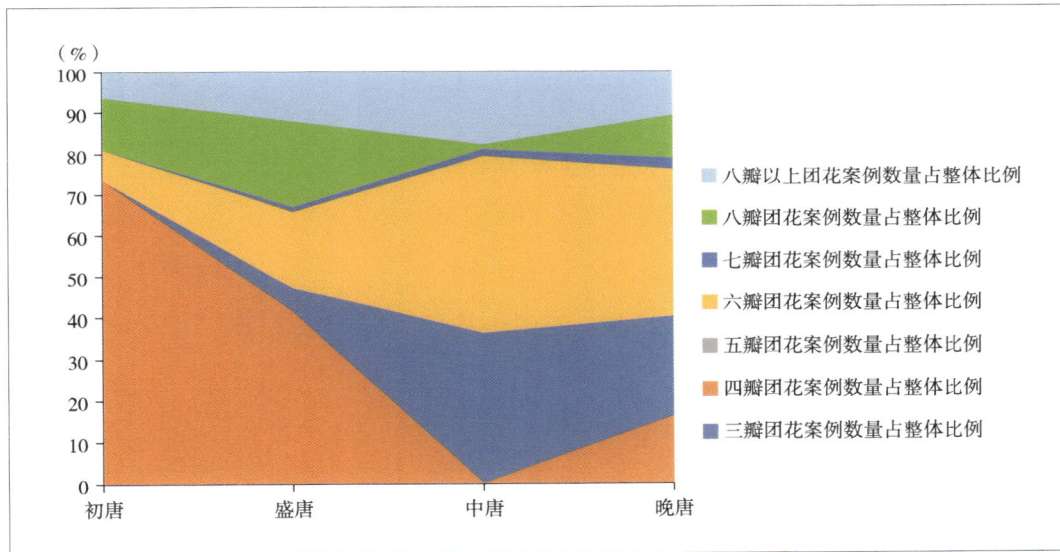

二、服饰团花纹样与壁画类团花纹样层次流变对比

　　除了从初唐到晚唐的团花类型比例变化比较之外，通过对单层和多层花瓣团花的比例的比较，可以从另外的角度观察到团花纹样在壁画装饰和服饰纹样上发展的差异之处和相似之处（表5–11）。唐朝前期的莫高窟壁画装饰纹样中，团花纹样的复杂程度是中晚唐时期所无法比拟的。从窟顶藻井到壁画边饰，各类复杂的团花纹样进行着自身的"进化"演变。初唐的团花纹样与底色之间的空间关系比较疏朗，没有特别的饱

表5-11 本书采集莫高窟唐代服饰团花纹样层次流变

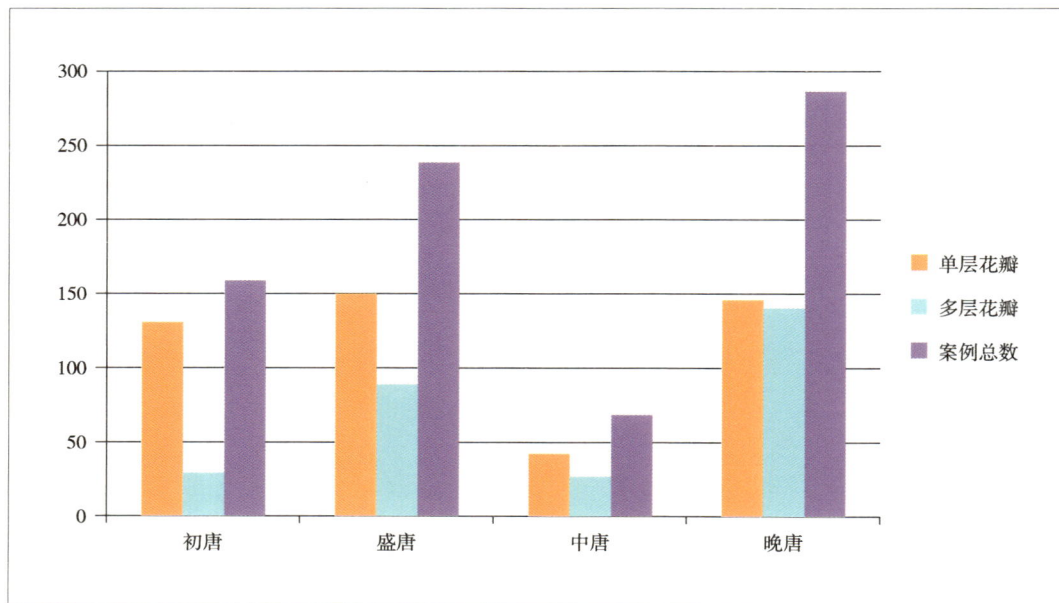

满填充，而且其中部分纹样的造型还没有完全从隋朝的偏自然主义的状态"脱胎"出来；盛唐时期的团花纹样的造型规整，所用花朵元素繁多，花瓣的造型概括已经到了非常成熟的装饰化阶段了，洞窟装饰全面呈现出富丽繁盛的面貌；中唐吐蕃阶段到晚唐，装饰的成熟造型开始由兴盛的顶点下降，装饰语言过于成熟的另一种表现就是装饰元素开始单一化，从装饰元素上来讲，其种类开始减少，从方法变化上也可以称为"多样化变通"——利用更少的元素组合创造出丰富的视觉效果，这在某种意义上而言也是一种进步。与此同时，单层的花朵开始增加比例，对于洞窟的装饰绘画的重点开始出现偏移。

服饰团花纹样从曲线表现上来看，多层花瓣团花和单层花瓣团花呈现出相对稳定的比例关系，与壁画的单、多层团花比例曲线差异较大的是，服饰团花并没有出现非常陡的曲线跳跃。而且整体上看，表5-12和表5-13中的曲线呈现相反的变化倾向——服饰表中从前期到后期单层花瓣团花的比例在减小，多层花瓣团花的比例在增加；而壁画表中曲线呈总体上升状态。这其中需要说明的一点是，在采样的过程中我们发现，从初唐到晚唐的壁画服饰团花纹样由于众多壁画人物服饰是源自对同时期的织物和服饰的模拟性描绘，因此，在工艺的没有经过大幅改革的情况下，散花的织物会相对恒定地出现在整个唐朝的壁画服饰中。也就是类似于目前所见的新疆阿斯塔那墓出土的各类小型团花印花织物，这类织物的纹样较为接近目前所见的壁画服饰纹样绘画效果。另外，唐朝前期洞窟中，壁画中群组人物尤其是供养人的比例都较小，尤其是供养人出现在洞窟中的形象保存完好的较少；这种情况到了唐朝后期就逐渐改变了，壁画的细节保存完好的更多，供养人的尺寸越来越大，涉及的服饰纹样细节描绘必然越加清晰细腻，而团花纹样作为唐代时期非常重要的服装装饰图案，也以更加细致丰富的形象高频次地出现在唐朝晚期洞窟中。因而，于表5-13中所见到的曲线变化中，晚唐时期，服饰的多层团花纹样装饰呈上升态势，是与上述原因有密切关联的。

表5-12　本书采集唐代服饰与多层花瓣团花比例变化趋势

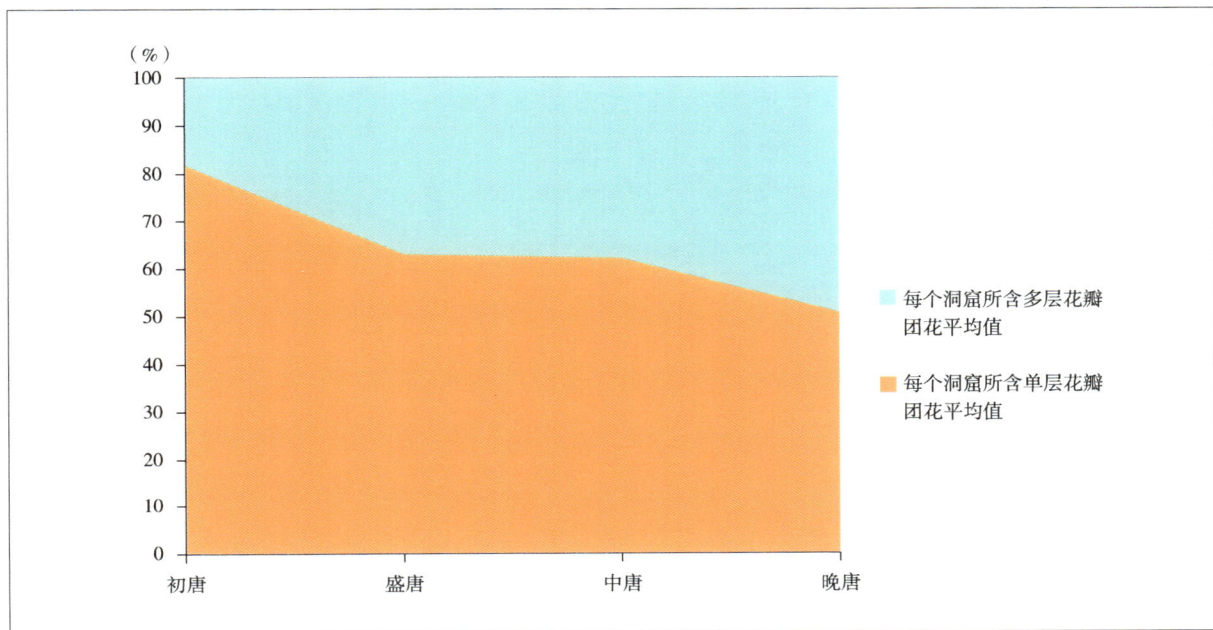

表5-13　本书采集唐代壁画类单层花瓣团花与多层花瓣团花比例变化趋势

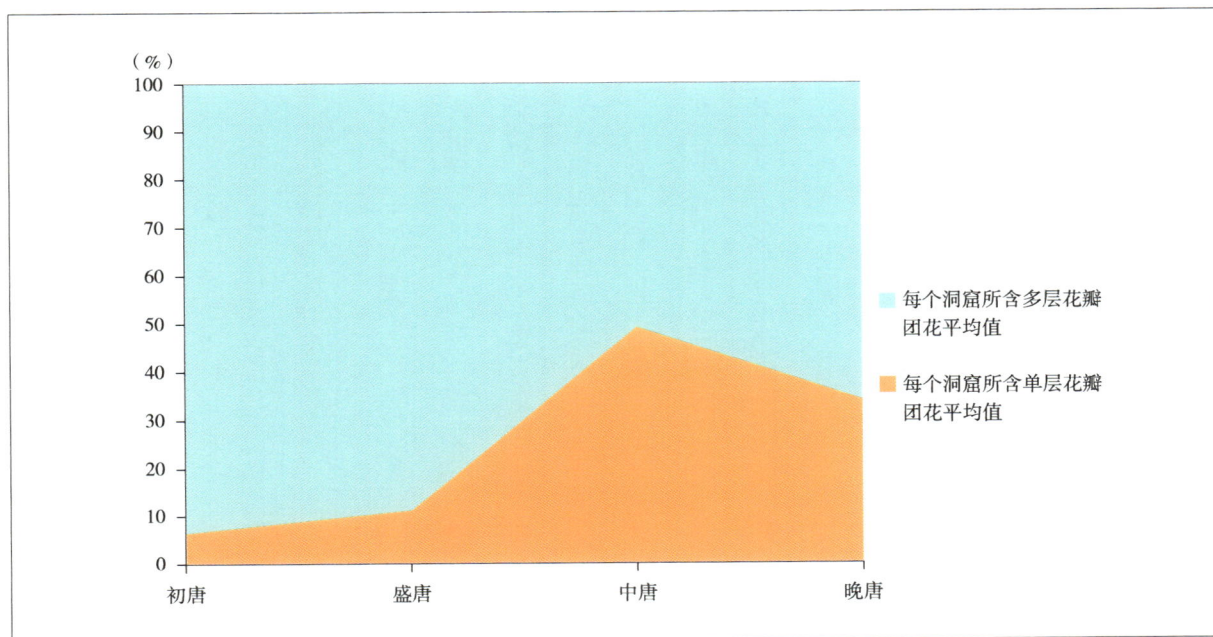

第三节　服饰团花纹样与壁画类团花纹样的关联性

　　团花纹样作为洞窟壁画整体的一部分而言，无法将其与壁画其他部分割裂开来看待。如果以敦煌莫高窟的唐代前后不同时期的洞窟采样为例，莫高窟第220窟、第445窟（图5-5）、第45窟（图5-6）、第159窟（图5-7）、第196窟（图5-8）、第9窟（图5-9）、第14窟（图5-9）分别是从初唐到盛唐到中唐、晚唐的线路延续下来，从这里面分别提取服饰上的团花纹样，可以较为完整地看到莫高窟唐代服饰团花纹样在绘制表现上的总体特点。

　　毕竟属于壁画或彩塑表现范围，即使这些纹样表现的对象是纺织品，它们仍然要根据绘制的材质和区域面积而进行调整。相对独立的绘制区域将这些团花纹样的绘制进行限定。在服装的边饰部分、服装的主体区域等不同面积中要受到各种因素的干扰，譬如垂下的帔帛，服装上的结构分区，前后的遮挡关系等，服饰的

图5-5　莫高窟初唐220窟东壁、盛唐445窟西龛壁服饰团花纹样

（图片来源：莫高窟第220窟 东壁北侧维摩诘经变，敦煌文物研究所编著，《中国石窟 敦煌莫高窟 第三卷》，北京：文物出版社出版，1987年8月出版，第33图；莫高窟第445窟西龛壁画，段文杰 主编，《中国壁画全集 敦煌6 盛唐》，天津人民美术出版社，1989年12月出版，第91页）

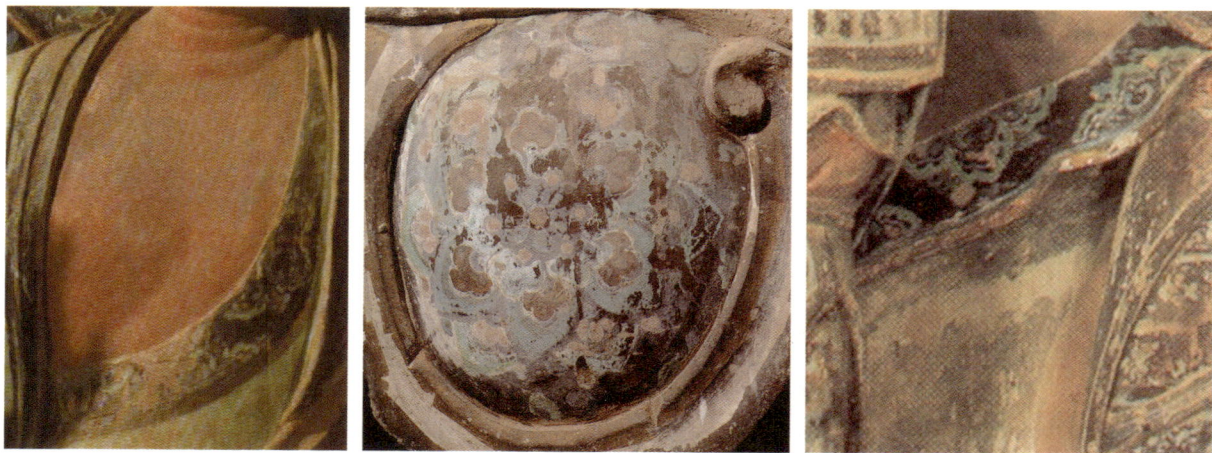

图5-6　莫高窟盛唐45窟主尊佛、天王服饰团花纹样

（图片来源：段文杰 主编，《莫高窟第45窟附第46窟（盛唐）》，南京：江苏美术出版社，1993年7月出版，第30页）

图5-8　莫高窟晚唐196窟塑像服饰团花纹样

（图片来源：敦煌文物研究所编著，《中国石窟 敦煌莫高窟 第四卷》，北京：文物出版社出版，东京：株式会社平凡社，1987年3月出版，第182图）

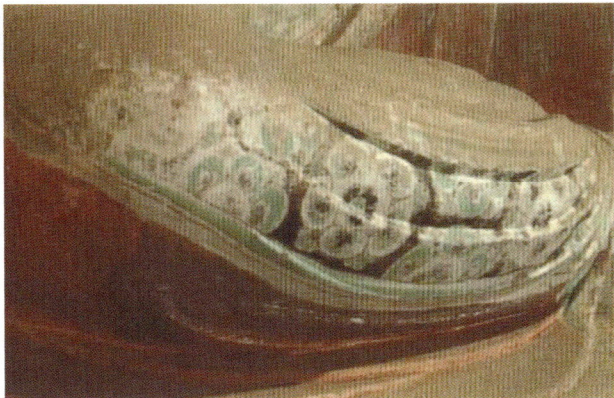

图5-7　莫高窟中唐159窟塑像服饰团花纹样

（图片来源：敦煌文物研究所编著，《中国石窟 敦煌莫高窟 第四窟》，北京：文物出版社出版，东京：株式会社平凡社，1987年3月出版，第78图）

纹样要处理其独立性之外的与周边内容的关系，以保证画面的连续性。而细节和整体关系的把控方面也是画面处理的要点，在表现面料的纹样的同时，连带周围的色彩的纹样的疏密、花型大小的节奏变化都需要较为全面的控制，这与面料的纹样呈现依赖于工艺手法的路线完全不同。

然而有一点需要注意的是，服饰上绘制的团花纹样与同时期洞窟壁画的团花纹样在形制

图5-9　莫高窟晚唐196窟天王塑像、晚唐9、14窟壁画服饰团花纹样

（图片来源：左一引自关友惠 主编，《敦煌石窟全集 图案卷（下）》，北京：商务印书馆，2003年1月出版，第160页；东壁南侧下部女供养人和北壁如意轮观音引自敦煌文物研究所编著，《中国石窟 敦煌莫高窟 第四卷》，北京：文物出版社出版，东京：株式会社平凡社，1987年3月出版，第181、168图）

方面有非常强的关联性。初唐或盛唐的服饰团花纹样或半团花纹样与同一时期的藻井、壁画边饰等一样具有复杂的结构，都常出现用莲花和忍冬对叶来塑造尖瓣的花朵形态，内部所使用的花朵元素繁杂，将牡丹、忍冬、莲花、茶花等不同花型糅合在一起形成复合性的团花或半团花纹样。这样的纹样表现在壁画上具有很强的建筑装饰效果，表现在彩塑或壁画服饰的装饰上，同样可以展现出富丽华贵的风貌。到了中晚唐时期，或前期洞窟经过后代修复的，就可以见到更多的六瓣团花出现，其花瓣的造型多为圆形，然后每两个交错分布，与千佛或平棋格分布规律一致。花朵中所采用的花卉元素较少，造型朝着单一化的趋势发展。唐朝前期的服饰团花纹样基本为十字结构的四瓣团花，有部分六瓣或八瓣团花，但四瓣花占有绝对的优势地位，这与洞窟主体装饰纹样的风格几乎一致。

　　本章通过对莫高窟80个洞窟中的750余例服饰团花纹样案例的统计分析，比对前一章的壁画团花纹样，将这两条线路从初唐到晚唐不同的变化曲线并置，分析其中的成因。服饰团花纹样与壁画团花纹样都是莫高窟团花纹样的组成部分，两者的发展会有细节上的不同，但是正是由于这样的曲线差异才能从中体察到宗教艺术的纹样与世俗艺术中的工艺美术如何息息相关，共荣共生。服饰纹样从一个侧面展示了唐代团花纹样发展的网络是立体的，不是平面上的直线格局。服饰团花纹样作为整体团花纹样的有机组成部分，反映着不同于壁画主要团花纹样内容的发展脉络，这也从一个侧面说明团花纹样或装饰纹样的形式语言构成与工艺相关，但更多的是受当时的思想观念引导，因为其表现形式的丰富性和自由度要远远超过纺织品团花纹样，变化形式极为多样。因为莫高窟艺术的创作毕竟是相对独立的佛教美术形式，与世俗工艺相关，但不受制于技术，这种"艺术意志"的独立性是具有极强的生命力和一定范围的普适意义的，对于纹样形式语言的发展起着至关重要的指导作用。

第六章

——

莫高窟唐代团花纹样形式语言特征

上一章对于莫高窟的壁画团花纹样和服饰团花纹样进行了数据分析基础上的特征陈述和比对，唐代内部的部分造型特点的变化可以从图表和曲线的变化中体现出来。但是，这些偏重量化的分析并不能够为唐代的莫高窟团花纹样分析起到全面的支撑作用，因为量化的部分只是造型的一种分类方法，如花瓣的数量等非常含糊的不能够具体造型的局部参数。对团花纹样艺术特征和造型的形式语言分析将从审美的角度进行论述，探讨唐代的团花纹样在莫高窟的种种区域性和时代性艺术特征。这种探讨会重新划分不同的阐述框架，并横向比对同时期的其他艺术作品所展现出来的较为鲜明及具有代表性的造型特点。

第一节　壁画和彩塑的创作主体

艺术创作与基本的图像描述有着巨大的差异。艺术创作的主体在作品完成的时候，对主体的思想意识的完整表达，主观意图的完全实现是非常重要的，绝大部分视觉语言的形象载体都只是被作为工具和手段出现，其本身的意义要小于创作主体的思想和观念的表达。在中国传统审美思想指导下的敦煌唐代的壁画创作，尽管是为佛教的传播服务的一种媒介和手段，但是创作者却在尽可能地将主体的审美情绪充分地表达出来，使得唐朝洞窟的特点非常鲜明。观众可以在经历基本的观察后，较为容易地区分不同时代的不同风格。有别于西方美术的客观模仿，这种主观的创作手法和形式语言手段在唐代洞窟的诸多细节上都可以辨识得到。

姜伯勤先生的《敦煌艺术宗教与礼乐文明》一书中对敦煌的画行和画师、画匠等相关史料记载进行了有序梳理，从这些史料中可以看到敦煌及周边彼时有关于绘画创作的一些历史情形的还原。虽然大多数史料只是只言片语地提到了敦煌的绘画行业，但是从这些细节中依然可以如管中窥豹一样探寻其大致规范。行会的成立有助于整合这个领域的力量，对于行业的规范化运作有帮助作用。文中几次提到"画行"，这在敦煌石窟修建过程中，起到的确切作用并无明确记载，但是对于行内的从业人员的分级从文献中可以探得一二。首先，"都料""博士""师""匠""工"是大致的工匠级别，自上而下的分类。画师级别的人群地位相对于画匠要高一些，属于老师一级，可以带学生。画匠这一级别的多种待遇都不如画师高，但其内部也有高下之分。例如"博士"级的画匠就是技艺相对较为熟练的、能够独立完成本行业高难度技术作业的高级别工匠。这里需要说明的是，"博士"是对掌握高难度技能工匠的统称，包括"画匠""塑匠"等。"师"的概念，包括画师、塑师等，都更加偏指绘画、雕塑等艺术行业的能指导学生的人❶。关于这些绘画人员的待遇，在部分史料里也能够看到记载，例如，"粟壹硕，先善惠手工与画柒（漆）器先生用。粟柒斗，卧酒贴僧官屈画匠局席用。粟贰斗，诸判官窟上看画师日沽酒用。油壹胜半，僧官屈画匠贴顿用。"❷

一些赞美画师的文字里对于画师的笔法特点等进行描述和类比，从中可以看到有关知名画家的信息，例如"……厥有节度押衙知画行都料董保德等，谦和作志，温雅为怀……手迹及于僧繇，笔势邻于曹氏。画蝇如活，佛铺妙越于前贤……"里面就提到其类似于著名画家张僧繇和曹仲达的一些特点。张彦远《历代名画记》里面记载"曹仲达，本曹国人也。北齐最称工，能画梵像。官至朝散大夫。"❸，著名的"曹衣出水"的"曹家样"就是指曹仲达的风格。而广为流传的"张家样"就是出自南朝画家张僧繇，唐代很多著名画家都与其有直接或间接的师承关系❹，"武帝崇饰佛寺，多命僧繇画之……江陵天皇寺，明帝置，内有柏堂，僧繇画《卢舍那佛像》……"❺传其"画龙点睛，则闻雷电破壁而飞去"❻。除了画师和画匠这样的世俗绘画人员，还有"丹青上士"这一类画家，偏指具有发菩提心精进之僧人画家❼。

无论是"画行"还是"画院"，民间或官方组织绘画从业人员，都可以得知在沙洲的佛教洞窟绘画的系统性和行业性的规模。《历代名画记》《唐朝名画录》《宣和画谱》等书里对活跃在南北朝、隋唐时期的诸多画家的佛教绘画经历有相关记载。其中有来自不同地区的世俗画家，也有僧人画家，如"僧迦佛陀"❽"杨乞德"❾"王由"❿"杨契丹"⓫"李雅"⓬"尉迟跋质那"⓭"尉迟乙僧"⓮"李生"⓯"杨坦、杨仙乔"⓰"尹琳"⓱"周昉"⓲等。

众多画家会在寺院、道观中进行宗教绘画创作，但是流传至今的唐代寺观壁画毁坏殆尽，只有极少量残存下来。其中，往往由知名画家完成壁画的主要造型部分，至

❶ 马德著，《敦煌莫高窟史研究》，兰州：甘肃教育出版社，1996年12月出版，第176页。
❷ 姜伯勤著，《敦煌艺术宗教与礼乐文明》，北京：中国社会科学出版社，1996年11月出版，第17页。
❸ 张彦远著，《历代名画记》，郑州：中州古籍出版社，2016年5月出版，第219页。
❹ 同上引书，第43页。
❺ 同上引书，第206页。
❻ 陈高华编，《隋唐画家史料》，北京：文物出版社，1987年10月出版，第185页。
❼ 姜伯勤著，《敦煌艺术宗教与礼乐文明》，北京：中国社会科学出版社，1996年11月出版，第35页。
❽ 张彦远著，《历代名画记》，郑州：中州古籍出版社，2016年5月出版，第208页。
❾ 张彦远著，《历代名画记》，郑州：中州古籍出版社，2016年5月出版，第217页。
❿ 张彦远著，《历代名画记》，郑州：中州古籍出版社，2016年5月出版，第217页。
⓫ 张彦远著，《历代名画记》，郑州：中州古籍出版社，2016年5月出版，第224页。
⓬ 张彦远著，《历代名画记》，郑州：中州古籍出版社，2016年5月出版，第225页。
⓭ 张彦远著，《历代名画记》，郑州：中州古籍出版社，2016年5月出版，第225页。
⓮ 张彦远著，《历代名画记》，郑州：中州古籍出版社，2016年5月出版，第236页。
⓯ 张彦远著，《历代名画记》，郑州：中州古籍出版社，2016年5月出版，第238页。
⓰ 张彦远著，《历代名画记》，郑州：中州古籍出版社，2016年5月出版，第239页。
⓱ 张彦远著，《历代名画记》，郑州：中州古籍出版社，2016年5月出版，第241页。
⓲ 张彦远著，《历代名画记》，郑州：中州古籍出版社，2016年5月出版，第266页。

于绘制色彩则是由相对地位较低的画家来完成的，他们通常是主创画家的助手。但是，偶尔也会有很知名的画家为地位更高的画家做助手的情况发生。张僧繇、吴道子、周昉等画家的众多记叙文字里面都有他们为寺观做壁画创作的记载。而且，有一部分已经带有杜撰的故事性了，例如，对吴道子作画的描述："道子画龙，则鳞甲飞动，每天雨则烟雾生"❶。对于其所画佛像，也有相应记载："道玄供奉时为内教博士，非有诏不得画。官止宁王友。今御府所藏九十有三：天尊像一，木纹天尊像一，列圣朝元图一，佛会图一，炽盛光佛像一，阿弥陀佛像一，三方如来像一，毗卢遮那佛像一，维摩像二，孔雀明王像四，宝檀花菩萨像一，观音菩萨像二，思维菩萨像一，宝印菩萨像一，慈氏菩萨像一，大悲菩萨像三，等觉菩萨像一，如意菩萨像一，二菩萨像一，菩萨像一，地藏像一，帝释像二，太阳帝君像一，辰星像一，太白像一，荧惑像一，罗睺像二，计都像一，五星像五，五星图一，二十八宿像一，云盖天王像一，毗沙门天王像一，请塔天王像一，天王像五，神王像二，大护法神十四，善神像九，六甲神像一，天龙神将像一，摩那龙王像一，和修吉龙王像一，温钵罗龙王像一，跋难陀龙王像一，德义伽龙王像一，檀相手印图二，双林图一，南方宝生如来像一，北方妙声如来像一"❷。虽然只是某一位画家的部分涉及佛像的绘画作品记载，但这恰恰从一个侧面反映了当时佛教兴盛状态下，艺术家对于宗教绘画的涉足情况。例如，当时出现的"张家样""曹家样""周家样"等范式，这些范式将各个画家的造型和技法特点加以总结和提炼，使大家观其样式，知其风范。

彩塑在莫高窟洞窟营建过程中与绘画分属不同的工匠群体负责，一般称为"塑匠"，在敦煌文书和相关的著作中都有记载和叙述，如："二月八日，粟壹斗，付塑匠赵僧子……又粟贰斗，沽酒，塑匠及木匠早、午吃用。"（S.4899）。"油叁胜壹抄，三月造局席，屈塑匠、木匠等用……油贰胜，寒食付塑匠张建宗用……与塑匠令狐博士塑壁手功用。"（P.3490）等❸。

莫高窟洞窟绘画毕竟是宗教性的艺术创作，因此无论工匠级别如何，完成的程序怎样，都需要有一定的模式和范本❹。洞窟绘画不同于绢本或纸本的艺术创作，对于艺术作品呈现的材质更为依赖，砂岩山崖上开凿出来的洞窟在实施绘制过程中，依赖地仗层层准备，最后绘制出的作品难度之高，远远超出普通艺术创作。因而，在表现手段上也必然受到一定的限制。

❶ 陈高华编：《隋唐画家史料》，北京：文物出版社，1987年10月出版，第185页。
❷ 同上引书，第186页。
❸ 马德著，《敦煌莫高窟史研究》，兰州：甘肃教育出版社，1996年12月出版，第171页。
❹ 饶宗颐著，《敦煌白画》，香港：香港大学饶宗颐学术馆，2010年7月出版。

第二节　莫高窟唐代团花纹样形式语言特征

一、从西域到东方的形式语言演变

现存的众多印度的佛教装饰纹样都具有很强的写实性，莲花本身饱满活力的生长状态和周围填充饱和的空间控制方式都是印度装饰纹样的特点。这样的装饰并没有将画面表现的某一种元素单独提取出来，并赋予其更多的含义；所谓造型，也仅仅是用线来进行造型，用体、面关系、明暗关系表现来进行体积感或触感的模拟绘制，至于从画面直接展现精神层面的审美理想似乎并没有过多触及。

对于印度的佛教造像艺术的起源，有学说认为在前1世纪左右，由于早期佛教的禁忌，印度的桑奇和巴尔胡特地区的一些雕刻作品中，佛陀的形象并没有完全出现，而是用莲花或伞盖、佛陀脚印等形象来指代。❶在进驻犍陀罗地区之后，迦腻色迦王（kanishka）❷推动了在今天的克什米尔进行的第四次佛教集结，将佛教经、律、论三藏注疏整理，建造寺院，使经典抄本散布各地以求传播。在1世纪创立的大乘佛教的推动下，佛陀的造像开始逐渐兴盛起来，其中，犍陀罗地区的佛造像艺术明显带有古代欧洲的艺术特点，希腊化明显。包括佛陀的人体形象都与古希腊雕塑十分接近——五官的结构特点、肢体和肌肉的写实塑造、衣褶的结构归纳手法等诸多方面都有所体现。而同时，传入中土的佛教艺术逐步与同时期新疆地区的艺术表现样式结合，但是较大程度地保留了印度和犍陀罗艺术样式特点。这从新疆的部分佛教石窟中可以找到相关联的内容，比如人体的造型表现方法、装饰习俗等。另外，在敦煌莫高窟的某些洞窟中，也可以看到印度传统的人物造型，例如，莫高窟初唐时期第71窟中的思维菩萨，其造型与印度的相关造像有异曲同工之妙，很难将几位菩萨的形象与他们的发源地割裂开来分析。同为外来佛教艺术的局部表现——相比较于纹样的迅速本土化，佛教造像的印度造型特征保留持续了相对较长的时间。这一点，从莫高窟初唐第71窟的壁画上就可以看到例证：思维菩萨的姿态特点基本上还是印度化的，面部五官的特点以及头、颈、肩、躯干的扭动特点与印度石窟壁画中的女性造型有很大程度上的相像（图6-1），虽然"菩萨"的形象在佛教典籍里面的描述都是男性身体，但是在各类的壁画或塑像的表现上来看，创作者更倾向于采用女性化特征比较明显的身体造型，所以菩萨、天女等身体大多姿态柔美，表情温和。印度宗教造像比较外露的强调两性的身体特征的区别，女性的身体柔软丰满，对于肢体的触感呈现非常重视，即使是飞天的形象也会

---

❶ 常任侠著，《印度与东南亚美术发展史》，合肥：安徽教育出版社，2006年5月出版。
❷ 前身为贵霜王国发展而来的大月氏国，定居犍陀罗后，将领土扩张到恒河上有，诸国都称之为贵霜，但汗地仍称其为大月氏。迦腻色迦王是大月氏国第三代国王，约125～129年即位。

图6-1　莫高窟初唐71窟思维菩萨、印度阿旃陀石窟第2窟女性形象

（图片来源：左图思维菩萨引自段文杰 主编，《中国敦煌壁画全集5 敦煌 初唐》，沈阳：辽宁美术出版社，天津人民美术出版社，2006年1月出版，第158页；右图引自Cave 2, Benoy K.behl *THE AJANTA CAVES:Ancient Paintings of Buddhist India*,London:Thames & Hudson Ltd,2005,p.123）

将四肢的造型刻画的体量感较为充分，使观者能够比较清晰地观察并感受到实实在在的物化的身体（图6-2）。

　　古印度佛教到敦煌壁画，花朵的形象经常作为比喻的工具出现，通过直接或间接的描述来展现一些宗教形象的美好之处，莲花、牡丹、茶花、忍冬、石榴等都是常使用花卉。但是敦煌壁画的莲花形象相比较于古印度，是有比较大的区别的。

　　如6-3左图所示，印度贵霜王朝时期出土的红砂石伞盖，其内圈饰有莲瓣纹样。又如图6-3右图中3世纪初的"悉达多诞生"石刻浮雕，其右侧的团状莲花与四瓣花朵间隔排列，与伞盖上面的莲花装饰类似，都是采用非常规整的几何方法归纳花瓣的自然形态。莲花的花瓣是按照严整规范的方法来平均分割的，花瓣根部几乎没有曲线，到了尖部才有弧线相交，形成花瓣的形状。如果单独观察花瓣根部，几乎无法辨认是纯粹的规整的几何纹样还是植物纹样。装饰区域内所有的框架性的圆都是非常标准的正圆，从内至外为多层同心分布。

　　到了笈多时代，也就是5世纪左右，如图6-4所示[1]，

图6-2　印度阿旃陀石窟第1窟女性形象

（图片来源：Cave 1, Benoy K.behl *THE AJANTA CAVES:Ancient Paintings of Buddhist India*, London: Thames & Hudson Ltd, 2005, p.89.）

---

[1] 王镛著，《印度美术史话》，北京：人民美术出版社，1999年12月出版，第93页。

左图：伞盖　贵霜时代（2世纪前半期，红砂石直径300cm，萨尔纳特出土　萨尔纳特考古博物馆）

右图：悉达多诞生（3世纪，石灰石176×89×17cm纳加尔朱纳康达出土新德里国立博物馆）

图6-3　莲花形象

（图片来源：体恒法师拍摄）

左图：佛陀立像（笈多时代5世纪红砂石　高183cm　贾马尔普尔出土　新德里总统府藏）

右图：佛陀像（笈多时代）

图6-4　莲花瓣形状

（图片来源：左图引自王镛 著，《印度美术史话》，北京：人民美术出版社，1999年12月出版，第93页。右图为体恒法师拍摄）

印度石刻佛像头光中呈现出的莲花瓣的形状，相比于二三世纪时略有变化。单体花瓣的轮廓，从花瓣根部到尖部已经呈现出柔和的曲线，并且偶尔会出现细微的表面起伏，从而使浮雕的空间感得到加强。尽管如此，这一时期出现在佛像后背的以头光为主的植物装饰纹样区域都尽可能地保持平面状态或较小范围内的起伏，以保证前景的主体佛像的立体状态，从而可以使信众或观者能够感受到更真实强烈的视觉冲击力。从前面圆雕或浮雕的立体感较强的表现，再到背景的空间关系模糊化，人们能够非常清楚地了解到创作者的艺术意图。作为整体效果的有机补充和展示效果需要——背景上所有的装饰纹样都做到尽量地几何化和平面化，仅在深度很小的范围内进行空间关系的呈现。

从佛头光的纯平面阴刻线到天女的浮雕，再到佛像的接近圆雕的立体雕像——这几重关系完整地叙述了艺术创作者从平面到立体，从二维到三维的层层递进的效果展示过程。作为背景出现的莲花或其他植物纹样，则安静的恪守着含蓄的原则，试图将观众的绝大部分注意力都集中到佛像本身。

印度阿旃陀石窟位于印度西南部的马哈拉斯特拉邦，建造年代大致是2世纪到7世纪中叶，其王朝对应关系相当于中国的东汉末年至唐朝初年。如果列举敦煌莫高窟的同时期的装饰纹样（图6-5），比对之下可以发现，两者的艺术风格有相当大的差异性。对待同一艺术题材，印度的艺术家们或建造者的指导思想或审美倾向，都是有着一定差别的。例如，文中图例里面所展现的，从贵霜时代的初年到7世纪中叶，纹样的审美标准发生了一定的变化。其中，佛像的希腊化现象，是大范围审美标准转变的案例体现，此类影响波及诸多方面，其中也包括作为"附属品"出现的装饰纹样。无论古代印度还是古代中国，佛教的视觉化形象都发生着时代性的变化，但是除却起源初期的替代性符号表征以外，佛像一定是洞窟或者壁画主体，是不可或缺的元素。而装饰纹样只是起到烘托的作用，目的也是为了从视觉上将佛国世界的样貌补充的完满美妙，使信众内心所憧憬想象的世界的形象更为真实和丰富。

阿旃陀石窟中的莲花纹样的造型特征基本延续了贵霜王朝和笈多时期的风格——工整、装饰感强烈。虽然说从造型上出现了侧面和半俯视状态的花朵，但是花瓣从花托上生长的状态依然非常饱满、严谨。画师尽可能地将莲花的真实状态表现出来，风格极为写实。单元

上图：阿旃陀石窟窟顶莲花装饰，左下图：夜叉与莲花，右下图：阿旃陀第1窟莲花装饰

图6-5 装饰纹样

图片来源：阿旃陀石窟窟顶莲花装饰，体恒法师拍摄于印度阿旃陀石窟。

（左下图：Yaksha and Lotus, part of a celling decoration, Cave 1, Teoh eng soon, *THE LOTUS in the Buddhist ART of INDIA*, Tien Wah Press, Singapore, 2003, p. 265.

右下图：Cave 1, BenoyK. behl *THE AJANTA CAVES: Ancient Paintings of Buddhist India*, London: Thames & Hudson Ltd, 2005, p. 110.）

画面来看，花朵和茎、叶将空间填充的非常充分。贵霜和笈多时代的例子虽然是佛像头光，但是从圆环的单位面积来讲——也就是从花瓣根部到尖部这一区域的圆环面积已经被尽可能的填充饱满，这与印度佛教造像一直以来的充满视觉张力的造型特点相吻合。而且花瓣的形状一直比较规整，没有特别的翻卷或偶然性的差异姿态出现，装饰感极强。花朵整体的形态和细的茎、叶的密集对比起来，反差很大，节奏鲜明，是十分完整的二方连续纹样与适合纹样的结合体。

莲花的形态饱满有张力，如果向回追溯的话，对于它所指代和象征的物像而言，莲花的这种造型特点，与被指代物的其他表述方式应该是趋于统一的。佛像的出现有种种说法，从佛教本身出发来看，"佛"确指的并不是某一单一个体的"神"或其他具有超能力的人的形象；它会指代一种修行的状态，或者具有这种状态的人。从普遍意义上来讲，宗教传播的条件中当然包含具体的文字或语言的形象化展示，但表意是否充分还需要民众的想象以及种种附加的比喻。如果出现了具体的可视形象，那在讲解阐述佛教义理的时候，对信众算是开了方便法门。无论是佛教在古代印度还是古代中国或现代中国的传播，其具体可视形象的创造会与创作者的生活经验和文化经验息息相关，当地文化环境中滋养生长起来的创造力无法与本土的种种文化识别特征割裂开来。对待佛教形象的视觉再现的工作，创作主体的经验左右着作品的诸多审美倾向。因而，佛教的形象化展示在远离发源地之后，于其他地区一定会有新的形象出现，这种演变会保留一部分原始特质，但是一定会有大量的当地文化信息的融入，包括审美倾向和人文传统。

观察莫高窟的北朝洞窟到唐朝洞窟的装饰纹样的变化，可以从具体的花卉纹样开始。整体风格的本土化需要以具体的案例为载体，以细节的变化带动整体风格发生偏转。北朝洞窟中，从北凉甚至西凉一直到北魏时期，壁画的画面风格一直保持着西域的艺术语言特点，具体表现为重视体积感的表现，线的独立意义并不明确、色彩的丰富使用，人物造型的随意自由以及布局的饱满等。具体到植物装饰纹样中，很多花卉的种类都是由西域传入的。犍陀罗地区的佛教开始有了具体的佛陀形象，虽然非常希腊化。很多植物也是在此地集结，由此中转而后向东流传，忍冬、葡萄、石榴都是非常典型的例子。莲花纹在印度佛教表现中非常重要，经过了犍陀罗地区的发展，而后到达新疆、敦煌的时候，还保留着大部分原初的造型特征，也就是趋向于模仿自然形态。这些植物纹样传入敦煌的时候连同它们的造型特征一起被保留了相当长时间，甚至一直到唐代之前。图6-6中莫高窟272窟是北凉洞窟，龛内顶上的团花纹样中心是莲花纹样，边界颜色已经很难辨认清楚，周围是华盖的垂缦，用直线造型的三角组成，整体上是一顶华盖的平面图。这样的造型组织让人很容易联想古埃及的莲花和太阳崇拜，具有非常浓郁的西域风格。图6-7中的莫高窟254窟北坡莲花纹是北魏时期比较典型的纹样装饰，但是莲叶与忍冬纹的造型比较相像，对称涡卷纹中间有填腋式的花瓣穿插，与源自古希腊的填腋式莲花与涡卷纹相伴的造型特征非常类似。如图6-7左图中米洛斯到的双耳罐上的对称涡卷纹与扇形叶片的造型关系，二者关联性也是显而易见的。图6-7右图中是印度巴户特佛塔浮雕，莲花有不同的姿态表现，非常生动。图6-8中是莫高窟北魏435窟的龛楣莲花纹饰，两者在莲花的造型上有很多类似之处，都在表现不同角度观察到的莲花形象。这种表现方法到了唐代基本上都变成俯视而规整的莲花了。

　　莫高窟早期洞窟中的众多装饰纹样，其单体造型和布局特点都保留了西域的风格特点，在经过北周到隋代到初唐的历史时期后，整体扭转为中原特点。牡丹等中原花卉题材的介入、

图6-6　莫高窟北凉272窟龛内顶上莲花纹样

（图片来源：关友惠 主编，《敦煌石窟全集 图案卷（上）》，商务印书馆（香港）有限公司，2003年3月出版，第66页）

左图：米洛斯岛双耳罐上的对卷涡纹，中图：莫高窟北魏254窟 天人持莲纹，右图：印度巴户特佛塔浮雕莲花

图6-7　莲花纹

（图片来源：左图引自［奥］阿洛伊斯·李格尔 著，《风格问题——装饰历史的基础》邵宏 译，杭州：中国美术学院出版社2016年11月出版，第148页；中图引自《敦煌石窟全集 图案卷（上）》关友惠 主编，商务印书馆（香港）有限公司，2003年3月出版，第43页；右图引用自 http://www.photodharma.net/Guests/Kawasaki-Bharhut/Bharhut.htm）

图6-8　莫高窟北魏435窟莲花化生龛楣

（图片来源：关友惠 主编，《敦煌石窟全集 图案卷（上）》，商务印书馆（香港）有限公司，2003年3月出版，第79页。）

纹样呈现规整对称的结构特点、线造型的重视以及布局的规范化和体例化等，都是装饰纹样从西域风格转向东方或中原风格的具体表现，这在唐代洞窟的众多案例中都可以见到。

莫高窟初唐洞窟329窟的藻井纹样（图6-9），与隋代和唐朝盛期相比属于过渡状态，团花的整体格局仍然与隋代甚至北周莲花的多瓣、平面形式相同，然而，单体花瓣的细节已经开始复杂化，其中出现了侧卷瓣和正卷瓣造型，内部已经有五折的牡丹花瓣填充空白部分，再向内有连续的对勾如意云纹，这些也是初唐稍晚时期的团花的主要组成元素。只是此时的绘画风格还没有完全脱离北朝的希腊化影响，色彩的丰富度依然较高。因为希腊化的西方绘画风格主要以色彩造型，用丰富的色彩关系构建造型，轮廓线和平面状态的造型并不受推崇。此时的团花纹样，其表现语言的特点依然没能完全进入中原的汉化状态。莫高窟初唐341窟的藻井纹样的大团花已经是非常成熟的团花纹样了，是非常典型的唐代早期的八瓣结构。但其中的组成元素也是侧卷瓣莲花、牡丹、如意卷云等，与329窟藻井团花基本一致。虽然以上论述仅取自莫高窟从北朝到唐代的局部个案，但是从中依然可以看到莫高窟植物装饰纹样的转变。盛唐175窟藻井中心大团花纹样的层叠花瓣结构虽然依旧尽量保持着八瓣花的特点，但是层次之间的紧密饱满的关系已经使整体花朵完全脱离了西域的原始装

图6-9　莫高窟初唐329、341窟、盛唐175窟藻井团花纹样

（图片来源：莫高窟329窟 飞天莲花纹藻井引自关友惠 主编，《敦煌石窟全集 图案卷（下）》，商务印书馆（香港）有限公司，2003年1月出版，第43页；莫高窟341窟 莲花纹藻井引自同书第25页；莫高窟175窟 叶形莲花纹藻井引自同书第43页）

饰特点，也就是呈现出完全中原化的花瓣造型和组织方式。

图6-10中左图为中唐159窟窟顶交错排列的团花纹样，其中所采用的六瓣对称构成方式、平和稳重的花朵布局结构、单个花朵从内到外趋向安静的造型，都是远离犍陀罗艺术风格的体现。图6-10中右图中为晚唐232窟平棋图案，与159窟平棋团花非常相似，无论是单体团花的结构还是团花

图6-10　莫高窟中唐159、晚唐232窟平棋团花纹样
（图片来源：左图高窟第159窟 西壁龛顶引自敦煌文物研究所 编著，《中国石窟 敦煌莫高窟 第四卷》北京：文物出版社，东京：株式会社平凡社，1987年3月出版，第93图；右图莫高窟第232窟 平棋装饰引自段文杰 主编，《中国敦煌壁画全集2 西魏》，天津人民美术出版社，2002年出版，第122页154图）

的组成花卉种类，均为六瓣花结构，由小花朵组成团花外层结构，均以茶花和如意云纹为主，平棋结构也是斜向相同，整体由两种花朵交错铺开。

如果单独审视从初唐到晚唐的团花纹样，无视其发展的先导阶段，是无法以更为整体的视角去观察团花纹样在局部的历史阶段的发展脉络的。有了犍陀罗到北朝的装饰艺术传承过程，然后再经过隋代的稍许过渡，到了初唐时期才开始全面的东方化，但是这样的汉化过程还在某些角落有前期的遗留痕迹，到了盛唐时期，从整体格局的对称化和平稳化、单体花朵的平和安静的造型以及注重边缘线条等艺术表现特点方面，完全进入汉文化的风格统治中。中唐吐蕃占领时期一直到晚唐，由于传入敦煌的中原文化的孤立保留状态，纹样愈发趋于简单和概念化，对于很多花卉元素的组合应用变得不那么热衷，更推崇单纯的茶花和如意纹。吐蕃统治包括归义军时期，中亚的文化影响似乎在纹样的题材方面又卷土重来，包括晚唐时期，部分团花纹样中动物纹样位于核心位置的设计就已经慢慢地又与中亚接轨，此种考虑，是基于中亚与东亚整体文化交流的历史而言的。

二、从宗教符号到世俗装饰的特征演变

北凉272窟西龛北壁上方出现的莲花造型，如果不经过仔细比对和观察，很难判断它是莲花——整朵莲花只由一个扁圆的花心和其上代表花瓣的若干放射状松散的不规则细直线组成❶；与此类似，北魏254窟中心塔柱东向面上部的莲花纹也是类似造型，扁圆花心和上方的细线状花瓣；另外，虽然254窟人字披东西两侧满布的单株忍冬莲花

❶ 欧阳琳先生的《敦煌图案解析》一书中有部分内容对此纹样的判断为忍冬花的一部分，对此存疑。

组合纹样中的莲花造型要更为清晰，识别性更高，但是其基本形态也是扁圆的花心和点状分布四周的花瓣（图6-11）。由此倒推，判断北凉272窟西龛北壁上方出现的扁圆花心纹样为莲花纹。但是，这种莲花纹并不同于印度传来，并经常出现在龛楣之上的叶片肥大写实的莲花，差别较大。从另一个角度来讲，这样的莲花造型可以称得上是偏意向表达的一种造型。首先，会减弱花瓣这种形式美的要素的份量，将其缩小到只具有概念联想的识别性的形态。同时，突出莲蓬部分的造型体量感，夸张它所具有的生命传承的特点，至于枝干，同阿旃陀石窟的莲花装饰一样，为了纹样结构能够富于节奏变化而化成柔软舞动的曲线，叶片也与莲花几乎无关，而是采用了卷曲的类似忍冬的纹样。推测其成因，与西域的卷曲纹样一定有密切的关联，这一点在本章形式语言的西域到东方一节有更详细的论述，此处不做展开。如果联系前后时代的莲花纹样，其花瓣的装饰效果是最突出的，此时反而弱化其单纯的审美装饰部分，而在纹样的设计方面突出成果实的部分，其表意特点毫无疑问是更加具有含义的指向性，也就是突出其代表的宗教以及世俗寓意。花实齐生的莲花在佛教中能够同时体现过去、现在和未来，莲蓬又寓意因果相互转化，因为果，果成因，其出于意为福田的淤泥，也表示佛因众生方能成佛。因而，突出莲蓬部分的造型特点也是对于此类寓意的着重阐述。

图6-11　莫高窟北魏254窟中心塔柱东向面上部的莲花纹

（图片来源：关友惠 主编，《敦煌石窟全集 图案卷（上）》，商务印书馆（香港）有限公司，2003年3月出版，第43页）

正如前文所说，观察唐代内部从初唐到晚唐到纹样流变过程的时候，是不能够抛开整体的发展脉络的，如果放在莫高窟从北朝到唐末的阶段历史中审视的话，初唐到晚唐的纹样变化也是一个阶段性的历程，是延续着北朝到隋的发展。研究艺术史的学者有时候会更喜欢关注断崖的部分，而不是历史绵延接续的线路，因为断层的部分会暴露出更多和突变的概念，这类线索给研究带来的惊喜是直线延续的历史所无能为力的。于此类比的话，初唐的220窟所展示出来的空前的艺术水准就是断崖式存在的。虽然参照220窟的建造年代，贞观十六年，其比较于同样建造于初唐时期的洞窟，如57、203、209等洞窟，时间并没有非常早，但是其成熟的中原化创作手法是其他同时期洞窟所难以媲美的。然而，即使是这样成熟近乎完美的作品，其装饰的形式语言也是具有非常明确的唐早期特点的。莫高窟是佛教洞窟，分析其内的装饰纹样是不能与宗教背景剥离开的。从北朝开窟始，洞窟四壁和窟顶的装饰纹样就一直保持着一定的宗教性。即使是龛楣上的莲花缠绕忍冬的装饰面，其中莲花也往往带有"化生童子"的形象一道出现，装饰的同时也是在表意。例如图6-12中莫高窟西魏249窟莲花瓣向下张开，童子于其中显现，这在整个北朝时期都非常普遍。莲花化生的传统有学者认为是源自古埃及的莲花象征再生的含义，但无论如何，本书前面章中也叙述了莲花在佛教中具有的多种象征意义，比如表清净吉祥、表佛行德离于麁相、比喻四谛和十二因缘、九界十如等。基于佛陀对个人崇拜的强烈反对，原始佛教期间没有佛像出现，到犍陀罗时期大规模开始

图6-12　莫高窟西魏249窟龛楣莲花化生
（图片来源：关友惠 主编，《敦煌石窟全集 图案卷（上）》，商务印书馆（香港）有限公司，2003年3月出版，第81页）

塑像，人物形象的出现和使用与莲花相比时间较短，在佛像产生之前莲花就用来指代佛陀。经过犍陀罗、新疆一直到敦煌，佛教的东渐之路上，佛陀形象出现了各种时代性的变化，因塑匠不同，基本参照形象不同，佛陀的形象表现也呈现出不同的种族特征，比如北朝时期莫高窟的佛陀形象已经开始汉化，并使用了笈多时期的人物衣褶的造型语言，流畅的衣褶如水纹般附于人体表面。莲花保持着印度风格一直到隋朝的窟顶藻井的团花纹样中，莲花的造型依然非常多变，也就是描绘观者从不同角度审视莲花的情景，而且隋代的莲花还是会看到很多化生童子形象伴随。因而，可以看到莲花的出现并不是单纯的装饰作用，而是兼具宗教符号表意和装饰两种功能。对于佛教思想的传达并不仅仅存在于佛像的塑造和绘画上，在装饰纹样等方面也会有功能性的要求，植物装饰纹样的有限区域内，需要向世人和信众传递多重信息，从视觉形象的建构方面加强其教义的表达。

　　总体来看，初唐时期的洞窟装饰，以220窟为例，装饰纹样的作用变的单纯化了。装饰纹样中的植物基本没有再与化生童子或者迦陵频伽鸟等有一定佛教寓意的形象同时出现，如果是描述莲花化生等故事时，会单独开辟区域，以写实方法直接绘制该故事，而不是包含在装饰纹样中完成。而装饰纹样所承载的意义也单纯了许多，其宗教符号表意功能被削弱殆尽。220窟头光团花的纹样中，牡丹和如意卷云纹的组合使用也代替了前朝广泛流行的火焰纹。佛陀讲法时全身有三种瑞相，周身的大光明是瑞相之一，表现在塑像或绘画中就是背光，火焰纹的背光可以理解为起大神通的光明之意，为佛光的象征。火焰纹的形象到了初唐时期也开始以团花和半团花代替，此时，也可以视作佛教艺术的表达从单纯的符号化教义传达转变为复合性的艺术表现，世俗的成分增加了，单纯的审美成分也在增加。而纹样的题材世俗化是装饰纹样从宗教符号性

向世俗转变的一个具体表现，譬如牡丹、卷曲云纹、石榴纹等植物纹样逐渐代替火焰甚至莲花纹，成为头光、身光的主要组成元素。这一题材上的变化到了唐代末期，更是变得极为单纯，几乎无宗教含义了。中晚唐时期的装饰纹样中，大量使用茶花和如意纹组成的团花，并无特别的符号指向。因而，可以看到，对于北朝至唐末这一段历史时期的装饰纹样的发展而言，初唐到晚唐的装饰纹样世俗化只是其中的一个片段，其演变过程将莲花这一符号性极强的花卉纹样的地位降低，减少其使用量，增加茶花等小型花朵甚至几何图形的使用量，将初唐还偶尔出现的头光周围的火焰纹基本抹除，使得装饰纹样的宗教性大大降低。后世在审视唐代团花装饰纹样的时候，更多感受到的是富丽华贵之态如何在一定范围内进行变化，而很难直观的通过纹样感受宗教传播视觉表达的原初目的。尤其是在同时期横向比对其他领域和载体上的团花纹样之后，会看到与世俗纹样之间不可分割的交融性，使得莫高窟的唐代团花纹样愈加远离其宗教符号的初衷。然而，这种发展的脉络又将中国传统装饰语汇与佛教美术创作融为一体，其显现的二元性有很强的地域和时代特征。

三、从具象自然形态到抽象装饰形态的特征演变

莫高窟初唐团花向晚唐团花过渡发展的过程，从画面呈现上来讲，也可以称得上是由个体艺术形象向集体形象发展的过程。初唐的头光团花中出现了众多植物纹样，且结构较为松动。盛唐时期众多洞窟中的团花纹样，例如444窟的葡萄纹头光等紧凑形结构，图底关系的处理方法较初唐有了一定的变化，元素与整体关系的处理方法和元素与元素之间的关系的调整也在变化，朝着更为规整、概括并且规律化的方向演进。莫高窟晚唐时期的团花纹样，个体的差异进一步减少，洞窟装饰倾向于使用一种团花纹样进行细节或颜色的微调来取得差异化形态展示，然后将这有限的变化制作成富于节奏感展示的反复纹样装饰形态。这显然与初唐、盛唐时期莫高窟的团花纹样强调个体繁杂富丽的变化的思路相去甚远，其装饰的路径已经由重视单体的发展偏转为重视整体效果渲染。

这其中会涉及一个非常重要的问题，就是当纹样的单体形态得到充分重视和发展的时候，其自身细节的变化在不断地被加强，洞窟视觉效果的缔造并没有过于依赖整体的纹样满铺，而是积累于单体纹样和细节的丰富变化中。单体纹样采于自然形态，自然形态的充分展现是建立在对物相描摹的基础上的，植物纹样的使用会从某种意义上说明物质社会的稳定性，从而将这样的自然形态更为从容的应用在对于精神世界的视觉化阐述上。植物纹样的形态从对自然的单纯模仿到人工化复合元素的使用是一个逐渐丰富的过程，其装饰的手段和装饰的思维方式也在逐渐发生着变化。虽然演进过程中的表现是不同的，也就是不同洞窟所使用的装饰纹样在细节上或许略有差异，然

而，对于自然形态的充分利用的思路是一定的。这可以从45窟头光团花纹样和66窟百花草纹样中看到，各异的表象其背后的思路和发展趋势是类似的。尽管有不同的表现和繁多的案例展示——盛唐时期的纹样的个体元素相与原始的自然形态之间进一步拉大了距离，在概括牡丹、莲花、茶花等花型元素方面，不同的花型已经远离原初形态，可以依据典型的图像符号将其还原，才能够辨识出不同类型的花瓣的组合。然而，其还原的意义在这里并不是讨论的重点。此时还可以联系后来的发展趋势，即中晚唐时期越来越单一的团花纹样和越来越简单的单体花朵造型来进一步证明装饰纹样从绘画的角度来讲，是相对于原始素材的进一步偏离。晚唐的思路是鲜明的，效果也是显而易见的，花朵的单体造型的概括性得到更多强化，这也是对于装饰的赞颂，同时对画师而言也没有非常高的要求，因为其模式化的呈现状态大大地减轻了创意方面的"工作量"。

　　此时的讨论不妨返回到从具象形态到抽象形态的演变上，在针对团花纹样发展的讨论中，这也可以等同于从自然形态到装饰形态。从初唐时期花朵的形态来看，虽然不像北朝甚至印度石窟那样，热衷于描摹植物的自然生长造型，但是其相对于唐朝后期来讲还是更接近于花卉植物的自然状态。如图6-13中初唐220窟西壁的头光，在本书的分类中属于类团花。其中的植物分布松动自然，更多的是在展现其卷舒有致的生动仿真的形态。到了唐代后期的纹样，如同前面举过的中唐159窟平棋团花的例子，其对于自然形态的进一步远离也是将植物纹样由具象变到抽象的转变过程进行了很好的演示。具象的石榴纹到抽象的如意纹，纹样花卉元素之间的空隙越来越小，紧密结合程度上升，花朵纹样不再复杂写实，更多的是概括主要的特征，并且将这种特征模式化，应用在同时期的更多装饰中。如果研究者并不尽力去辨析159平棋团花的小花朵集群组成大团花，究竟是展示了什么品种的花卉，而只是看到这样的造型概括过程中反映出来的是画师对于装饰手段掌握的熟稔程度，这是一种进步抑或退步？如果从装饰的发展角度而言，或许并不像一般学界认为的那样，中晚唐以后更多体例化的装饰纹样的模式化、简单化是相对于盛唐的一种退步，这样的愈加简洁的概括手段从纯粹的装饰理念发展的思路上来讲可以认为是一种进步。因为它更多地使用了具有高度概括性的造型，可以以简单的造型经过不同的组合方式演变出多重模式，可供画工选择。

图6-13　莫高窟初唐220窟头光团花纹样

（图片来源：关友惠 主编，《敦煌石窟全集 图案卷（下）》，商务印书馆（香港）有限公司，2003年1月出版，第38页）

这样的概括增强是将花朵整体拆解后进行元素符号化，并重新组合的案例，把装饰花朵从具象的模仿中解放出来，更加自由的进入几何概念的领域。复杂具象的自然形态中，抽离概括出基本的更加几何化的元素，这本身就是一种思想观念上的进步。

当然，如果此时再回到盛唐时期，看盛唐装饰纹样，会自然而然地将它的概括性和装饰性的阶段放置于初唐与中唐之间，但是，这样的于写实具象和抽象概括之间保持平衡的华丽纹样状态是公认的大唐团花纹样，甚至是唐代纹样的典范。因为它身上有着这一段历史时期内最为华丽饱满的装饰效果展示，可以更充分的展现大唐的繁荣和博大的文化胸怀。而且，从世俗应用的意义上来讲，这也是从犍陀罗风格脱离出来而后展示出来的最佳状态。

四、从自由到拘谨的线与空间关系特征演变

对于敦煌莫高窟第251窟、444窟——从北魏到盛唐洞窟（图6-14），这些纹样的题材和表现形式发生着变化，但是绘画的审美倾向这一文本特点并没有重大的偏差。貌似松散的图底关系，似乎可以向上追溯到汉代纹样，例如云气纹。对于花枝纹样的造型，其自由而随意的处理手法和单体花朵与花朵之间的差异由于手绘的随意性而被放大。这一点与印度的纹样有较为明显的不同——印度纹样会尽量地使循环的各个单元之间保有最低限度的差异性，尽可能地争取统一性。而莫高窟的壁画纹样，从北朝到初唐——与阿旃陀石窟的时间段类似的时期，就所看到的案例而言都满溢着自由和随性。实体图形所构建起来的框架虽然有比较明确的样式，但是随意性和偏差度较大，内部填充纹样也呈现灵活多变的绘画风格，以至于很难找到完全相同的两组图案。所

图6-14 莫高窟北魏251窟、盛唐444窟线造型纹样

（图片来源：莫高窟251窟 北壁双叶忍冬藤蔓引自关友惠 主编，《敦煌石窟全集 图案卷（下）》，商务印书馆（香港）有限公司，2003年3月出版，第126页；莫高窟444窟 西龛多枝石榴卷草纹引自同书第69页）

有的植物纹样由于灵活的姿态和富于变化的格调，给观者的视觉影响会更倾向于旺盛的生命力和自信的灵活性。创作主体在整个作品呈现过程中握有较大的主动权，除却一定要表现的宗教的神圣性之外，具体的表意方式得到了灵活的掌握，画师拥有创作的空间，其程式化的规范性显得并不十分重要。

无论是纹样的特定单元还是整个洞窟的仰视效果，或者再放大细节——菩萨脚踏的莲花的线条，其自由、舒展的浪漫主义状态是显而易见的。《周易·系辞上》："形而上者谓之道,形而下者谓之器。"这一条传统准则关乎的似乎都不仅仅是审美的态度，它以强大的文化凝聚力指导着中国的艺术创作的倾向和路线，使得众多绘画作品和雕塑作品呈现出与西方艺术表现风格越加迥异的状态。

唐代的敦煌，地处中原和西域的连接点上，来自西方的多条路径的艺术文化风格在这里汇聚，它们与来自中原的文化艺术和思想流派相碰撞，矛盾中的融合和博弈表现在各个时期的作品中。唐代都城长安距离敦煌的距离要远远小于西域、印度或欧洲距离敦煌的距离，特别是安西都护府设立之后，中原的文化对敦煌的影响力大大提升了。这些从莫高窟不同时期的洞窟绘画风格的演变中就能够找到很好的佐证。从单体人物形象上来看，北朝洞窟壁画里面的众多飞天或人物形象还是延续着西域的绘画特征，在尽力去表现人物的体积感；从布局上来看，人物和纹样各自的组合关系，包括前后的遮挡、互相的穿插、动势曲线的走向关系等都较为自由灵活，用色也更为复杂多样。及至隋朝，虽然从建立到结束只有短短的三十七年时间，但是仅从隋代洞窟的造型特征上来看，比北朝已经出现了非常明显的变化，以龛楣为例：其上经常出现的莲花与忍冬纹都在延续着北朝时对植物纹样形态的写实化表现，纹样组合也模拟自然生长状态。到了唐朝，中原文化开始全面接管和覆盖莫高窟的洞窟建造，无论彩塑或者壁画，都呈现出特色鲜明的中原风格，可以对此进行细节化的案例解构分析。

以莫高窟初唐第323窟南壁菩萨脚下的莲花为例，莲花整体是半俯视角度呈现，花瓣的轮廓曲线婉转流畅，从花托开始到尖部，呈动态的扭转状，内层竖直生长，外层略向外打开，每片花瓣打开的角度和造型都不同（图6-15）。这与前文所举例的印度的写实的莲花有着本质的不同，绝

图6-15　莫高窟初唐323窟南壁菩萨脚下的莲花

（图片来源：《中国石窟 敦煌莫高窟第三卷》敦煌文物研究所 编著，北京：文物出版社 东京：株式会社平凡社，1987年8月出版，第65图）

不仅仅是花瓣造型的问题。它所体现出来的是东方的审美格调的导向性，也就是从具体到花瓣造型的舒展感可以使观者感受到绵延千余年的中国艺术表现的精神性传达。艺术创作者在意的不仅是对象物的描绘是否能够造型准确，更重要的是神态上的确切——能够将造型的线条形体表现的传神比逼真要更重要。这也是唐代的壁画风格与受西来艺术影响的北朝壁画之间重要的一种区别。这里面蕴含着传统人文精神和中国古典哲学思想的一些理念，在绘画作品中展现出来的是具象化的时代思想，这与当代艺术所讲求的艺术家的主体责任感又有着异曲同工之妙，因为时代的思想和社会特征需要具体形象载体，需要将一个时代的抽象的理念具象化，将其变得可视、可读化。

从自然形态到装饰形态的过渡，似乎可以概括从北朝到唐代莫高窟装饰纹样的一个大致的走向。再细分的话，看到具体的团花纹样，在演变的过程中，从唐代前期的团花纹样到唐代后期的团花纹样，这期间的变化可以称得上是将自然形态一点点的工艺化，去掉更多的复杂元素，用最简单的元素经过不同的变形组合，营造出复杂华丽的效果——中晚唐的团花纹样，具有这样的造型特征。然而，具象的造型、写实逼真的效果呈现从来都不是中国绘画或雕塑追求的主要目标。如何能够将人文精神和思想理念融入作品，使视觉艺术具有更多的精神承载性和高调的思想性这一理念融入到艺术创作的诸多领域，包括装饰艺术。因而，纹样的绘制是否够还原其真实的生长状态，整体植株的造型是否准确，纹样的对称格局的单元分割是否精准等都不是最重要的，意象化的氛围呈现似乎要更受主流审美思想的认同。纹样可以提取花朵最具代表性的元素，整体布局可以是不够精确的分割，但是，只要能够于绘画的表达方面体现出种种精神上的合理性，那么作品的完成就算是合乎当时的形式法则的。

（一）线性结构在唐代洞窟艺术表现中的作用

除了上文从总体审美观念的角度出发阐述纹样审美倾向，如果仅从细节出发观察具体的"线"，会发现其中也漫延着与总体倾向一直的审美理想。

323窟的莲花的每片花瓣的轮廓线都不仅仅是"轮廓线"，线在此时的意义与西方绘画中的线的概念已经大相径庭。西方绘画作品，以同时期的绘画作品，甚至是出现在现代主义绘画之前的绝大部分作品为例，"线"都缺少单独存在的意义，线只是用来开启观者视觉延展性的一种手段，向人们表明造型的面积和体块感，以及一个平面边界在哪里，一个面向另一个面的转折点位居何处……这是一种外延式的概念。而中国绘画中的线被赋予了更丰富的精神内涵。有学者追溯到《周易》中卦象的表示方法都是用线，而中国绘画历来重"道"，重视线本身的生命力，对于其规范的造型甚至并不很在意。有一点无可否认的是，从书法作为艺术语言独立出来以后，加上绘画方面不胜枚举的著名"线"的案例——东晋顾恺之的"春蚕吐丝"、南北朝曹仲达"曹衣出水"到唐代"画圣"吴道子的"吴带当风"、尉迟乙僧的"屈铁盘丝"……都说明在中国绘画史漫长的发展历程中人们对线的重视程度。"线"在这里已经超越了西方学者定义的仅仅是边界的制定者的角色、并不具备独立存在的可能性等观点和学说。"线"作为相对独立的绘画元素,秉承着中国传统绘画的重平面、偏抽象的审美特点,甚至其重要性在很多时候已经超越了造型本身——对于西方学者而言,显然是一种本末倒置的行为。但是,东方的抽象精神自古以来一直以自由而浪漫的状态主宰着绘画的发展,虽然从某种意义上而言导致了后来近现代绘画缺乏丰富的色彩。因为与大肆抑制色彩、摒弃花哨的颜色的文人画相比,几乎同时期的西方美术界正展开轰轰烈烈的印象主义运动,他们对自然、色彩的钟情和热烈的赞颂已经铺天盖地地开始了。然而,对于单色的黑白灰的理解和丰富的表现,东方绘画还是有着独到的优势,西方绘画很难与之匹敌。

此时抛开图案本身的形式不去探讨,先从南北朝时期的佛造像的形式感谈起。北朝石刻佛教造像中,有相当一部分流传于世的作品从形式感方面注重线条的表现,将形体的边缘——即所谓形体转折所形成的"线",塑造得流畅生动。成组的线条并置在一起,将半平面状态的浮雕作品的介于二维和三维之间的特点展现的非常生动。有趣的是图6-16石刻造像中的线条的平面感非常强,使得整尊雕像只有部分是脱离平面而凸出的,这倒使得作品的整体感尤为强烈。

图6-16 北朝石刻造像中的线性元素

（图片来源：笔者拍摄于西安碑林博物馆）

敦煌莫高窟唐代团花纹样研究

有部分艺术史学家认为自然界中并不存在完整的独立的"线"的概念❶，线只是人为抽象出来的艺术表现手段。浮雕作品往往会利用三维的形态起伏去进行一些边缘的界定，这些转折与界定表现在作品的正面视觉效果中就成了"线"的概念。我们姑且不去讨论自然科学中线的含义，只把范围缩小在艺术创作领域。艺术创作者将三维形态二维化处理，可以有光影的表现，可以更为简洁的只表现平面色彩关系，甚至摘除所有的色彩，只留下"线"——只界定形态的边缘和范围。

如图6-17莫高窟第49窟、334窟藻井局部，线条在洞窟藻井团花纹样的创作过程中，不仅仅是作为一种边缘的界定来昭示该图形起始点的位置以及形状，线条在此时还负责着视觉的延伸和想象的延展，也就是将具象的实物图案抽象化的责任。自然界中的花卉形态不是非常严谨规则的多边形或对称状态，并且花卉的各个组成部分从一个俯视的角度审视无法得出完整的观察结论。此时，通过花瓣边缘的部分翻卷、线条的多层重复和变化组合，将花卉从单一的俯视形态尽量表现得较为完整和可信，模拟多角度观察。由于矿物颜料的变色问题，从目前看到的状态来讲，单一局部的藻井团花纹样中，线所占的比重非常大，而且在区分和塑造花卉结构方面，起着至关重要的作用。

以线造型的案例在饱满的团花纹样中说服力并不强，线条此时所起到的作用更像是规定色彩的使用范围和界定层次，并且把相关的形态描述完整。使得不同的相关联的色彩之间有比较明确的区分，不至于混淆，尤其是在同色系或类似色的色差较小的色彩组合中使用时。

图6-17 莫高窟盛唐49窟、初唐334窟藻井纹样中的线性元素

（图片来源：左图莫高窟49窟 西龛多枝石榴卷草纹引自关友惠 主编，《敦煌石窟全集 图案卷（下）》，商务印书馆（香港）有限公司，2003年1月出版，第57页；右图同图4-15左图）

---

❶ [英] E.H.贡布里希著《木马沉思录》，曾四凯、徐一维、杨思梁译，南宁：广西美术出版社2015年5月出版。

但是，对于整体形态不是非常饱满的众多初唐植物纹样而言，线条的作用就显得尤为重要了。以莫高窟334窟佛像头光纹样为例（图6-18），纹样的框架性结构是用线划定的。从内圈向外，每一层次的植物纹样的分布状态、植物的茎和叶、花的疏密关系也是由线来阐述的。由于茎、叶、花瓣形态的卷曲纤细，即使它们的形态是适合环状头光的，但还是导致了图案实体形状的份额相比于整个环形的图案底色而言，不具有面积上的优势，因此实形和虚形的比例处于劣势地位。然而，这同时也促进了另外一种格局的形成，就是更为灵动的空间关系。由于空隙面积较大，使得图案的可变性大大增强，从视觉感官上来讲，留给观者的想象空间也相对较大，视觉延展的可能性相比于后期的盛唐纹样而言大大增加。

图6-18　莫高窟初唐334窟佛像头光纹样

（图片来源：《中国石窟 敦煌莫高窟第三卷》敦煌文物研究所 编著，北京：文物出版社 东京：株式会社平凡社，1987年8月出版，第77图）

（二）"空"与空间关系

空间是一个抽象又具象的概念，其呈现出来的抽象或具象的特性取决于其所处的具体语境。对于空的表现，其实不止于中国传统绘画这种艺术形式，艺术是通感的，无论是视觉或是听觉。1952年美国作曲家约翰·凯奇举行钢琴独奏音乐会，演出曲目就包括最负盛名的《四分三十三秒》——乐队、观众、礼服等等一切都是有条不紊的准备的，只是，相比于常规作品，这件作品并没有任何声音出现。对于忍耐的极限——四分三十三秒的空白里面，音乐家希望向世人展示的是无声的音乐的包容力，这里面可以包含任何美妙或狂躁的旋律与节奏。纯粹的空间留给人巨大的想象空间。然而，这种"空"并不是首创，在中国传统思想体系中，"空"的概念比比皆是，以《周易·贲卦》为例，其中的对于空的理解就有一句"上九，白贲，无咎。"❶在中国传统思想体系中，装饰的最高境界近似于空，也就是无装饰。这种审美倾向影响的范围非常之广，时间也绵延了几千年，譬如在中国传统绘画中，对于空白的把握、对于色彩的抑制和摒弃等都是一脉相承的。东方的艺术会用抽象的文本来表达创意，无论空与实体的关系，或从平面中寻求抽象的三维空间展示等，这些手段由于是贯通的，所

❶ "处饰之终，饰终反素，故任其素质，不劳文饰，而无咎也。以白为饰，而无忧患，得志者也。"（魏）王弼，（晋）韩康伯著，《周易注疏(四库易学丛刊)》. 上海：上海古籍出版社，1989年11月出版。

以人们从戏剧演出中看到的抽象的符号化比喻如汪洋之水只用空白来呈现，都是一类的语境条件可以实现的。中国传统绘画除了可以用抽象的线去寻求绘画的话语结构，将线和空间并置，进行有效的分布和组合，同样可以将某一固定范围内的空间状态表达清楚，而且是带有深长的主观意味的。相比于西方的追逐光影和体积来模仿自然这一做法，东方的抽象一直为理论学者们念念不忘地进行着不同文化背景下的分析❶。无论是推崇还是诟病，主观的心理和情绪在东方的艺术创作过程中或者作品呈现的效果中是占有着绝对优势的位置的。

　　具体而言，敦煌从北朝洞窟到唐朝洞窟的装饰纹样，在空间的写意架构上都留有相当大的想象余地。以莫高窟第285窟为例（图6-19）：窟顶的绘画作品如果看作是一个整体的话，那么除了基本的框架之外，窟顶四面的作品结构非常自由而随意。尽管有固定的传说和典故的呈现，但是具体的人物形象和装饰纹样使人很难将其与当时的社会主流思想分割开来看——魏晋时期的清谈、玄学、放荡不羁的文人逸士等等的标志性符号立时映入眼帘。对于空间和实体形象之间的关系的处理始终处于一种半游离的状态。实形和实形之间的距离保持在一定的有效范围内，即能保证叙事细节呈现的完整性，又避免距离过大产生的疏离感和情节断裂。使得后人在解读过程中，思路可

图6-19　莫高窟西魏285窟西披

（图片来源：段文杰 主编，《中国美术全集 绘画编 敦煌壁画（上）》，上海：上海人民美术出版社，1985年9月出版，第109页）

---

❶ [德] 沃林格著，《抽象与移情》[M]. 王才勇译，沈阳：辽宁人民出版社，1987年8月，出版。

以是连续不断的。在敦煌的众多的佛本生故事和经变故事中，连续且具有延伸性的绘画的叙事手法是被认可并加以广泛继承的。

经过前面漫长的铺垫，再对比印度石窟和敦煌石窟中的长条结构的纹样装饰区域时，就不难发现，两者的区别不光是花瓣的形状写实与否——抽象而概括的莲花茎可以严谨的执行着二方连续的规则，也可以半写意式的游离于有效的表意区域；对于空间问题的处理上，可以尽可能覆盖掉背景的空隙，也可以将"空"也纳入实体的范畴进行对待和艺术处理——这些都是印度石窟和莫高窟同类题材纹样的不同表意方式。印度的莲花纹样给人突出的主观感受就是将背景只当作背景看待，背景与前景之间的关系是非常明确且互不掺杂的。背景与前景互相影响的概率也被降到最低，创作者几乎要动用可能的所有因素来覆盖掉背景的空间。在这样的创作状态和艺术指导思想下完成的作品，对于观者而言，几乎无法注意到前景实体图案与空间的任何有效互动和联系。

而敦煌石窟的纹样处理手法中，一定会将纹样的前景实体与背景作为一个整体看待，空间的"虚形"与前景的"实形"互为补充，从前景的空隙中得见的空间的部分也具有一定的表意效果。纹样与空间的关系是一个有机的整体，被纳入其中的元素都在保持着一种随意又认真的"松散"状态。使得人们在审视这些纹样的时候无法忽视作为空间出现的另一层次的绘画语句。如果说从造型的写实性来看，可以将印度石窟中的莲花纹样视作是对自然的描摹，那么这种模仿的真实性在当时一定是被重视和推崇的。艺术风格和艺术语言的希腊化会影响犍陀罗地区佛教造像朝着写实的人体表现方向迈出一大步，那么，与之相匹配的纹样特征也有着相同的意味，也就是尽量真实地模仿和再现自然。无论纹样或主题佛像的塑造，必然是受着同一类审美思想指导的。这种审美的倾向向上追溯会得到诸如文化的发展特点、群落的生活经验和集体的世界观等较为综合的思想观念方面的结论。

谈及观察距离的问题，这是一个绘画的效果展示的思路，在创作初始阶段，画家要考虑最后画面呈现出来的效果，是希望人们从远距离观察可以得到理想效果，还是近距离仔细审视细节能够体察其中的微妙变化——这是不同的表现手法，更是不同的思路。如同古罗马庞贝古城遗留下来的马赛克拼画那样，由于材料限制，即使非常细致的去过渡一种颜色，也不能够使人近距离的了解画面全貌，通过远距离观察才能够模糊掉细节之间略显生硬的过渡，将色彩弥合的较为自然。莫高窟唐代洞窟的规模不一，小一些的洞窟的绘画就相对要精细很多，可以将观者的观察视线设置的较近。洞窟顶部藻井的层次虽然到盛唐时期有很多的装饰层次，但是其设定的观察距离并不远，尤其是窟顶中心位置向上凹进的部分，其四周的立面的纹样往往也与井心大团花呈延续关系。盛唐藻井的团花纹样，结构非常复杂，细节繁多，如果只是远距离观察，难以体察画师的细节描绘。对于洞窟四披或者四壁上的装饰纹样，也同样采用近距离空间预设的方式，试图将观者的视线尽量拉近作品，如此才能够欣赏到佛国世界的繁盛美好的细节。

与唐代彩塑的身姿丰满且富于动感一样，唐代前期的团花纹样也是在充满不安的动态构图中进行描绘的。初唐时期的洞窟藻井中，由于大莲花本身的造型较为简单平和，周围饰以流动性极强的飞天，环绕周围的时候将整体气氛带动的更富变化。本书所分析的团花纹样有一种是外轮廓为圆形，其内部的构成并不是严谨的放射状中心对称状态，这种团花在工艺美术辞典中也归类于团花，在本书被划分为"类团花"。内部为卷草纹的类团花在唐朝早期洞窟中出现的较多，大多为头光和身光。卷草纹并不填充满整个环状区域，而是依据较为自然的生长路线，在枝条周围描绘不同的花叶纹样，在圆环的底色上留有较大的空间，空间部分的造型与花叶本身似乎没有特别的对应关系，但是这样疏松的构成，却是唐代早期所独有的。花枝是曲线结构，使得整个纹样呈现出一种充满空气的流动感（图6-20）。到了中晚唐时期，即使有类似的纹样，也是纹样将底色区域填充的非常饱满，略显沉闷。另外，在其他半团花和大团花纹样中，多重因素的构成方式本身也造就了图案的不安定视觉倾向——多种类型元素的组合、互相穿插的构成关系等都加强了这样的动感。到了唐朝后期，团花的构成元素变得较为单一，结构也更加简单而缺少变化，因此视觉上的动态倾向会削弱很多。

壁画团花纹样区别于纺织品团花纹样的重要一点在于其具有较强的画面感，这在纺织品织造的过程中是基本不予以考虑的。对于画面整体节奏的把控、细节与整体关系的处理、应对不同边界形状时的一些变通做法等，这都是壁画纹样相比于纺织品而言所需要更多加以思考的问题。纺织品的边界是较为开放的，只是受限于布幅的宽窄，其纹样可以是向四个方向进行循环的四方连续格局。以220窟西壁头光为例，圆环部分的纹样的装饰感诞生于内部枝条和花朵的舒展卷曲的

图6-20 莫高窟初唐341窟西壁莲花头光

第六章｜莫高窟唐代团花纹样形式语言特征

117

变化，然而这样的变化并不对称。纹样的骨骼结构的搭建依赖于枝条的走势，枝条在模拟自然随意的生长姿态，在环状面积内将空间自然的进行分割，整体排布并不十分紧凑，但是也不零散。尤其是到了环状向内的小型正圆区域内，枝叶的造型延伸进来，没有整体纹样，只有一些局部，但是又与主体纹样息息相关。并且由于小圆面积内的纹样局部的延展性设计思路，使得小圆内的纹样与主体纹样有机的关联在一起，而且也不追求完全对称。从左到右或从上到下，都不对称，这些纹样局部相对于小型圆的底色空间，是一种浅尝辄止的有节制的排布格局。此类画面处理方式是面料纹样所不会采用的，具有很强的随机的艺术性。

从隋代或再向前追溯到北朝时期，植物纹样自然形态的表现方式则更为画师所偏爱，到唐代洞窟的绘制时，这样的思路已经被极大地扭转了。到了唐代后期，植物纹样单体概括的方法更加简洁抽象，导致装饰风格发生了较大的变化，从重视个体形象到重视集体形象的思路变化是非常明显的。这可以从纹样的诸多造型和整体格局来观察到。重视纹样单体造型和缺少极端规律变化的布局使得莫高窟唐代早期洞窟中的团花纹样各具特色，纹样和纹样之间的差异性较大，虽然总体上会延续一种半团花的交错变化或者团花纹样的直线型反复格局。中唐吐蕃之前的团花纹样基本都是在一个单体纹样中运用大量的不同花卉的元素，来组合形成一个综合性的团花图案。因而，对个体元素的重视不但体现在类团花内骨骼姿态的随意性上，或者重视表现植物的自然生长状态上，还体现在单体团花的元素组合的复杂性上，以及团花与团花之间非常明确的差异化上。这种特点在中唐之后的洞窟中表现的越来越弱，反而是越来越多地采用有限的元素品类，来组合成简单纹样去满布某一装饰区域。中晚唐的众多彩塑和壁画服饰纹样都同平棋格纹样一样，交错反复地进行简单纹样的矩阵排布。相同纹样的斜向分布使得整体的阵列呈现简单而饱和的视觉效果。类似于窟顶和四壁经常出现的千佛的装饰手段，通过简单重复迅速完成视觉面的营建。然而相比于唐代前期的装饰艺术，已经不同程度地减少了表现的变化性，多方面的水准都出现下降。

（三）唐代团花纹样空间布局的"几何"化解析

除了上述的纯粹的描述性形式语言分析，对于空间格局的具体解读还可以尝试以几何方法，偏量化分析的路径进行阐述。本小节所有的几何分析都采样自莫高窟盛唐45窟与46窟。盛唐时期的莫高窟洞窟在诸多方面都达到了艺术表现的高峰，莫高窟第45窟是盛唐时期的代表洞窟之一，彩塑与壁画保存相对完好，能够看到盛唐艺术作品较为完整的原貌。46窟与45窟相邻，两窟中均有有部分内容为后代重新绘制，从中可以看到部分中唐甚至五代重修后的纹样，因而从案例的提取上可以做到多样化，除了盛唐时期的团花，还可以看到中唐以后的团花纹样，单体洞窟的多样化、多时代案例是可以集中展示较为客观的纹样布局状况的。希望本部分的研究可以从某种程度上起到一定的以点带面的提示和参考作用，从空间布局的状态上解读唐代团花纹样的形式语言特点。

1. 45窟敞口龛边缘顶部正六边形大团花

45窟西壁敞口龛的四周以及龛内壁画中所绘制的装饰纹样非常饱满富丽，其中，以分布在龛周围的团花纹样为代表，观者就可以从中体味到非常浓郁而典型的唐代团花纹样的形式特点。对于纹样的结构进行分析的过程中，所发现的一些可能性可以成为一类研究方法的有效尝试。如图6-21中所示，莫高窟45窟西壁龛室周围有着保存完整的团花纹样装饰带。本图是节选了这个连续循环纹样的一个完整单元，并将后人整理的画稿与敦煌洞窟壁画原貌并置，来说明纹样的结构和分布特点。

第一，此处所出现的团花从骨架结构上来分析的话可以基本归纳为正六边形。而且从花心到外沿，大致可以分为两个大层次。第一层次是花心部分的两个小正六边形为骨架的两层花瓣套叠；第二层次是主花瓣部分，是由饱满的两层花瓣组成；第二，从图形的空间位置关系上来看的话，如果将团花外缘的牡丹花瓣的轮廓归纳为最近似的正六边形，将莲花瓣外缘归纳绘制出第二层正六边形，可以看到，莲花正六边形的顶点刚好与牡丹花瓣层正六边形的边中点相切，由此向外推演，以牡丹花瓣形成的正

图6-21 莫高窟45窟敞口龛边缘顶部正六边形大团花

（图片来源：框架图为作者绘制）

六边形的顶点为边中点，所绘制出的正六边形的轮廓刚好抵达周边下一个半团花的边缘。也就是三层套叠的顶点与边相切的正六边形刚刚好形成了团花与周围纹样见的空隙分布规则。主团花与周围辅助半团花的空间距离恰好等于从主团花外缘延展出来的大正六边形。当然，如果认为正六边形过于牵强，那么以牡丹层外缘形成的正六边形顶点至中心的距离为半径，所绘制出来的正圆形的边恰好规定出了主团花与周围辅助半团花的空间位置关系。

2. 45窟敞口龛边缘侧面正六边形大团花

如图6-22中所示：同是西壁敞口龛周边的纹饰，从龛顶延伸至两侧天王身后，纹样形制与前面基本相同。尽管是手工绘制，但是大体做到了基本的形制和色彩一致。从图6-23左图中，可以看出，下部主体团花的外层中的莲花瓣中，内层为牡丹花瓣造型，经过四层套叠变色，到达莲花瓣外缘。而如果以所有六个莲花瓣的内套牡丹花瓣顶点为边中点绘制正六边形，此正六边形的顶点刚好是莲花瓣外缘所形成的正六边形边中点。而图6-23右侧上部的主团花的结构线也展示了从主团花花心内层的正六边形与外层花瓣的空间关系，也可以近似的认为花心的外层正六边形与大外层花瓣的内缘刚刚好顶角与边中点套叠形成连续的空间结构。

3. 45窟藻井

图6-23是45窟藻井的纹样，窟顶建筑结构为正方形，依附其上的纹样形制也是方形结构。如果说边饰的半团花可以基本归纳为方形结构，那么图6-24藻井纹样从中心到边饰部分团花则是标准的正方形套叠结构。首先，从藻井中心开始，第一层花瓣开始的外沿形态就可以归纳为正方形；然后以此正方形的顶点为边中心点绘制外扩正方形，如此重复三次，即可确定藻井中心纹样与外层扩展纹样的空间位置。藻井边饰的团花中，也可以采用相同的方

图6-22　莫高窟45窟藻井

（图片来源：框架图为作者绘制）

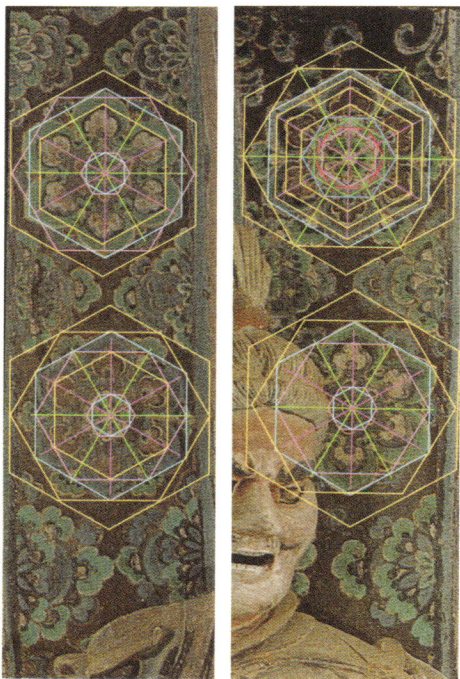

图6-23　莫高窟45窟敞口龛边缘侧面正六边形大团花

（图片来源：框架图为作者绘制）

式，将正方形反复套叠外扩，来确定团花与周边半团花的位置关系，如图中蓝线所示。

4. 45窟敞口龛顶壁画半团花纹样

图6-24中所示的半团花纹样边饰，在分析过程中也采用了对称补足纹样的方法将右侧另一半团花补齐，然后进行空间分析。图中的半团花的形态是十字骨架结构，间隙处有花瓣补充。在确定纹样的左右对称样式后，依团花纹样的边缘绘制出长六边形，然后以此长六边形的顶点为边中点，绘制出外层套叠的六边形，如此再重复一次，即可抵达下一纹样的边缘。

5. 45窟北壁壁画边饰

除了上文所分析的大型团花，45窟中有很多如图6-25所示的小团花壁画边饰，用来间隔南壁、北壁上绘制的大幅经变画。出现在不同位置的这类小团花的纹样装饰，基本形态、色彩均表现一致。从纹样布局的角度分析的话，可以发现一些与大团花一脉相承的规律。

首先，小团花自身的结构都是放射状中心对称的五等分，由于手绘对小团花部分而言保持一致性较为困难，因此，对于出现在范例中的纹样分析都是依据基本形制进行构架解析；其次，以小团花的外缘为边，绘制出正五边形，将五边形的顶点为边中点，绘制得到外扩正五边形，继续重复，得到的第三层级的正五边形就大致可以确定出下一纹样的空间位置关系。

6. 46窟西龛北侧菩萨裙饰

如图6-26中所示，小团花出现的位置除了壁画边饰之外，还有衣裙面料，46窟西龛北侧的协侍菩萨的衣裙上，小团花也散点分布。单瓣花朵的外边缘也可以近似的绘

图6-24 莫高窟45窟敞口龛顶壁画半团花纹样

（图片来源：框架图为作者绘制）

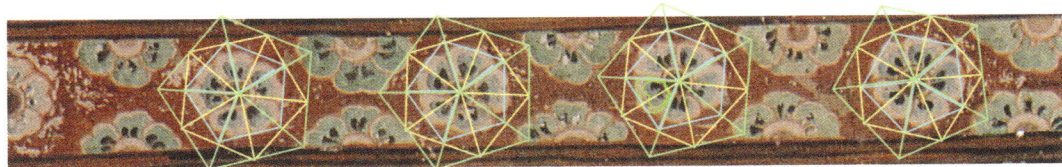

图6-25 莫高窟45窟北壁壁画边饰

（图片来源：框架图为作者绘制）

制出正六边形的结构，进而以顶点作为边中点，绘制出外扩的套叠大正六边形，也就确定了下一团花纹样的空间距离。

7. 45窟西壁敞口龛顶的壁画

如图6-27中所示，莫高窟第45窟西壁敞口龛顶的壁画中，华盖上也绘制有小型团花纹样。这些小型团花从自身结构而言也可以认为是正五边形，呈中心放射状五等分。从分布上来讲，将小团花外边缘所近似等于的正五边形顶点为边中点，向外扩展绘制正五边形，如此重复三次即可大致确定周围小团花与其位置关系。

8. 45窟敞口龛西壁北侧协侍菩萨裙

图6-28中所示的45窟协侍菩萨的衣裙上另外局部的小团花，如图中所示，也可以按照正五边形

图6-26　莫高窟46窟西龛北侧菩萨裙饰

（图片来源：框架图为作者绘制）

归纳，并外扩套叠三次，即可得到该团花与周边团花大致的位置构架。此类衣裙上的装饰小团花还可以在45窟的天王身上见到，但是情况大致相同，因此不再赘述。

9. 46窟北壁龛西侧边饰

图6-29中的纹样也是将右半部分做"辅助图形"补齐后进行分析。但是本图中的纹样可以大致认为是矩形甚至正方形的套叠重复。

首先，花心部分的构架是可以认定为接近正方形。从花心到外层花瓣以及零散补充花瓣的关系来看都可以依据这一方式划分。

另外，以纹样的主体花瓣外缘为边，绘制出的正方形，其顶点外扩为下一正方形边中点，如此套叠就将团花的外沿小花瓣轮廓梳理清晰了，再以同样方式套叠外扩，就得到了不同半团花之间的空间位置分布关系。

图6-27　莫高窟45窟西壁敞口龛顶的壁画

（图片来源：框架图为作者绘制）

图6-28 莫高窟45窟敞口龛西壁北侧协侍菩萨裙

（图片来源：框架图为作者绘制）

图6-29 莫高窟46窟北壁龛西侧边饰

（图片来源：框架图为作者绘制）

10. 46窟南壁西龛边饰团花组合纹样

　　如图6-30所示，46窟南壁的装饰纹样带上绘制的全部是半团花形式的纹样，因此，为了便于分析这种团花间空间关系，本图将两个半团花拼合在一起形成一个完整的团花纹样，这就如同做辅助线解题一般，使图案位置关系更为清晰易。花朵形态饱满丰富，花心部分也是同外围类似的小朵花，这种由六个小团花围绕成一个大团花纹样的构成方式在莫高窟壁画中并不少见，但是依据前文的分析，这种团花多出现于中唐以后时期，因而疑为中晚唐或五代重修。从结构角度来分析的话，可以从花心的小团花得到正六边形，然后以此正六边形的顶点为

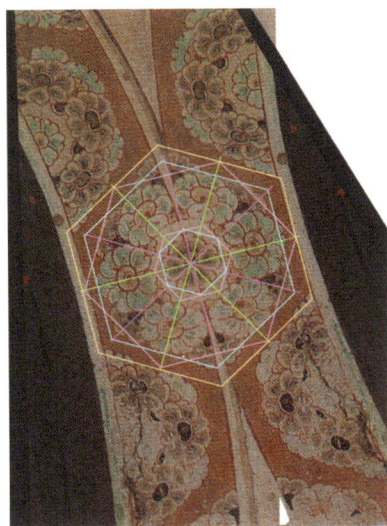

图6-30 莫高窟46窟南壁西龛边饰团花组合纹样

边中点，可以绘制出外扩的正六边形，也就抵达了外围团花带的内缘。而团花外边缘中，每两朵花的间隔部分有半个小团花，方法一是以此小团花的边缘为边绘制出正六边形（粉色线正六边形）；或者方法二，以团花带主要的小朵花的外缘为边中点绘制出正六边形（蓝色线正六边形），然后旋转30°，即可得到间隙补充小半花的外围正六边形（粉色线正六边形），此二者角差30°。以粉色正六边形的顶点为边中点绘制正六边形（黄色线正六边形），即可得到团花间空间间隔。

如果对以上所列举的十个团花案例加以再区分的话，可以将它们分别以团花构架所归纳出来的正多边形的边数进行分类，分别是正六边形、正五边形、正方形以及长六边形。正六边形。正六边形团花纹样在敦煌莫高窟唐代洞窟中是具有很强的时期代表性的。加上之前并未描述的具体形态特征——从印度莲花本土化得来的形态似荷花的莲花瓣，和边缘三折的牡丹花瓣，来通过不同的重复来组合得到华丽的团花纹样。以"六"为花瓣单位对称单元数，将团花描绘的饱满丰富。另外，小朵花以"六"为中心对称重复数量，组合成的复合团花也具有富丽华美的繁荣意味。相比较于正六边形，正五边形的小团花出现的位置多为小型的边饰或者衣裙之上。散点分布的状态加上画师手绘的随意性增加了诸多不确定的空间位置因素，但是并不妨碍以几何形确定其分布格局。由外及内，将正方形即四边形的建筑结构与纹样的骨骼结构吻合成统一的架构不能不说是一种非常巧妙的构思，如此一来，窟顶的藻井纹样与土建结构能够达到平面与三维、从简单框架到复杂纹样的多重统一。这种反复套叠关系的研究作为一种尝试，本文希望能够将其作为研究方法之一，对于唐代的团花纹样进行多角度分析。对于这种空间关系布局的方法的原理目前尚不得知，但是这其中势必蕴含着传统的审美理想和构图法则，这些指导着创作者将中原盛行的华丽饱满的纹样描绘于佛国净土的理想中。

以不同的分类方法对同类纹样进行分析，如同从不同角度进行照射的灯光一样，希望得到的结果可以互相辅助，除了传统的美学分析和历代研究人员进行的基本状态描述，本文希望能够从绘画性的形式语言分析，以及理性的单体结构代际流变关系以及整体布局这三个方面进行阐述，从而使得整个研究变得更为立体而多效。

五、从触觉感知到视觉感知的特征演变

原始巫术会将触觉感受放在较重要的层面进行呈现，从某种意义上而言，更像是偏重身体或物质的追求。宗教艺术的表现形式中，有相当一部分还是遵循着这一触觉原理，按照生活经验，将神灵塑造成具体的三维形象，从这种意义出发讨论塑像表面的凸凹起伏的刻画是否成熟完善，显得并不那么重要。壁画的视觉感受相比于雕塑则更为抽象，但是总体来看，唐代的佛教艺术造型，无论平面绘画或者立体圆雕，都是

在尽量遵循着真实再现的客观知觉方式，将佛、菩萨、罗汉、天王等形象按照世俗的人物状态加以塑造，进行平面或立体的造型创作。虽然所有的造型特点都力图写实，但是客观地再现创作者脑海中勾画出的成熟而理想的形象，还不能如同近现代绘画那样带有主观知觉印象。圆雕或者壁画上面出现的纹样甚至包括团花在内，都是需要进行整理加工的。如果此时，依然追溯到北朝、秦汉甚至更早的同类题材的纹样，譬如莲花纹样，就会发现，艺术创作者在整个的纹样演变过程中将最原始启蒙的几何纹样的象征性慢慢转化成更为具象的图像。写实性的慢慢增强，使人们在观察这些莲花纹样变化的路线时可以发现，纹样的结构从最初的简单几何化概括，转变成较为写实的复杂曲线结构。无论表现在洞窟的何种位置——藻井、地砖、壁画还是彩塑上，更为婉转饱满的曲线模式慢慢地占据了主流位置。此时，是否可以称之为更为完满化的客观知觉？从原始部落的结绳记事到简单的陶土工艺，到复杂的青铜模范以及后来的漆器、瓦当、纺织品……对于自然的模仿和客观感知的再现从未停止过，并且弥漫在生活的各个角落中——无论是满足基本生活条件需要还是在追求更高的精神层面的审美享受。本书所谈及的宗教艺术，毫无疑问，在这里并不能归类为满足基本生活需要，它是自原始社会的原始巫术以来人们精神世界保留下来的一道或宽或窄的思想通道，有了这条通道，原始居民可以借由木雕人像等简易偶像来实施对因果关系的原始阐述，也就是原始巫术中常常强调的作用与结果呈现的关系；到了成熟而具有宗教概念的时候，这些与神灵的精神沟通就变得更加体系化和具有较复杂的因果关系逻辑了。这些逻辑不再是单独的线性呈现，经过不断地完善和长时间的发展，宗教概念已经与逻辑网络密不可分了，其中体现着各个民族对于人、生命、世界等或虚或实的抽象概念的思考，而这些抽象思想的载体——物化了的宗教形象会更加有利于逻辑关系的阐释和推广发展，从而不断争取进一步的视觉化完善。纹样，属于造型的装饰部分，但是如同生物体遗传基因的影响会涉及每一个细节表象一样，从纹样的造型特点，也同样可以以一斑窥全身，从中得以了解到更多的共性信息。

　　平面形象，无论是佛菩萨造像或者是纹样，相对于圆雕彩塑，都相对抽象，需要观者更多的活跃思维来转换两者的关系，也就是在脑海中将平面的概括造型还原成三维的真实状态。而壁画或彩塑上的装饰纹样，也是其中的重要组成部分。纹样的归纳概括的形象将特定植物的宗教含义表现出来，承载着大致趋同的解释的纹样，分布在洞窟各个区域，将该区域的形象塑造的更为丰满完善。这里值得一提的是，有沥粉堆金一类的壁画呈现方法，与纯粹平面壁画相比，多了一部分的空间起伏表现，已经将纯平面的绘画试图向三维空间延伸。当然，这与西方宗教美术中的浮雕还不是一个概念，浮雕介于平面绘画和三维圆雕之间，用起伏的表面呈现线的造型，但是更多的是接近圆雕的艺术表现手法。而看沥粉堆金的手段，只是为了突出某一局部的特殊性，强调作品的精彩之处而将该局部用恰当的手法堆砌体积感。需要强调的一点是,团花纹样在莫高窟壁画中并没有特别突出其写实性和三维的真实性,这与西方的众多壁画边饰相比,可以看到西方的传统纹样也在力图实现三维的写实化表现,这二者间的差异非常大。敦煌的唐代纹样并没有以光影模仿三维的方式去呈现,去实现对于触感缺失的弥补。但是,纹样本身的形式特点和组合方式使人们看到的是创作者对自然形态概括的自信呈现——从自然具象的植物花卉造型到壁画中的简练概括的、抽象概括的花卉纹样,需要艺术创作者的更强的抽象创造性,也就是这种呈现出来的"写实"效果,已经似乎远离了客观知觉的艺术表现方式,转变为主观知觉方式了。但是,从总体上来讲,整个唐朝,从初唐到晚唐,艺术表现手段还是趋于写实技艺的完善阶段,诸多意向的概念虽然已经介入艺术创作很久,但是并没有从表象上完全指导着艺术创作者的思路。换句话说,这些讲求"道"和传统东方审美的艺术理念甚至哲学理念是在潜移默化的植根于同一文化环境中的人们观念里,并没有单独提出来,将这个抽象的传统思维路线当作表现手段展现在作品的表面形式上。

然而,有关于美术史中的雕塑与同时期壁画相比,人们不难发现,雕塑的写实技艺发展成熟的更为迅速。这一方面当然也得益于无须更多的思维转化,纯粹的模拟自然生态即可,可以用触摸来代替更多的抽象思维活动,由触摸获得的真实感受,无论物体表面起伏或者肌理,都可以直接用于自身的模仿作品中。然而,平面绘画的难度更大,发展速度相比于古典雕塑更为缓慢。这里不妨列举古罗马的写实性雕塑和庞贝古城的壁画,比对二者的写实技艺,就会发现差别巨大。庞贝遗迹的壁画对于三维的表现比较原始,人物形体塑造和光影表现还不很成熟,相对生硬;而古罗马、甚至古希腊,其写实雕塑的技艺已经非常成熟了,无论是对于人物肌体的再现和动态细节的刻画,都体现了高超的写实技巧。

将壁画中或雕塑表面的纹样装饰视作文本,过于依赖于其周边的历史、思想等人文因素,完全阐释哲学的、文学理论内容,而忽视本身的主体的艺术性和美学观念的做法在本书并不适用。因为基于现代设计应用考虑出发的溯源式分析研究对于纹样本体的形态、构成和演变规律需要给予足够的重视。而语境只是研究的参考系数。但是这样说,并不是宣布纹样与它们周边的环境需要隔离对待,而是在选择研究对象的时候适时地说明研究地重点更多地要集中在纹样本身以及与纹样相关的横向以及纵向比对上,至于一切的语境因素,都是放在次要地位的——即使它们决定了纹样的发展走向。

对于敦煌的纹样研究,例如,本书界定的莫高窟唐代洞窟中出现的团花类纹样,研究者希望建立其一种相对独立的研究方法,以一种结合并架于当代审美意识和古代美术之间的角度来进行分析探索。以李格尔为代表的一些学者很早就提出过不能够用当代的审美眼光去评判历史中的艺术作品，希望本文的研究能够找到一些更为恰当的方法，去合理地分析这些处于历史中的典型案例。

触觉到印象主义（视觉）的形式演变是通常意义上艺术作品发展的路线之一，以古罗马雕塑和同时期壁画的水准来比较的话，这其中的差异就十分明显。雕塑作品对于触觉感官的满足是较为简单直接的，而绘画作品在进行呈现的时候，就需要调动更多的观众的想象力来协助完成作品最终的效果。莫高窟唐代壁画中的团花纹样在这样的规律下进行衡量似乎是并不恰当的。因为从北朝的模拟自然形态的植物纹样到唐代华丽复杂的平面装饰纹样，这其中，凹凸法绘画的技巧消失殆尽，团花装饰纹样的视觉语言转向为更加抽象的纯粹二维状态。绘画者并不去过多考虑光影和体积感表现，在空间轴上的论述少之又少。但是，仅仅是平面布局和纹样的细节表现也不过多涉及所谓进深和透视——移步易景的散点透视方法使人们在浏览过程中可以获得多角度的欣赏结果，因为这种透视方法对于视线的固定和集中化约束并不明显。这样的语言表述下，团花的视觉效果可以通过不同角度欣赏，虽然没有光影和焦点透视表现，但是这样平面的呈现对于发散性的印象主义表现是有一定优势的。

六、从差异性到体例化的特征演变

（一）手绘的差异性

在谈及西域文化或具体来讲犍陀罗艺术对于莫高窟艺术表现形式的影响时，不能不注意到两个方面的发展路线。一方面就是北朝洞窟集中表现的凹凸晕染法的画法，大家都一致认为是明显受到欧洲的立体表现的影响。而同时期的中原绘画，如魏晋墓出土的各类画像石画像砖上面，均为纯粹平面的造型特点，其线条流畅优美，富于韵律，但并不如后世那样过于重视线条本身的表情，只是将线条作为基本造型元素进行使用。凹凸的画法对于肌体本身的体积感表现确实是朝着立体的方向发展的，然而，此种方法还是终止于隋朝——虽为承上启下的时期，隋朝却确立了多种的艺术表现方法的汉化方向，包括纹样装饰。到了初唐时期，中原画家的到来将优美的线条全面带入了石窟壁画，之后很难见到对于立体感表现的努力迹象了。但是另一方面，也可以称作另一条石窟艺术表现线路——彩塑，却并没有如同绘画那样，从北朝起就被来自犍陀罗的希腊式造型所全面影响。北朝的石刻佛造像广泛分布在中原各地，但是敦煌石窟内的造像由于就地取材等多重原因，并没有如同石雕那样精细并历经千年而保存下完好细节。敦煌的泥塑由于材质疏松，相当多的残缺损毁，但是依旧能从保存完好的作品中，看到类似于中原石刻的风貌。衣褶的线条流畅而均匀，肌体和面部的表现中，很难见到如同犍陀罗佛造像那般具有完全写实的古希腊风格。犍陀罗众多佛教造像中，对于身体的表现非常写实而注重肌肉和骨骼的力量感呈现，并且多数着衣甚少，或为半裸形象。但是北朝早期洞窟中的佛造像，至多不过身披斜肩袈裟，偏袒右肩，而且右肩袒露面积并不大；到了北朝末期开始尤其是隋朝，基本改为通肩袈裟，将汉人的服装样式悉数用于佛造像之上。当然，这已经比中原的石刻要裸露的多了。倒是从唐朝开始，莫高窟的彩塑开始表现出圆雕应有的体积感和大幅度的肌体起伏变化。初唐205窟中的半跏趺坐菩萨像，肌体健美，头和躯干部分表现得非常具有写实性，而且更多强调身体的物化美感；盛唐45窟的菩萨像更是以生动优美的姿态和自然生动的细节成为莫高窟塑像的典范；另外，唐代洞窟中的多尊天王力士也以生动的姿态和写实的肌体表现而著称，这些都与绘画表现的技法路线相比而呈现出不同的发展态势和形式节奏。

　　相比于泥塑或者人物绘画，装饰纹样在洞窟艺术创作中所处位置有所不同，然而，这并不代表装饰纹样在洞窟中不受重视。从卷草到团花、从北朝团花到唐代团花再到宋代的团花，这中间经历的若干起伏变化反而说明：团花所经历的发展变化的路线如同时期的其他艺术创作一样，是洞窟艺术不可或缺的组成部分。无论从图像学角度出发去分析其内容背后的意义或者单纯看其代表案例的装饰审美特点，都可以明确地感受到纹样的装饰力量。纹样的造型也同主体人物一样，随着洞窟营建时间的推移，而发生着艺术风格的变迁。但是不同于工艺品上面的纹样表现要受制于工艺手段限制——壁画或彩塑上的服饰团花纹样表现只是因为不同的画面风格变化而将造型略作调整，其所需要负责的对象或者画面表现效果一直是相对独立的。也就是恰恰是由于在当时所处的历史时期受到诸多条件限制，画师或工匠在进行纹样的绘制时不可能完全绘制标准无误的造型，如同计算机那样标准的呈现八等分或六等分——团花纹样的造型在进行计算机模拟造型复原时，发现壁画中的团花纹样并不完全严谨的呈若干等分的中心对称的放射状造型，都是或多或少有随机偶然的成份。

　　以莫高窟盛唐320窟藻井中心大团花为例，如果用八等分中心对称的结构线去分析的话，发现它并不能被均匀划分成中心对称的八份。如果以从花心到外沿的一组完整的花瓣为一个单元图形的话，其中大约有一半的图形并不符合八等分的标准。除了320窟以外莫高窟第31窟、莫高窟第122窟的藻井中心团花如果也以标准放射状中心对称八等分来衡量的话，均不能够达到标准（图6-31）。但是，其优美的造型和节奏的韵律感并没有因此而受到质疑和影响。从历史上的评论到今天的审视，也基本上没有学者对其八等分不完全标准化影响审美而提出质疑。何况团花纹样的绘制在细节上是否符合更多的标准化要求，譬如每一片花瓣是否左右绝对对称、中心小团花是否中心对称、每两片对向花瓣是否左右对称、如意云头纹是否左右标准对称……这些问题似乎与谈论历史上某一时期的图案的形式美感并无绝对关联性可言。无论单独审视哪个历

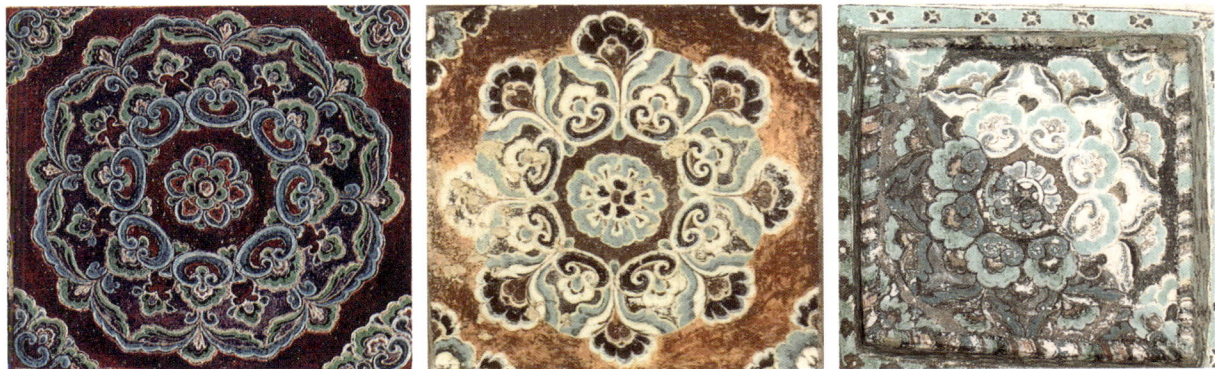

图6-31　莫高窟盛唐320、31、122窟藻井中心团花纹样

（图片来源：莫高窟第320窟 窟顶藻井引自敦煌文物研究所编著《中国石窟 敦煌莫高窟 第四卷》，北京：文物出版社出版，东京：株式会社平凡社1987年3月出版，第8图；莫高窟31窟 窟顶团花藻井井心引自关友惠 主编《敦煌石窟全集 图案卷（下）》，商务印书馆（香港）有限公司，2003年1月出版，第64页；莫高窟122窟 窟顶团花藻井井心引自关友惠 主编《敦煌石窟全集 图案卷（下）》，商务印书馆（香港）有限公司，2003年1月出版，第58页）

史阶段或民族的装饰纹样，以是否符合标准化机械对称来衡量该纹样，似乎都是荒谬的。追溯原因，几乎可以回到图案最初形成的机制来看——装饰的需求，功能的阐释，意义的解读等，都可以将研究者带入该情景，如果依照情境逻辑来分析的话，自然会更加注重纹样的组成所代表的意义，其形态的原生和转化的意义，并不涉及造型或格局的更多标准化问题。人们似乎也容易在情景逻辑中进行分析时原谅或忽略掉那些手工绘制的误差。但是，这些审美情感上的"原谅"和"宽容"恰恰是纹样成为美丽的手工智慧阐述的习惯——因为这样的审美习惯是人们基于原始社会图腾和祈愿的需要，一直衍生到成熟的装饰纹样的时候，对于本种族的文明成果的审视，其手工的差异性是一种人性的情感和温度的体现。人工绘画不同于机械的一个重要的衡量因素就是其差异性。人工绘画从理论上来讲不可能保证结果完全一直，任何两组花瓣的绘制都不可能达到无差异化。但恰恰由于其具有差异，而且人们习惯将这样的差异称作手绘的温度，所以手绘的纹样即使没有整齐划一的机械化外表，其情感体验也远远高出计算机的完美复制。

　　另外，从人们的心理需求出发来讲，对于历史上众多艺术作品的判断也基于其所具有的不可重复性。纯艺术作品，如绘画、雕塑都是如此。那么，对于装饰性绘画，虽然标准并不相同，但是从根源上来讲，对于装饰纹样的审美预期，人们并不对其规范性做过多评判，所谓其形态的整齐度的评说，只是众多评论中弱而又弱的一项，无关大局。从原始部落的简单的圆形图案开始，人们利用反复的手段去强化某一图形的象征意义，其符号化的内涵不断演变，但是对于其外在形态上如何反复，并无过多苛求。恰如人们在分析原始部落的装饰纹样时，并没有将其形态是否整齐作为评价依据和重要标准去衡量该图形的历史价值和意义。手绘的差异性，并不是一种缺陷，这在纯艺术创作中，差异性是被推崇和放大的，装饰纹样中也并不例外，恰恰由于这一点点的偏差，成就了手工艺术中最有价值的部分之一。

从纺织品到壁画内容表现，团花的标准性已经发生偏移，没有人去追究这些纹样的表现在某些时候不够准确的责任——因为同整体壁画的绘制一样，纺织品纹样的壁画表现已经被纳入到整体的艺术格局之中了，也会相应地受制于艺术表现的总体风格和时代特性。如图6-32中，莫高窟第9窟和莫高窟196窟的壁画服饰团花纹样，其表现的规范性并不强，纺织品纹样的细节呈现也仅仅是点到为止，并不能如织锦那般将团花的每一分毫的细节都表现无遗。然而，将其只作为一个元素放入整铺壁画中，不单独提取，这样一来，就会发现手绘纹样的诸多"不准确性"、不规整性等特点都不再是缺陷，反而由于它们的这些特点，能够使手绘的纺织品团花纹样能够很好地融入整体的绘画格调中。因为其周边的环境全部都不是完全规则的形态。晚唐壁画的细腻流畅的线条，人物服饰表现得随意中的工细以及整体氛围洋溢出来的流动之美都具有不确定性，在这样的画面中，纹样的差异化表现是恰如其分的。

图6-32 莫高窟晚唐9、196窟服饰团花纹样

（图片来源：莫高窟第9窟，主室南壁服饰纹样《莫高窟第九窟、第十二窟（晚唐）》，南京：江苏美术出版社，1994年9月出版，第93、94、95页；莫高窟第196窟 侍从服饰引自段文杰 主编，《中国敦煌壁画全集8 晚唐》，天津人民美术出版社，2001年，第178页）

（二）遵从模式的体例化

莫高窟的唐代洞窟，从初唐到中晚唐，风格发生了较大的变化。这样的转变表现在诸多方面。从洞窟壁画到装饰纹样都有不同程度的体现。唐早期的壁画和纹样，各个洞窟之间差异较大，并没有特别大面积的统一性，但是到了中晚唐时期，壁画的相似性就越来越大。不同洞窟的同一位置经常出现非常相似的构图和人物安排，人物造型也非常相像。

以莫高窟第445窟为例，唐代壁画对于服饰纹样的表现是基于对面料充分尊重的基础上进行的，其规整性和较高的还原度显而易见。与图6-33右图中的纺织品[1]相比，虽然不是同一类纹样，但是其纹样的布局和花型的基本结构都非常相似。而且，众多唐代出土的纺织品纹样都具有这类的空间布局的规整性，这类的裙装多为印花工艺完成。洞窟壁画在绘制的过程中，对于服饰纹样的表现方面，力求与历史上同时期的服饰纹样保持较高的统一性。出现于壁画不同位置的四瓣花纹样在矩阵的排布上，非常严谨的表现印花的原貌。壁画在进行写实性传达过程中，有着不同于西方绘画的平面散点透视的特征，也不同于西方绘画从古罗马时期就力图呈现的立体感，也就是真实触感的还原性。莫高窟洞窟壁画在北朝，尤其是北凉等前期进行绘制的壁画中，大体为寻求立体呈现的路数，受西域或希腊化表现的影响从画面风格上来讲是有迹可寻的。而且绘画过程中所使用的色彩品种也异常丰富，反而是越到后期，色彩种类越单一，这与洞窟壁画表现内容的丰富程度倒是相一致的。北齐到隋的过渡阶段之后，及至初唐，绘画整体风格出现了巨大的扭转。220窟为目前已知的初唐绘制的最完整丰富的洞窟，其风格和表现手法已经完全地平面化了。西方绘画体系中对于面料和纹样的表现一直力图将光影效果和直观结构呈现出来，纹样会随着布料的表面起伏而有明、暗和形状的透视变化；但是东方绘画在进行面料纹样表现的时候，基本上还是依据其平面展开的造型来进行描绘。从另一个角度来讲，这也是掺杂进相当多成分的主观处理的因素。这样的规整之中，蕴含的是工细的表现技艺和元素表现平面化的趋势。光影的概念在这里没有过多意义，倒是抽象化的体积感使观者在平面的人物组合以及结构严谨的纹样表现中体味到东方绘画的意境追寻。

初唐和盛唐时期莫高窟各个洞窟的壁画或装饰之间存在相当的差异性，由于营建时间的不同而有着各异的风格——无论是人物的阵列

图6-33　莫高窟盛唐445窟服饰团花纹样与唐代印花织物

（图片来源：常沙娜 主编，《中国织绣服饰全集 第1卷 织染卷》，天津人民美术出版社，2004年1月第1版，第124页）

---

[1] 图6-33 右图:(唐)绛红地朵花印花纱 1968 年新疆阿斯塔那墓出土 新疆博物馆藏 长 140.4cm,宽 16cm。

排布方式或者纹样的造型或构成。如果向上追溯，莫高窟北朝洞窟的人物造型、布局和色彩都更为灵活和丰富，隋代基本延续北朝的这一特点，但是装饰纹样从北朝更为随意的忍冬为主的装饰纹样过渡到了出现了规整的莲花造型，忍冬与莲花混合的状态也变得更加强调各自的造型特点，并且逐渐弱化忍冬纹的成份，加强了莲花的形象的规则性，提高其使用比例。初唐时期的很多装饰风格与隋代略有延续，但是莲花的造型明显规整了，并且从平面角度强化了装饰感。纹样也如北朝时期那般自由流畅，但是纹样布局较为舒朗，纹样各个元素之间没有特别紧凑的排布。盛唐的装饰纹样富丽饱满，但是同样富于变化，也就是不同的洞窟的装饰特点有着比较明显的差异，然而，图形和底色之间的空间比例关系大体相同。然而到了唐朝后期，中晚唐的壁画风格越来越趋向一致，已经出现多个非常类似的菩萨像造型案例，尤其是他们周边的装饰纹样部分。例如，莫高窟14窟北壁东侧的如意轮观音的莲座被从水中升起的云气纹托举向上，这部分纹样的造型和构成格局与同时期多个洞窟中同类题材的风格都非常类似（如图6-34）。莫高窟384窟"不空绢索观音"、莫高窟29窟"不空绢索观音"、莫高窟14窟"不空绢索观音"、莫高窟14窟"千手千眼观音"、莫高窟145窟"如意轮观音"、莫高窟196窟"地藏菩萨"等都具有类似特点，莲座下方的云气纹都有极为相似的造型特征，从水池中翻腾而起的云气均为三角外轮廓，内部的纹样构成与同时期的迦陵频伽鸟的尾羽又有着类似的造型特征。除了上述第一类案例，第二类，可以观察一下各个洞窟的卷草纹。莫高窟中晚唐洞窟的卷草纹的造型特征，与同时期的云气纹和迦陵频伽尾羽的造型都属于非常类似的卷曲造型；另外，也同中晚唐天王或菩萨服饰上出现的花朵纹饰的卷曲结构非常相似。中晚唐多个洞窟的卷草纹都有着类似的结构与造型特点。相比于唐朝前期开凿修建的洞窟，莫高窟唐代后期洞窟在卷草装饰的特点上更为饱满，图形与基底的关系更为密切，图形在尽力覆盖掉左右可能出现的空隙，使整个装饰风格变得更为饱和繁盛。饱满的卷曲纹样在这一时期的纹样风格中呈现一种非常具有引领性的特征，具体比较团花纹样的时候，这一类似性依然如前文案例分析那样，依据其可以非常清晰的识别出团花纹样的年代特征。范式或模版所起的作用是显而易见的。

以莫高窟中唐154窟、231窟、237窟、360

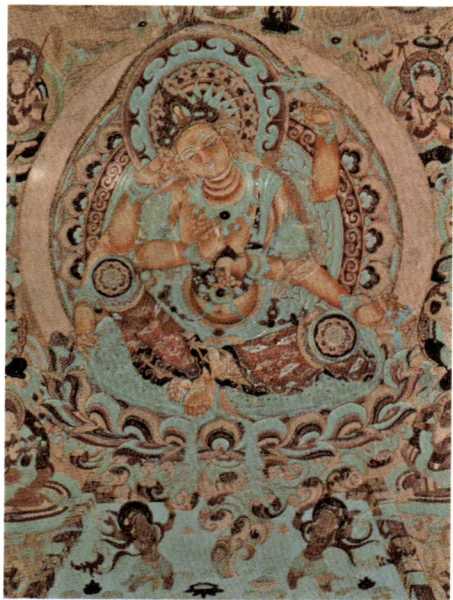

图6-34　莫高窟晚唐14窟如意轮观音

（图片来源：段文杰 主编，《中国美术全集 绘画编16 敦煌壁画下》，上海：上海人民美术出版社，1985年9月（2006年11月重印），第146页）

窟的平棋格为例，这一时期的团花纹样的主体结构和分布格局都呈现出类似的风貌。几个洞窟中都有非常相像的圆形花瓣造型团花，只是细节略有调整。对于范式的规整性的尊重，在这里体现的比较充分。而且，可以将这种规整性的叙述延伸到彩塑纹样上。

莫高窟中唐159窟与莫高窟晚唐第196窟的彩塑装饰纹样中，团花纹样的规整性与手工织造的纺织品中的团花纹样的规整性有很强的对应性。以159窟的彩塑裙上的六瓣团花纹样为例，与唐代纺织品中织锦表现的团花纹样的规则性如出一辙。画师在努力表现彩塑上服饰纹样的真实性，这一点上来看，与壁画团花纹样的规整性也是具有一脉相承的理念。虽然只是装饰，但是装饰的表现手段将平面的装饰与立体的雕塑连接起来，在装饰的绘制上，会试图将装饰空间的绝大部分面积填充饱满。同样是中晚唐时期的纹样，服饰与洞窟窟顶平棋格团花造型非常相似。

如果说唐朝前期洞窟装饰纹样中可以举出差异较大或者相反的例子，不妨以盛唐225窟的百花草纹代表纹饰来比对这一反差（图6-35）。莫高窟盛唐225窟南龛内百花草纹头光同属大的团花范畴，其内部结构和构成上的节奏变化是晚唐平棋图案团花所完全无法比拟的。环状区域内从上到下的两侧都不能够完全对称，只是大概的形态节奏对称，具体细节又各有变化。每一个单独的花朵元素都不相同，整个团花图案内容就显得异常丰富。而且225窟内南龛内所有的头光团花都有各自的特点，每个头光都由不同的细节元素组成。但是这类的百花草头光在某一类盛唐洞窟中又几乎都有涉及：例如莫高窟第66窟北壁边饰、莫高窟第74窟西龛内佛背光、莫高窟第79窟西龛内

边饰、莫高窟第120窟南壁边饰，莫高窟第113窟窟顶藻井边饰和四披交界处边饰，其中都有异常丰富的百花草纹饰出现。然而这几个洞窟具体的百花草纹样又各自具有独特的细节内容，均不相同。然而它们的共同点是目前的断代结果都为盛唐洞窟；而且虽然细节并不相同，但总体的题材非常接近，其中的花朵造型和组合方式都有很多类似之处。这些洞窟中出现的百花草纹样基本都是线性结构，也就是这类纹样无论是出现在洞窟的边饰上，或者头光中、身光中等，都是单方向排布的，并且会顺应植物正常生长状态，自下而上的将花朵排列在相应的区域面积内。花朵类型虽然并不相同，但是花枝在力求自然地从

图6-35　莫高窟盛唐225窟百花草纹头光

（图片来源：关友惠 主编，《敦煌石窟全集 图案卷（下）》，商务印书馆（香港）有限公司，2003年1月出版，第93页）

下而上的贯穿整个"生长路线"。花朵和叶子并重，花、叶非常自然而紧密地结合在一起。纹样与背景之间并没有非常强调图、地关系，只是在尽力去填满所有的面积。目前看，这是一个比较独特的类别，出现的区域基本限于盛唐洞窟，但是并没有如昙花一现，而是持续出现在若干个洞窟中，虽然其形态细节有所差别，但是造型特点非常相像，图形和底色空间的关系处理方式也类似。莫高窟第169窟和莫高窟第182窟中的茶花头光与身光虽然在花朵形态和构成方式上比较类似于百花草纹，但是其内部的花朵品类较为单一。这种茶花纹与中晚唐若干洞窟的茶花纹完全不同，譬如莫高窟中唐第159窟、第180窟、第201窟的茶花藻井。从形态上来讲，莫高窟第169窟和莫高窟第182窟中的茶花纹与莫高窟第225窟、莫高窟第66窟、莫高窟第79窟、莫高窟120窟等洞窟中的百花草纹属于一个类型的构成方式，其范本的思路是非常接近的，而且两者的花卉造型也有类似之处，从花朵与叶片的结合方式、纹样的线性单方像发展等方面都可以审视得到。

百花草纹的案例可以说是论述纹样规整性的一个方面的案例，属于变化中的规整。因而从宽泛的规整性来讲，并不单纯谈论壁画或彩塑的服饰纹样与同类型纺织品纹样比对过程中所体现出来的规整性，还包括对于壁画或彩塑自身类比时所看到的规整性，这种规律更偏重向内的一种阐述和探讨。而纺织品与壁画或彩塑纹样之间，是更偏重向外横向联系的一种阐述。

第三节　莫高窟唐代团花纹样形式语言演变的生命力

敦煌莫高窟的历代洞窟在审美形式上都体现着比较明显的时代性。从建窟之初的前秦到北朝算作一个大的阶段划分，其中体现着行云流水的自由思想状态，与当时的社会主流文化观念有重要关系，洞窟壁画的风格较为概括随意，并没有十分强调人物肌体形象的饱满或纹样的丰富规范。隋朝作为北朝向唐的过渡阶段，时间虽短，但是其艺术风格却有着非常鲜明的特色，无论是圆雕菩萨像的姿态，还是同时期具立体效果的凹凸平台纹基底上的旋转忍冬纹边饰，都给人留下了深刻的印象，以至于可以以隋代菩萨造像特点来清晰的判断出北朝至隋至唐这三个时期艺术风格的承接关系。隋朝的风格一方面延续着北朝较为概括的客观表现手法，另外又在试图完善写实的技艺，虽然历史并没有给予它更充分的发展时间，但这一时期的转变却为后世艺术风格的成熟化打下了重要的基础，成为唐代洞窟表现具有较强绘画性的有力铺垫。

唐代的莫高窟，宗教艺术繁荣兴盛，当朝统治者尽管对待佛教的态度几扬几抑，但都没有从根本上改变总体的进程。佛教在中原地区逐渐扎下根基，受众越加广泛，人们对待佛教的崇尚态度，在西北地区几乎保持着恒定的连续性。作为佛教美术的重要组成部分的花卉纹样，如前文所说，它承载着众多美好的譬喻和愿望。莫高窟唐代洞窟保存至今仍然较完好的洞窟中，装饰纹样主要分为两个大类：直线性结构和团状结构的。其中，卷草类纹样大部分属于直线性结构——也就是长条形的边饰。形态完整饱满，造型优美的卷草多出现于中唐及晚唐甚至到五代时期，艺术造型一直保持较高的水准。而团状结构的纹样中，团花是其中较为典型的一类。相比于卷草纹样的"出身"，团花更加具有中国传统特色，前文谈及的团状图案的起源中也说到相关的内容和可以上溯的历史。另外，由于中国传统文化或佛教文化中对于"圆"的认同和推崇，使得相关形象的艺术创作也带有更多的吉祥寓意在其中，正如图像学的解读方法认识的那样，可以打破表现的区域和文本类别，而将一类相关的图像做通感解说。这是选择团花作为莫高窟唐代纹样研究典型的原因之一，第二种原因就在于团花纹样不止于宗教壁画或彩塑的表面装饰，它广泛地出现于同时期的世俗生活中，并具有很强的手工艺的实践支撑。同时期的世俗生活中，有大量的案例可以向人们解释团花在不同的领域和材质表面的成形状态。如前文所述，新疆出土的大量的唐朝丝织品中，就发现有夹缬和织锦团花纹样；收藏于日本正仓院的唐代丝织品中，也有大量的精美复杂的团花织锦纹样出现。绫、罗等多种材质上的染缬和织花，尽管形状大小和工艺复杂程度不同，但是从其多样性看来，足可见团花纹样在手工染织中的广泛应用。另外，从同时期流传至今的绘画作品中，可以见到相当多的团花纹样出现在衣裙上，纹样精美又十分含蓄。各大博物馆的唐代彩塑藏品中，有保存完好的纹样出现的时候，尤其是衣裙上的纹样，也大多为小型团花图案。此外，各类出土的工艺品尤其以金银器皿为代表，唐代的团花纹样都有非常精美的案例。因此，从理论线路到实物线路，团花纹样的普及程度是同时期其他纹样形式所难以企及的。对于有如此民间基础的纹样，落实在莫高窟唐代洞窟中，当选择典型装饰纹样的时候，团花纹样自然成为较为突出的品类。莫高窟的唐代团花纹样，由于它带有宗教和世俗的双重背景因素，因此，在实施具体纹样分析时，按照交叉路线同时进行。

莫高窟的壁画和彩塑上的团花纹样，从初唐到晚唐的造型发展脉络来看，具有相对的独立性。在横跨不同的表现领域和载体的同时，呈现出了一致的造型特点，这种特点在纵向的时间轴向上自然进化，不完全依赖于宗教符号的表意规范，与世俗文化融合并独立生长。这里可以借用"艺术意志"的概念——也就是纹样的形式语言发展有自身的独特规律性，并不完全受制于其诞生的场域。从印度传来的莲花纹样在北朝的时候仍然是具有非常明确的宗教符号特点的，但是经过了隋朝的发展，到了初唐时期，莲花俯视的花瓣已经与忍冬纹结合而成为侧卷瓣莲花，并融入牡丹等中原腹地传来的中国传统纹样形成新的团花纹样，这种典型特征的形成过程是一步一步地与原初的图像脱离，其自身进入快速生长期后，将本土的装饰元素吸纳进新造型而进一步绽放。宗教、世俗文化等不同的因素影响作用下，团花纹样覆盖了诸多的表现载体。团花纹样对于自然装饰元素的继承、吸收和发展，让人们看到了其中所体现出的独立性。如同艺术史领域的诸多其他作品一样，这种形式语言的独立性在创作观念的引领下，可以从某种程度上无视材质和工艺的限制，而于纵向的发展线路中现出独特的魅力。虽然此时尚未对其他的影响条件加以甄别分析，但是抛开繁杂的社会学背景因素，单独去审视团花纹样从初唐、盛唐的侧卷瓣莲花到中晚唐的如意纹和茶花纹，这种造型语汇的变迁是团花纹样自身的艺术意志在起作用，内驱力的作用更多地显现出来的时候，使其自身携带着时代性的"遗传基因"而不断变化——从具象到抽象，从细节化表现到概括性呈现，都是显现状态。此时，如果除了不完全依赖材料和技术以外，可以再尽量远离创作主体的态度——在面对如此繁盛的宗教美术作品的时候，主体的个人思想和时代以及文化与宗教表达相比，都显得次要，画师的个人理念在装饰纹样的描绘过程中是可以忽略不计的。洞窟中所有的艺术作品局部完善都是从属于整体格调的，这种方向性到具体细节的处理的结果可以暂时与某个画师的名字剥离，那个时代背景下所呈现出的总体状态相对于现代艺术创作而言是更为"客观的"。莲花纹样从印度到中国，经历了从指代佛陀到纯粹装饰纹样的发展过程。当然，这里面无法将纹样的发展独立于社会背景之外，但是，本文的阐述也旨在说明社会学背景因素在纹样的发展过程中所起的作用不是决定性的，艺术形式语言有自身的发展规律，这种规律偶尔会脱离创作主体，也会脱离特定场域，其相对的独立性是此时需要给予更多关注的。

本章团花纹样的表现形式的分析也以前面章的量化分析为基础，但同时又暂时抛开量化的纵向脉络，而采用了近于解构的方式，重新梳理纹样的绘制状态所体现出来的各类艺术特征和形式语言。无论是追溯其古印度或犍陀罗艺术的渊源或是从具象到抽象的造型演变，或者分析其宗教性和世俗性并存的发展状态以及在团花造型过程中对于"线""空间"等构成元素的处理手法等，这六种解构式分析将原有的资料集合进行重组，其中呈现出来的艺术语言形式特点是可以更为清晰而有趣的，包括进行空间布局的"几何"化分析尝试，都如同切换到另外的角度去重新审视现状，对于全面的展示和分析团花纹样的艺术语言特色而言是重要的尝试和探讨。莫高窟唐代团花纹样所展现出来的宗教性之上的艺术性是空前的，其架构与多重的艺术表现手段之上，将艺术与手工技艺和宗教思想完好的融合在一处，使佛教艺术的展示由于团花装饰纹样的繁盛而显现出更为多姿的茂盛。

第七章

——唐代工艺美术和绘画类团花纹样

唐代的团花纹样，其分布广泛，涉及的载体品类众多。除了前文进行分析和研究的莫高窟的唐代团花纹样以外，还有大量的世俗工艺美术品上有团花纹样的装饰。无论是从中原汉文化影响西部敦煌来看，还是从世俗艺术对宗教艺术的影响来看，都无法将敦煌的装饰风格与中原地区割裂开来，更无法把洞窟壁画的装饰纹样呈现与世俗生活中的装饰风尚分割开，它们之间的联系是千丝万缕的，因为无论从创作的主体的角度审视还是从审美风格的时代性进行辨析，都能够发现种种横向的联系，这也可以从侧面辅助本文对于唐代莫高窟装饰纹样进行不同的分析。

第一节　现存唐代纺织品上的团花纹样

本书涉及的唐代纺织品主要有这样三个出处：一是出土于中国新疆、青海等地的唐代织物，上面或织或染，留有较为典型的唐代团花图案；二是收藏于海外博物馆的唐代纺织品，其中较具代表性的当属日本正仓院；三是敦煌藏经洞中的丝织品，其上有绘画作品保留下来，但是由于本身主要展现的是绘画作品，涉及工艺织造、印染等规则性纹样呈现较少，因此将其归类于绘画作品的章论述。

一、以"印""染"方式呈现的团花

同敦煌的地理条件类似，中国西北的新疆、青海等地也属于干燥的大陆气候，常年少雨，非常有利于墓葬等文物保存。这一区域出土了大量的唐代纺织品，其中带有团花纹样的织物为数众多。不同于藏经洞的绢画，出土的纺织品是唐代团花纹样的实物呈现。团花图案的呈现方式大致有织、印、染三种，通过大团窠纹织锦、印花等可以清晰地辨识出唐代织物上团花图案的原貌。其中，印和染的方法较"织"更为接近绘画。因为从材料上来讲还是使用染料在成型织物上进行的再加工，为二次的着色。

目前所见的唐代纺织品出土文物中，印花织物占有很大比例。从工艺复杂程度上来讲比织锦更低。如图7-1左图中，新疆阿斯塔那墓出土的团花图案绢质裙，为饱满的八瓣团花和四瓣团花间错排布的印花，花型规整，印制效果清晰。如图7-1右图中所呈现另一件吐鲁番阿斯塔那墓出土的织物，是六瓣和四瓣团花交错排列的印花纱，虽然花瓣数量不同，但是四瓣花的花形与上一件非常相像，团花矩阵的排布密度与上一件基本一致。花纹清晰，印制规整。

如图7-2左图这件同样出土于吐鲁番阿斯塔那墓的印花绢，相比于前两件，纹样更加富丽饱满，六瓣大团花中所包含的元素更多。图案中心并不是植物，而是水鸟纹，向外的不同层次中展示了多种花草元素，以外层侧卷瓣莲花最具典型的识别性，放射状中心对称造型与莫高窟盛唐时期的团花纹样组织结构非常相似。从莲花尖瓣中也能看到对叶忍冬的影子，向内层的卷曲纹样的组合形式也会使人很容易的联系莫高窟盛唐团花的结构和组成特点。团花外围部分，各个元素之间的紧密结合形成了一个整体的环状，与内部的动物纹样所在区域形成较明显的空间分割，这在前文分析莫高窟团花结构时也具体谈到过。图7-2右图中呈现的是唐代的绞缬罗，四瓣的团花花型与唐代

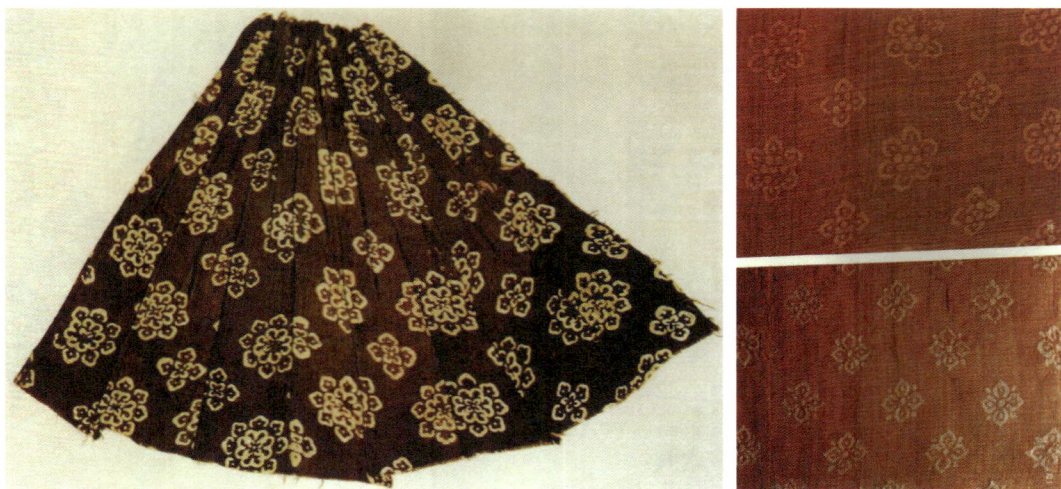

图7-1　新疆阿斯塔那墓出土的团花图案绢质裙与团花印花纱-1

（图片来源：左图：（唐）绿地宝相花绢褶裙 1972年新疆阿斯塔那墓出土 新疆博物馆藏 长26cm 引自常沙娜 主编，《中国织绣服饰全集 第3卷 历代服饰卷（上）》，天津人民美术出版社，2004年12月第1版，第340页。右图：（唐）黄色朵花印花纱 1968年新疆阿斯塔那墓出土 新疆博物馆藏 长50cm，宽48cm，（唐）绛红地朵花印花纱 1968年新疆阿斯塔那墓出土 新疆博物馆藏 长140.4cm，宽16cm，引自常沙娜 主编，《中国织绣服饰全集 第1卷 织染卷》，天津人民美术出版社，2004年1月第1版，第124页）

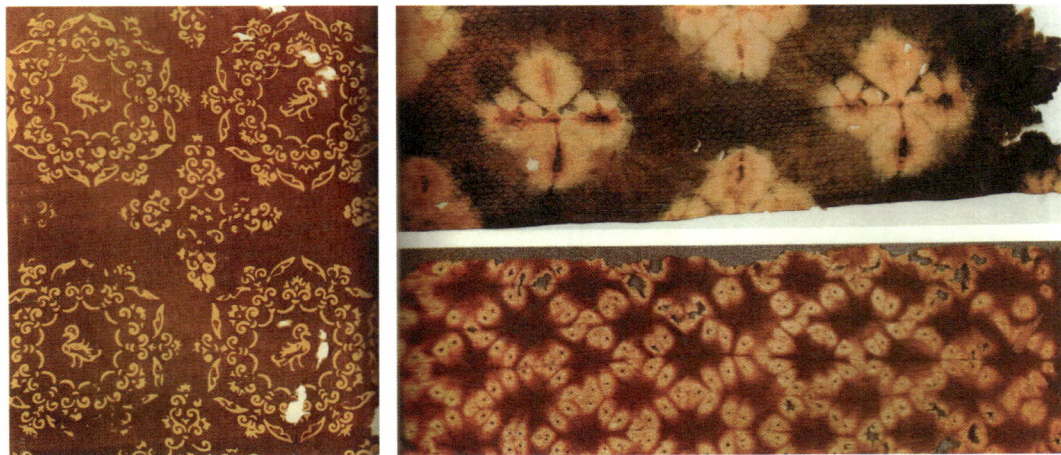

图7-2　新疆阿斯塔那墓出土的团花图案绢质裙与团花印花纱-2

（图片来源：左图：（唐）绛地花鸟纹印花绢 1968年新疆阿斯塔那墓出土 新疆博物馆藏 长50cm，宽48cm，右图：（唐）蓝地绞缬朵花罗 1972年新疆阿斯塔那墓出土 新疆博物馆藏 长63cm，宽15cm，（唐）棕色绞缬菱花绢 1968年新疆阿斯塔那墓出土 新疆博物馆藏 长16cm，宽5cm，引自《中国织绣服饰全集 第1卷 织染卷》常沙娜 主编，天津人民美术出版社，2004年1月第1版，第185、192页）

莫高窟壁画中的人物服饰纹样非常相似。唐代莫高窟壁画中的人物服饰图案从初唐到晚唐，一直保持着较为稳定的发展状态，都是以小型的散花为主，其中四瓣花又几乎是出现频率最高的一类，这与同时期的壁画团花以十字结构为主的状态有紧密的联系，同时可以对应到纺织品的工艺技术问题。由于相关的染色方式的普及，唐代的服饰品中大量出现十字结构的装饰纹样，这也直接影响到了艺术家的创作——中原迁入的画师将生活经验带入艺术创作，将这些世俗生活场景中的装饰纹样直接绘制在莫高窟壁画中，使壁画中的人物服饰成为同时代的真实工艺状态的反映。

二、以"织"的方式呈现的团花纹样

图7-3左一中所呈现的是青海都兰出土的黄地宝相花纹锦，花型结构为十字结构，平稳端庄，团花与团花之间间隔较小，整体织物呈现出比大部分印花、绞缬更为密集的纹样。图7-3左二为大英博物馆藏的敦煌丝织品，斜纹纬锦。织物表面分布有八瓣和四瓣相间的团花，团花纹样均为十字结构。这与前文所提及的新疆阿斯塔那墓出土的印花绢裙的纹样结构非常相似，也是八瓣和四瓣相间的团花织物，但是，由于织锦的织造工艺是先进行纱线染色，不同于印花的先织后染，织锦的纹样效果更为精细，有非常多的花纹细节可以用肉眼进行分辨。而且团花纹样的分部同样比印花更密集。图7-3左三中的红地宝相花纹锦藏于日本正仓院。是八瓣和四瓣相间的团花组合纹样，从组成元素上来看，有成朵的完整小型花卉构成外沿图案部分。八瓣团花的

左一：（唐）黄地宝相花纹锦，左二：（唐）茶色地宝相花纹经锦，左三：（唐）红地宝相花纹锦，右一：（唐）绛地宝相花纹

图7-3　团花纹样-1

（图片来源：左一：（唐）黄地宝相花纹锦 传为青海省都兰出土 甘肃省博物馆藏 长41cm，宽17cm，《中国织绣服饰全集 第1卷 织染卷》常沙娜 主编，天津人民美术出版社，2004年1月第1版，第163页；左二：（唐）茶色地宝相花纹经锦 敦煌发现（英）大英博物馆藏引自同书第163页；左三：（唐）红地宝相花纹锦（日）正仓院藏引自同书第165页；右一：（唐）绛地宝相花纹锦（日）正仓院藏引自同书第165页）

中间分部有四瓣团花，四瓣团花也极为规整细致，细节上观察发现也由多种花卉元素构成。与此类似，图7-3右一中所呈现的宝相花纹锦也由八瓣和四瓣相间的团花图案构成矩阵，只是底色不同，花朵的细节构成元素有所差异。

图7-4左图中的正仓院藏品为天蓝地宝相花纹锦琵琶袋，宝相花呈现出前所未有的复杂程度。花朵中心为八瓣团花构成，最中心的部分是四瓣花，向外为花蕊的写实呈现，再外层是八瓣花朵分层次构成外轮廓。宝相花整体的中间层次为八组复合花瓣组，每个花瓣组由侧卷瓣托起六个三折云曲瓣局部组合而成的大花瓣。再向外为大宝相花的外沿部分。由八个单独的花朵构成这一层次。每个单独的花朵都是半侧俯视的角度呈现，并且花瓣弯曲富有生命力，即使中心或者花朵的外在形态与莲花特征非常相像，但是也不能将其完全定义为莲花，因为其中心和外围添加了非常多的装饰性复合元素，这些花心和花瓣的组合正是符合了唐代团花装饰纹样的华美富丽的复合性特征。它们并不属于哪一种花卉，而是将多重有着不同吉祥寓意的花卉整合重组，按照特有的审美规范，生成了新的纹样。正仓院这一藏品的纹样组成特征与莫高窟盛唐洞窟藻井团花相比，其复杂程度有过之而无不及。从细节来看的话，如果具体比对莫高窟盛唐第79窟（图7-5），会发现藻井中心的团花纹样也是由枝干建构起外层骨架，并且向外放射状延展，使外层花朵元素紧密的"生长"于枝干结构上，这与琵琶袋上宝相花纹中心团花构成方式十分类似。

图7-4右图中展现的依然是藏于正仓院的红地宝相花纹锦，形制结构与前文的多个

左：（唐）天蓝地宝相花纹锦琵琶袋，右：（唐）红地宝相花纹锦（两片）

图7-4 团花纹样-2

（图片来源：左：（唐）天蓝地宝相花纹锦琵琶袋（日）正仓院藏《中国织绣服饰全集 第1卷 织染卷》常沙娜 主编，天津人民美术出版社，2004年1月第1版，第166页；右：（唐）红地宝相花纹锦（两片）（日）正仓院藏引自同书第170页）

案例非常相似，是由八瓣和四瓣相间的团花组合而成，在八瓣团花的主体花瓣上，可以看到类似于莫高窟盛唐壁画中的大团花特点——主体花瓣由莲花瓣构成，但是其内部有多重装饰组合，主要的花瓣品类为牡丹和莲花。中心团花与外层花瓣之间有较为明确的分界，由一定面积的空间将两个区域分割开。两个部分自身的结构都非常的紧密而有秩序，大团花整体呈放射状中心对称结构。与此同时，可以举例莫高窟113窟盛唐藻井团花纹样进行细节化的比对（图7-6）。从图中可以看到纹样内外两个层次中，外层纹样由八组花瓣构成，每组的内侧都是卷曲的对勾云纹，这样所形成的形式语言特点与织锦中的纹样基本一直。

即使是盛唐时期最为复杂的莫高窟壁画中的团花纹样，其精致程度也无法与织锦上的大团花相比。由于细节呈现的手法的限制，壁画纹样只是尽可能详细的反映当时的团花装饰，但是究竟如何繁复华丽，其根源性的状态也只能通过同时期的纺织品寻查到。壁画尤其是洞窟藻井中心的大团花，往往是一个洞窟最华丽复杂的团花图案，即便如此，以今天的现状来看，也是唐代世俗生活中的团花装饰纹样的绘画性反映。无论是纺织品还是绘画作品，其载体不同，但是呈现的效果相近。如果将唐代的三类不同加工方法的纺织品尤其是丝织品并列比较，基本上可以得到下面的特点总结：

第一，从整体格局上来看，印花和织锦的团花图案分布较为相似。非常多的八瓣和四瓣相间的组合方式。以八瓣团花为主，其间穿插四瓣团花，共同构成矩阵的节奏感，避免单调。但是印花织物的图案分布较为稀疏，团花与团花之间的间隔较大；织锦上的团花和团花之间的排列秩序更为紧密，这样密集的呈现装饰纹样，更加增强了

图7-5　莫高窟盛唐79窟藻井纹样

（图片来源：《敦煌石窟全集 图案卷（下）》关友惠 主编，商务印书馆（香港）有限公司，2003年1月第1版，第63页）

图7-6　莫高窟盛唐113窟藻井纹样

（图片来源：《敦煌石窟全集 图案卷（下）》关友惠 主编，商务印书馆（香港）有限公司，2003年1月第1版，第62页）

整体的华丽气势。当然，这里并不讨论有关于织造工艺的限制问题，只分析视觉感官上的审美形式感。

第二，八瓣团花的组织格局更加类似于壁画藻井的复杂程度，从中心到外缘分多个层次展现。虽然织锦图案的细腻程度远远超过夹缬、绞缬或壁画纹样，然而无论怎么细腻，织锦的图案呈现毕竟是有赖于经纬纱线的规整排列，很难有任何规则造型之外的内容出现。印花属于更容易有"意外"情况发生的一种面料图案呈现手法。染料的性能是一方面影响因素，另外，技师的手法也决定了面料印花图案的完整性或对于随机因素的控制情况。本文此处谈及的这三种工艺方法中，绞缬是最具随机性和不可控性的。以防染的方法将面料的局部包裹住，防止染料渗入的方法从操作过程上来看，完全依赖人为的操作经验，技师的手法控制着全部效果，即使图案的画稿非常细致严谨，也决定不了最后的成形状态。面料要经过反复折叠然后染色，这也会导致同样的一批花型加工时，最后的成品因为染料的渗入程度不同而出现较大差异。而且，不同批次的面料加工的效果一定不是完全相同的。因而横向比较这三者，其随机性从绞缬到印花到织锦是递减的关系，但是，对于纹样细节表现的丰富程度上是递增的。织锦的大团花更为接近莫高窟壁画中出现的大型复杂团花纹样，但是壁画的纹样，其装饰性却与随机不确定性相伴生，这一点恰恰是本书所要讨论的形式语言的重点。

第二节　唐代工艺品上的团花纹样

一、金银器皿

同一类装饰纹样在某个历史时期的多个领域都有呈现，形式可能不完全相同，但是仍然会有关键元素相通。唐代世俗生活中的装饰纹样除了流传于世的纺织品，在多种工艺美术作品上都有呈现。如图7-7是陕西何家村遗址出土的唐代金银器，银鎏金的纹样的主题也是饱满华丽的团花图案。不同于纺织品的平面上面可以有非常大面积的二方连续或四方连续的纹样结构，金银器皿上的纹样由于有器形限制，纹样的设计要同器形保持和谐的状态。器物的表面积没有纺织品那么大，并且有明确的边界，使得内里的纹样的起始点和终点都是直观而确切的。金属的表面不同于纺织品的纯平面，可以有一定范围的起伏，这样一来，纹样在加工的过程中又多了一个垂直的维度关系的表现。图7-7中的圆形银盒其俯视图呈现出来的装饰纹样是由六瓣团花构成图案中心部分，再加以六个小型的六瓣团花组成外围部分。从大团花到小团花之间的空隙并不很多，大团花的六角向外伸出六个小的花枝，这样的小花朵的细节可以一直延伸到小团花的中部，然后再由卷曲的蔓草接过这样的视觉延展，直到盒盖边缘，完成整个图案的规划。大小团花之间的底色与实体图案相比仅够区分几朵团花的边界，并没有太多的余地使人注意图形与底色之间的比例关系。图案非常饱满的覆盖在整个装饰面积之上。中央六瓣大团花从中心向外的花瓣中依然出现了类似于莲花花瓣特征的造型，但这只是设计者的一种巧妙安排——由卷曲的蔓草来组成莲花瓣一样的形状，使得图案的设计有纯粹的圆弧，也有尖角交错，产生一种饱满的韵律感。

图7-7右所示这件鎏金银器的纹样构成与上一件大体结构类似，同样都是中央的六瓣团花为核心，外围的六朵花构成另外的一个层次，花朵和花朵之间以花枝相连，形态更加模拟自然生长状态——为侧视或侧俯视，两种花朵交错出现。中央的六瓣团花层次明确，内层的六片花瓣呈逆时针旋转。整体图案为放射状中心对称的格局。外围的六个侧视花朵恰好位于盒体六瓣花造型的凸出处，这样的图案设计将纹样形状与器物形状更好地结合起来，使装饰与造型浑然一体。花朵本身的构成元素较上一器物单一，不像上一个案例那样为纯粹的平面造型、复合元素团花，此案例的花形整体偏自然，与莫高窟中唐201窟茶花藻井的花枝缠绕方式非常相像，只是银盒上的鎏金花更简单直观，201窟藻井的团花绘有更多的枝叶细节，显得更加繁杂。何家村出土的这件器物的纹样图底关系较上一案例更加明确，但是整体类似，也是尽量在器物表面铺满纹样，没有给底色空间更大的面积安排，只是由于缺少了从中心层向外层的穿插，使整体较为简洁明快。

左：（唐）鎏金飞狮纹银盒，右：（唐）鎏金团花纹银盒

图7-7 银盒

（图片来源：鎏金飞狮纹银盒，陕西历史博物馆藏 陕西历史博物馆 北京大学考古文博学院 北京大学震旦古代文明研究中心 编著，《花舞大唐春——何家村遗宝精粹》，北京：文物出版社，2003年5月第1版，第123页；鎏金团花纹银盒，陕西历史博物馆藏引自同书第185页）

敦煌莫高窟唐代团花纹样研究

史学界通常会认为何家村出土文物的大概制作年代为盛唐年间，其埋藏时间大概为盛唐末期或者中唐初期，关于埋藏年代并没有确凿定论。何家村出土的金银器皿上面的装饰花纹与莫高窟的纹样都有形态上的相似之处。例如图7-8左中的鸳鸯莲瓣纹金碗中有外围的凹凸莲花瓣装饰，碗底中央为团花图案，从立体到平面，装饰富于节奏感。同样，图7-8中右中所示另一件何家村窖藏遗址出土的双耳鎏金碗也是碗底中央为团花纹样，构成整体装饰的核心部分，但是这件器物为椭圆形，所以花型也随着器形的变化而调整，两侧增加了花瓣，使团花变成椭圆状，四周向上生长着模拟自然形态的折枝花卉。这两件器皿都向世人展示了唐代金银器皿在图案装饰方面使纹样与器物造型相适应协调的思路。

　　这里如果进行横向比较的话会发现，盛唐莫高窟的团花纹样，尤其是藻井的装饰纹样在花型和组织上与出土的同时期的金银器皿装饰纹样有一定的风格差异，与纺织品的花卉造型特点貌似更为接近。金银器皿上更为偏重模拟自然生长状态的装饰纹样，如果对应到莫高窟壁画团花的话应该将时间节点向后推移，更偏向于中唐时期的风格。

　　从何家村到陕西扶风法门寺地宫，时间线上是有着先后关系的，从器物的造型或者装饰"设计"来看也有各自的区别。如果抛弃过于细微的差异，只看大致的装饰风貌，依然能够笼统地感受到大唐工艺美术的兴盛之态。法门寺地宫出土金银器皿中，以图7-9所示的鎏金香囊为例看纹样装饰和器物形态的关系呈现，较何家村出土的器皿更有相得益彰的韵味。器皿是圆球体，表面全部由装饰纹样构成，镂空和錾刻技术较何家村器皿更为成熟。球体开合的两个部分，每个半球上都有圆形的金饰均匀分布，

左：（唐）鸳鸯莲瓣纹金碗，右：（唐）鎏金蔓草鸳鸯纹羽觞

图7-8 器皿

（图片来源：鸳鸯莲瓣纹金碗 陕西历史博物馆藏 陕西历史博物馆 北京大学考古文博学院 北京大学震旦古代文明研究中心 编著，《花舞大唐春——何家村遗宝精粹》，北京：文物出版社，2003年5月第1版，第111页；鎏金蔓草鸳鸯纹羽觞引自同书第254页）

左：（唐）鎏金双蜂团花纹镂孔银香囊，右：（唐）鎏金雀鸟纹镂孔银香囊

图7-9　香囊

（图片来源：鎏金双蜂团花纹镂孔银香囊FD5:081，陕西省考古研究院 法门寺博物馆 宝鸡市文物局 扶风县博物馆 编著，《法门寺考古发掘报告（下）》，北京：文物出版社，2007年4月第1版，彩版第67页；鎏金雀鸟纹镂孔银香囊引自同书第66页）

一圈五片，顶端一片固定锁链。圆形和圆形之间以镂空花草纹饰连接。立体的圆球和表面积的圆形相呼应，整体都是"圆"的装饰主题。与前面何家村鎏金银盒的表面图案图地关系类似，这里由于更加依赖纹样的密布排列构成整个器物，与仅仅进行表面装饰的平面纹样相比，更加具有功能性的彰显。也是装饰与功能结合的理想案例。

　　图7-10中所示银盘为法国吉美博物馆藏的唐代银器，器皿中央的装饰纹样为团状适合纹样，虽然纹样的内容并不像规整的织锦宝相花那样呈放射状中心对称结构，但是却将生动的纹样依照自然形态稍加改良，使之适应圆形的装饰区域。四周的五组纹样也分别适合各自所在的装饰区域。一起组合而成银盘的表面装饰效果，这样的装饰依然是有关于平面的讨论，图案和器物本体并没有绝对紧密的连接关系，并不是密不可分地结合在一起。上文鎏金香囊的装饰纹样已然与器物本体融合成一体，装饰已经成为器物的一部分了。反观莫高窟盛唐藻井中的团花纹样，依据藻井的层层

图7-10　（唐）银盘（法国吉美博物馆藏）

（图片来源：拍摄于法国吉美博物馆）

敦煌莫高窟唐代团花纹样研究

向上的形制绘成，但是纹样主体又是圆形，并没有完全吻合装饰面积的方形，向外的每一层级图案都依据所处的面积和形状来规划组织结构，可以称得上是介于完全结合与分离之间的一种半融合状态。

二、陶瓷

　　图7-11中所示的这一组瓷盘是藏于法国吉美博物馆的唐代器物，类似的器物在陕西历史博物馆也有所见。除了一个为六角形以外，其余都是正圆形。六角的盘子轮廓为六组花瓣构成，盘中心的位置也是六瓣团花，四周为四瓣团花。盘子边缘的花瓣造型并不仅仅是平面的轮廓为花瓣形态，而是有卷曲起伏的深度，在这一案例里也可以见到装饰和器物本身的融合关系。其余的盘子装饰纹样，大多都是中心对称的六瓣或八瓣团花装饰中央部位。卷曲荷叶的装饰将人们的视线从中央向四周引导，有放射状的发散性。其中主体纹样又偏爱莲花，除了花瓣以外，还出现了莫高窟唐代团花纹样少见的荷叶和花苞。虽然色彩各不相同，但是可以见到器物装饰的色彩组合大多冷暖相间，喜爱用高饱和度对比来达成装饰效果。正圆的器形内饰团花纹样，这样的组合关系并不在于功能的实现，但是从形态和谐角度考虑的话，也是顺理成章的自然。

图7-11　（唐）瓷盘（法国吉美博物馆藏）

（图片来源：拍摄于法国吉美博物馆）

三、方砖

图7-12中所示的方砖也是藏于法国吉美博物馆的唐代作品。目前对于它们的出处并没有详细确切的记载，然而装饰砖表面精细的纹样使人们不自觉的会将纹样与功能性传达进行片刻的分离。图7-12左侧图中精美的八瓣团花纹样内外层次分明，拥有两大主要构成层次，花心部分为小型八瓣团花，向外层的纹样为十六组如意纹横向连接，间错着饰有牡丹花瓣。外围层次大体上是以莲花瓣为主，但内部又穿插装饰又不同的花瓣组合，表面略有起伏。图7-12右侧图中的复合大团花也是表面略有起伏的类似浅浮雕手法的装饰，不同于上一块方砖，这个复合团花的结构更加紧密，从中心到外围并没有分层和空隙，而是由一组一组的各色花瓣组合成各异的层次，一直发展到最外围，细腻生动。如同莫高窟的藻井纹样也是将团花绘制在方形的区域内一样，方砖上的团花纹饰也在找寻填充空白处的方法——用直角适合纹样将四角的区域进行补充，以使整个视觉区域的效果更为饱满充实。但主体纹样与装饰角之间的界限非常明确，装饰元素也不同。

将世俗生活工艺品上的团花并置一处会发现他们在纹样的功能方面是有着一定的目的性的，无论这样的努力是否达成了想象中的效果，都展示着纹样和器物相辅相成的理想。装饰纹样与器物本体这样的关系阐述，在不同的材质和基底上重视的方面是有所差别的。第一，纺织品的纹样受制于工艺方法——织锦的精细纹样效果和绞缬的不确定性之间有很大的距离，而印花位于二者之间。但是纺织品有一个最大的特点就是区域的不确定性。对于纯粹未经缝制的面料而言，图形和面料的面积区域无法确定一个确切的关系——图形的印制可以是无限制的延展下去的，除了布幅的宽度在不同的织机上有规定以外，面料长度从理论上来讲是可以无限延伸的，因而，几乎无法确

图7-12 （唐）团花纹样砖（法国吉美博物馆藏）

（图片来源：拍摄于法国吉美博物馆）

认图案的分布数量。再者，面料的纹样绝大多数的时候只具有装饰作用，对功能改善的作用并不明显，而且，只是平面二维状态下的装饰；第二，金属器皿本身的造型是确定的，其边界的确定性使得其上的装饰纹样必须有确切的起始点和终点。而由边界所规范出来的装饰面积与装饰纹样之间就很容易建立起相辅相成的对应关系。尤其是表现在一些超出平面装饰的案例中，纹样的存在已经进入了有起伏表现的三维状态，即使深度非常浅。同时，在一部分器皿的装饰手法运用中，已经可以将装饰纹样和功能实现很好的融为一体，纹样即表面和体积构成要素，不可或缺，这是一种非常理想的状态；第三，以盘子或方砖举例时，在其确定形状的器物表面，图案纹饰的装饰思路与器物表面形状密切相关，图案的呈现会相应选择合适的位置，选择适度的图案和基底空隙的对应关系。即使有细微的浮雕手法呈现，也并不能将整体拖入立体的范畴，纹样装饰还是仅仅存在于平面状态。方砖的装饰手法在本文提到的这几种世俗工艺美术品类里面，是最接近于洞窟壁画的团花图案装饰方法的一类。仅仅类比于藻井而言，藻井的方形装饰区域与方砖的面积形状相当，并且都是以单独的大团花装饰为中心和重点的，方形的四角一定也饰有相应的纹样以填补团花的"圆"和基底的"方"之间的过大的空白，将装饰区域补充完满，使图形和基底的关系呈现出合理的饱和状态。不同于莫高窟壁画的纯粹平面装饰性，世俗工艺品终究是要考虑装饰和功能的和谐关系，这不同于单纯的审美目的，图案纹样在这里有了多重使命。

第三节　唐代绘画史料中的团花纹样

一、绘画作品

唐代的绘画作品流传到今天，从一部分作品中可以看见画家对于团花纹样的偏爱与描绘，与莫高窟壁画中的团花纹样相比大体视觉效果类似。从图7-13中可以看到绘画作品中出现的团花纹样也是采用了中国传统的透视处理手法，团花纹样在面料上分布的状态基本为平面展现，并没过多地考虑衣裙的体积感和起伏关系给纹样造型带来的影响，这与莫高窟唐代壁画中的表现方法基本一致。另外，毕竟同属于绘画表现，在纹样的很多表现手法和与画面整体的关系的处理上，两者均有相通之处。然而，绘画材质的不同会影响画面的细节表现，从这方面来讲，绢本绘画与壁画相比就有着一定的优势了。流传于世的唐代绘画作品大多为绢本，绢本工笔绘画能够非常细腻的描绘纹样的细节，进行色彩的晕染变化，但是壁画就很难在这一方面与绢本绘画相匹敌。从色彩保存方面来看，绢本绘画可以不过多考虑长时间光照和自然条件侵袭，壁画的

（唐）（左）《挥扇仕女图》局部，（中）《簪花仕女图》局部，（右）《捣练图》局部

图7-13　绘画作品

（图片来源：《挥扇仕女图》局部、《簪花仕女图》局部、《捣练图》局部引自《中国美术全集　绘画编2　隋唐五代绘画》金维诺　主编，北京：人民美术出版社，1984年9月第1版，第56、59、48页）

色彩和细节氧化剥落情况较为普遍。

二、墓葬线刻团花纹样

唐代的墓志和石椁上有大量的装饰纹样，在这些纹样的刻画中，线的造型非常重要。而且在这些各异的装饰纹样中，可以见到与莫高窟唐代装饰纹样非常类似的团花以及团花组成元素。

图7-14中的纹样是唐代越王李贞的墓志盖上的纹样拓片，可以看到半团花纹样边饰中，每个半团花的花心到花瓣的造型特征都与莫高窟初唐和盛唐时期的半团花纹样类似，由莲花瓣、牡丹花瓣和如意云头等元素组合而成。其组合方式也非常相像，都是从花心向外放射性对称，半团花为左右对称状。图7-15中的纹样来自定国公李震的墓志盖，拓片中的纹样显示，该墓志纹样内层的半团花也是采用了如意云头纹和三折牡丹花瓣组合的方式组合成半团花，如果复原成团花，也呈十字对称结构。图7-16为唐乾陵章怀墓石椁外部线刻画拓片，其中右侧人物的服装边饰中可以很清晰地看到半团花纹样的分布，而且半团花的主要组成元素也是三折的牡丹花瓣和如意纹，与莫高窟唐代前期彩塑服装边饰有相似之处。图7-17左侧为另一幅唐乾陵章怀墓石椁外部线刻画拓片，画面中人物的服装的翻领、袖口都有非常明确造型的四瓣团花装饰，边饰中可以看到半团花纹样的分布。团花主要的组成元素是如意纹和卷瓣莲花以及三折的牡丹花瓣，与莫高窟同时期的纹样组成基本一致。

图7-17右侧也是唐乾陵章怀墓石椁外部线刻画之一的拓片，画面中人物的服装的边饰有非常明确的半团花造型出现，尤其是右侧人物的纹饰，为如意纹、卷瓣莲花、三折牡丹组成，非常典型的唐代前期风格。左侧人物手中的宝函也绘有四瓣团花装饰，十字结构，适合于其所装饰的区域。整幅画的上部边饰中央不忿，有如意云头纹和牡

丹花瓣、卷瓣莲花等组成的装饰纹样，下底部的边饰中为中央对称的二方连续纹样，为如意纹和牡丹纹的组合，这些纹样的造型特征都与莫高窟同时期的装饰纹样极为相像。

包括图7-18中人物腰带上的六瓣团花纹饰在内，唐代墓葬众多线刻画都是采用了团花作为装饰元素，在乾陵陪葬墓的石椁上见到的团花装饰纹样，基本都是四瓣团花，它们广泛的装饰于画面四边，成为非常重要的画面组成元素。而且，也从另一个侧面说明装饰元素的通用性。有众多的装饰元素并没有按照装饰的目的和地域进行划分，而是将一种通用的题材带入到不同的使用范畴。纺织品、金银器皿、莫高窟佛教绘画、墓葬线刻等，都会使用相近似的装饰题材，这些纹样的细节虽然不完全相同，但是单从视觉效果来看，已经具有非常高的造型相似度了。

图7-14 （唐）太子少保、豫州刺史、越王李贞墓志盖局部

（图片来源：昭陵博物馆 编著，《昭陵墓志纹饰图案》，北京：文物出版社，2015年11月出版，拓片34-1，第200页）

图7-15 （唐）梓州刺史、定国公李震墓志盖局部

（图片来源：昭陵博物馆 编著，《昭陵墓志纹饰图案》，北京：文物出版社，2013年6月第1版，拓片21-1，第142页）

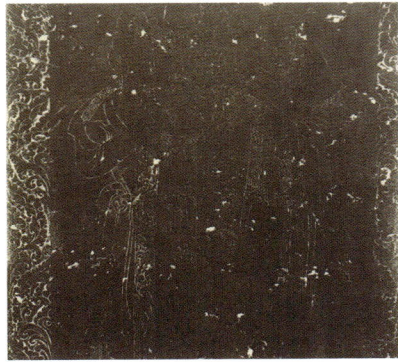

图7-16 （唐）乾陵章怀墓石椁外部线刻画拓片局部-1

（图片来源：樊英峰、王双怀 编著，《线条艺术的遗产——唐乾陵陪葬墓石椁线刻画》，北京：文物出版社，2013年6月第1版，第80页）

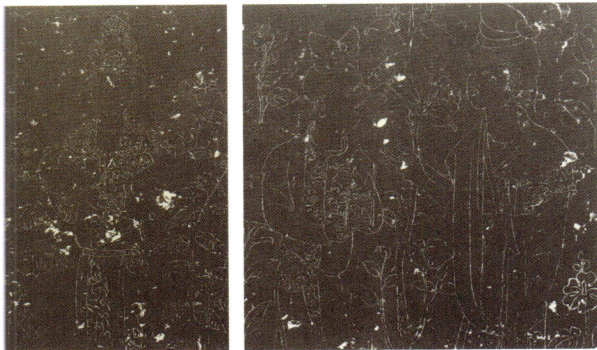

图7-17 （唐）乾陵章怀墓石椁外部线刻画拓片局部-2

（图片来源：樊英峰、王双怀 编著，《线条艺术的遗产——唐乾陵陪葬墓石椁线刻画》，北京：文物出版社，2013年6月第1版，第70、68页）

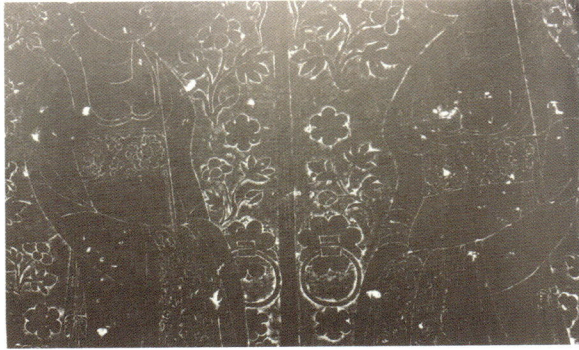

图7-18 （唐）乾陵章怀墓石椁外部线刻画拓片局部-3

（图片来源：樊英峰、王双怀 编著，《线条艺术的遗产——唐乾陵陪葬墓石椁线刻画》，北京：文物出版社，2013年6月第1版，第148页）

三、藏经洞绢画中的团花纹样

　　敦煌藏经洞中发现的大量文物中，有一部分图版资料，研究人员称其为敦煌遗画，这是相对于"敦煌遗书"的名称得来的。这些图版资料绝大部分分布在海外博物馆中，其中以大英博物馆为主，还有巴黎吉美博物馆和俄罗斯的艾尔米塔什博物馆也有部分收藏。藏经洞的图版资料中包括敦煌壁画的部分画稿，这是研究敦煌壁画历史、绘画构成等具有重要意义的资料，还包括大量的经变画，尤其是净土变以及说法图，另外还有一些幡等其他图像资料。这些绘画作品的绘制材料以丝织品的绢❶为主，除此之外还有一部分为纸本画作。以当时的纺织技术和分布地区来讲，绢这样细密的丝织品应该是内地运送过来供当地画师使用的。绘制在绢本上的作品与洞窟内的壁画有着较大差异，这种差异偏指绘画的手法和技巧。制作层层地仗，在洞窟的岩壁上绘制佛陀说法、经变故事，其颜料、用笔、技巧都决定了最后展现出来的效果较绢本更加宏大，至于后期的保存和现状也将这两者划归不同的体系。而绢本绘画在中国中原地区早有流传，绢本质地细腻，绘制的内容可以非常精细，设色的方式与湿壁画不同。其内容展现可以有更多的细节，尤其是对局部纹样的呈现，较壁画更有优势。后期的保存方面，壁画容易经过自然侵蚀而变色、产生各种病害甚至剥落，但是绢画的保存可以更为灵活、独立。虽然不同的条件也可导致变色和毁坏，但是相对较容易创造人工环境，不同于依赖自然环境的洞窟崖体。

　　绢画上面的众多纹样细节都是绘制而成，与同时期的织锦或夹缬、绞缬等面料的图案呈现方式不同，它没有织造或染色工艺的制约，因而所呈现出来的纹样或整体绘画风貌更为接近于莫高窟壁画。或者，从某种角度而言，可以将其作为连接壁画到唐代团窠纺织品的桥梁看待。它是呈现在细密的丝织品上的艺术作品，然而，同时也绘制着类似于敦煌洞窟壁画的内容。这种呈现方式不是大体量的，但是能够从一些局部反映着当时的壁画创作原貌——因为其保存相对洞窟壁画更为完整，色彩更加饱满。洞窟壁画由于年代久远，经历自然侵蚀，多种颜色已经氧化甚至肉眼无法辨识。加之更多的历史上的人为破坏，能够见到原本面貌的部分不是非常多了。绢本绘画的保存条件相对要优越得多，首先，从藏经洞的地理条件来讲，少阳光照射，洞内相对封闭干燥，一定阶段内少人为破坏，在博物馆恒温恒湿的状态下更好地保留了原本的面貌，因而，从绢画风格和细节可以反观敦煌洞窟壁画，对其当年的面貌进行推测和综合分析。

　　今天，在很多壁画中无法辨识的，已经消失殆尽的细节，依稀可以通过绢本绘画进行联合研究。敦煌遗画中的许多装饰纹样非常精美细腻，从服饰纹样到建筑纹样都

❶ [英]龙安那 魏文捷，《从净土图到纸花——敦煌藏经洞出土绘画材料的价值比较》《敦煌研究》2000年第3期。

有呈现,包括刺绣等其他方式多角度的演绎了唐代装饰纹样的华美。在年代方面,有相当大的一部分敦煌藏经洞绢本绘画作品是绘制于唐代后期的,关于这一点的判断可以基于对类似风格、题材的莫高窟壁画的研究之后进行归纳。如图7-19,从画面的风格来讲,藏经洞绢画大部分与中晚唐壁画风格相近,其中可以具体到人物的五官造型特征、团花图案的组织结构等细节。唐代从早期到晚期,佛像头光有着非常明确的更迭特点,从初唐的长枝花卉到盛唐的大团花,中唐以后又呈现出几何纹特征,一直持续到五代、宋时期。藏经洞绢画中的佛造像头光有一大部分都是与中晚唐洞窟壁画中的头光相一致,呈现出锐角几何纹样特点。另外,绢画的边饰部分,也有相当多采用类似中晚唐壁边饰的小茶花的装饰。如果从画面题材来讲,千手千眼的菩萨造像等特征也将人们的视角带入了密教的范畴。如前文所述,中唐吐蕃所遣使者入印度,学习回来的基本是偏重密宗的教义,这部分佛教内容的图像化传播和表达,体现在中唐时期洞窟壁画中时具有很强的南亚造型特征。

图7-20中菩萨衣裙边饰上也出现了半团花的装饰,与莫高窟同时期的洞窟壁画中服饰半团花纹样也有很多相似之处。绢画与同时期洞窟壁画的装饰特征有很多共通之处,比如绘制于绢画人物裙幅上的四瓣小团花,由这样的四簇小花构成的纹样矩阵,格局保持着面料展开时纹样的分布状态,与莫高窟唐代壁画的人物服饰小团花纹样如出一辙——无论是装饰团花的类别、细节还是散点透视的绘画表现方法在表现服装纹

图7-19 (唐)观世音菩萨像、童子供养者像、观世音菩萨像(大英博物馆藏)

(图片来源:观世音菩萨像、童子供养者像、观世音菩萨像分别引自《西域美术 第2卷 敦煌绘画Ⅱ》,藏于大英博物馆,东京:株式会社讲谈社,1982年9月出版,第1、2-2、4图)

图7-20 (唐)菩萨像(大英博物馆藏)

(图片来源:《西域美术 第2卷 敦煌绘画Ⅱ》藏于大英博物馆,东京:株式会社讲谈社,1982年9月出版,第9图)

饰上的体现。然而，这几幅绘画作品与壁画相比还是有一些差别。中晚唐时期的莫高窟唐代壁画一般都绘制的非常精美，画幅无论大小，细节表现都较为完整精致，尤其是勾线和造型十分工整。然而大部分绢画在表现的细节方面要更为随意，在勾线的工细程度上和添色的细致性方面都不如精致的壁画那样工整，更是很难与当时的大画家的作品相提并论。虽然有少数的绢画作品细致完整，但不能改变整体的造型和绘画风格。这与创作主体的层次息息相关，也与绢画和洞窟壁画的受重视程度和地位有密切联系。虽然都是出于修功累德的目的而修建洞窟或者绘制绢画，然而不同的绘画水准还是会造成画面的效果有较大差别。虽然如此，但是绢画的纹样绘制与洞窟的装饰纹样绘制的手法和大致效果类似，而且，都属于唐代的平面绘画，已经远离凹凸立体感的表现了，所以绢画的参照作用并不因其画工如何而有所减损，如图7-21所示。

然而还有一个值得思考的方面就是，团花纹样本身的造型艺术语言的独立性。如果说纹样的发展和演变完全取决于器物材质造型的话，其跨度如此之广的普及性又不能为此提供有利的证据支持。纹样作为一种视觉艺术，其自身的发生和发展具有相对的独立性，即使此时我们不需要完全认同李格尔的观点，也就是艺术本身具有的独立观念性，不应该过多受到材质和技术发展的制约❶，但是在研究古代视觉艺术遗迹的时候，可以通过不同角度的分析来暂时使用这一学说。因为就本书研究所涉及的案例而言，都是出土或流传下来的唐代工艺品，在这些工艺品的装饰呈现中，团花纹样可以跨越不同的材质和载体而呈现出极为类似的造型特点❷。从纺织品的织锦到印花绢，同样都是八瓣团花纹样，但是没有因为表现材质的不同导致的工艺手段变化，而改变团花的组织结构和形态特点。还可以将这样的跨越比较的幅度加大一些，从纺织品到瓷器、金银器也是同样的道理，色彩表现有时候可以忽略，只是利用造型特点将纹样与器物造型完整结合起来，但是技术和材质相对而言已经有非常大的变化了。虽然目前并不能完全断定团花纹样一定是诞生于哪一种材质，由何种工艺手段加工成形，但是纹样的在不同载体上的形式语言是极为相似的。因而，在古代手工艺不同的领域内，纹样的普及性也从某种角度证明，这一艺术类别的形式和观念可以相对独立存在，横向的传播也不一定受制于材料和技术。

本章选取了三个方面的案例：纺织品、工艺美术品以及绘画类图像遗迹三个大类，"印""染"纺织品，织锦，金银器皿，陶瓷器皿，方砖，绘画，墓葬，藏经洞绢画——这八种团花出现的载体进行比对，可以发现无论技术和材料发生多大跨度的变化，团花纹样形式组织的核心特点都没有发生非常大的变化，团花纹样本身的造型艺术语言

---

❶ [奥]李格尔著,《风格问题——装饰历史的基础》,邵宏译,杭州:中国美术学院出版社,2016年11月第1版,第3、17页。

❷ [奥]李格尔著,《风格问题——装饰历史的基础》,邵宏译,杭州:中国美术学院出版社,2016年11月第1版,第35页。

图7-21 （唐）观经变相图胁侍菩萨（大英博物馆藏）

（图片来源：林保尧 编译，《西域美术一 大英博物馆斯坦因收集品（敦煌绘画1）》，台北：艺术家出版社，2014年9月第1版，第165页）

具有一定的独立性，其造型在以一种相对恒定的方式传播，这些核心特点的保持可以使这一时期的团花具有较强的识别性，也就是具有明确的时代属性，从莫高窟壁画到其他世俗工艺品，都是雷同的表现语言形式。

第八章

——

莫高窟唐代团花纹样构成与现当代设计比较

在进行某一历史阶段的图像解读时，不能够任由当代的视角和思路影响情境逻辑的构建和由此展开的分析，但是从另一个角度来讲，所有的分析都是具有一定的时效性的，通用程度和效果没有一致的定论，因而，在分析的过程中，如果尝试进行一些跨越时间的纵向的比较，或许可以从第三方的视角发现其中的有意义的共通之处。从莫高窟到现代设计似乎是遥不可及的两个概念，然而，如果从视觉艺术呈现的角度出发来处理两者的关系，就会发现依据共同的形式语言建构逻辑，其中有许多互相通用的行为范式。

第一节　团花纹样形式语言结构与现当代设计的共通性

一、元素的复合重构语言

在现代设计表达过程中，越来越多的可多变通组合、多重使用的设计元素为设计作品带来多样化呈现效果。如图8-1中，1928~1930年出品的卢巴罗贝克花瓶以简单几何形的重复使用，搭建起一个花瓶的表面造型，同时，并没有因为单独几何形的简单而使整个花瓶的视觉效果变得单调，而是通过有序组合变化，以简单几何形的重复使用创造出丰富的视觉层次。

如果以莫高窟唐代服饰团花纹样举例的话，可以见到从初唐到晚唐众多洞窟壁画和彩塑案例中，都有对于纺织品团花的描绘，此时的分析，注重的是这些团花纹样在描绘的过程中非常尊重客观实物的状态——对比同时期的纺织品会发现这样的客观真实性。在一个固定的衣裙色彩面积内，三瓣、四瓣、五瓣等不同结构的团花纹样会按照一定的规则分布，利用图案和底色不同的搭配组合形成一定的变化。同类的花形在不同的部位绘制过程中有秩序的交错轮流出现，使简单的纹样呈现丰富效果。

除了服饰纹样，在莫高窟中唐以后的窟顶纹样绘画中，经常出现这样的情形：以莫高窟237窟西壁龛顶和莫高窟188窟西壁龛顶为例，就是以两种相对简单的团花纹样经过有序的交错排列，形成一定面积的纹样矩阵，这样的交错反复有效地避免了纹样的单一化形成的装饰单调，而通过有效

图8-1　卢巴罗贝克花瓶（1928~1930）

（图片来源：［美］大卫·瑞兹曼著，《现代设计史》［澳］若澜达·昂，李昶 译，北京：中国人民大学出版社，2013年1月第2版，第269页）

的变化利用简单的元素尽可能的实现丰富的装饰效果。这是对于整体格局的简单元素重复使用的比较。如果将范围缩小，可以聚焦在单体团花纹样上的时候，也可以从盛唐时期最具代表性之一的藻井团花纹样中提取案例来说明简单元素重复的力量。莫高窟盛唐第323窟的窟顶藻井中，中心团花纹样从内向外为两个主要层次，中心小团花构成花心，外层四瓣大团花为第二个层次。在外层中，每个花瓣的造型都由类似如意纹和莲花瓣尖的两部分组成，莲花瓣的侧翻卷部分单独观察又可以认为是由忍冬纹对称组合而成。而构成"如意纹"部分的卷曲元素，又出现于花瓣之间的连接处，以及藻井心四角的小团花局部纹样上，重新组合，构成另外的四分之一的八瓣团花纹样。大团花部分的三折或五折云曲牡丹花瓣重复出现于整朵团花由内及外的多个位置——组成多层次的中心小团花、穿插于莲花瓣之间成为大花瓣之间的有益补充等等。以简单的几种元素通过不同方式的组合排布，形成丰富多变的构成效果，从唐代团花纹样到现代设计都有不同角度的呈现。从某种意义上而言，这也称得上是在"设计语言"的概括和分类应用上进行了有效的尝试。从整体到具体细节，都有不同的概括手法将团花整体或者局部进行有效重复，创作者所采用的呈现手段无论是二维平面或三维立体状态，都可以审视到其间的共通之处。莫高窟虽然是宗教艺术的典范，但是除却宗教参照的表达，对于艺术任务的理解和完善，将若干元素从无序整理到有序的排列，可以横跨不同的领域，也可以暂时无视时间的间隔。对"设计"的阐述，莫高窟唐代的团花纹样在创作过程中构筑着一种通用的装饰观念，具有相当的普适意义。

二、宽泛的应用场阈

莫高窟唐代团花纹样的展示方式是平面的，它经历了漫长的发展演变过程，在敦煌鸣沙山断崖的洞窟内绘制的时候，也在同时期的中原腹地有更为丰富多彩的展示。这样的展示从工艺美术的不同材质到绘画领域的二次表达都有，而且没有因为表现材质的不同而受到太多的局限，在不同的领域内都展示着非常贴切的形象。

从工业革命到二战时期，再到当代设计对于"主体间性"的强调，现代设计中，同一时期的主题和思想也会不同程度的体现在不同的领域内。这种"跨界"也会将同样的视觉元素尝试于不同的材质和基底之上，尽管呈现出来的效果可能会有较大差别，但是同样的元素不局限于某一固定的领域，在不同的方面都体现其设计的共通性，是一种普遍的现象。这样的比较是突破时间和空间的局限的，因此，也不用刻意地去强调自工业革命以后，西方的现代从某种意义上来讲也是装饰逐渐的减少地一种过程——因为很多学者都发表过抨击装饰或者过度装饰的文章来宣称未来的设计会朝简洁方向前进。这看起来与本文一直进行的研究是背道而驰的——中国的唐代在西方是处于中世纪时期的，注重手工艺的差异化表达。唐代团花的出现频率非常高，在中国

7～10世纪的时候有大量的工艺品和不同的领域都在使用团花图案做装饰纹样，而并不只是局限于莫高窟的宗教艺术创作中。例如，新疆阿斯塔那墓唐代出土纺织品中装饰有大量的团花纹样；陕西法门寺地宫出土的盛唐各类唐代工艺品中，团花纹样是非常典型的纹饰之一；陕西何家村遗址出土的金银器皿有大量团花纹饰；唐代绘画作品中对于同时期团花纹样的描绘也种类繁多……团花纹样的覆盖范围并不是单一的装饰区域，而是会波及社会生活的多个方面，这样的公共性表达对于一种纹样而言或是一种设计的思路来讲都是有一定的开放性意义的。

同样，现代设计在不同时期产生的各种流派和发展思想也会不同程度的影响着设计的各个门类。从欧洲范围内看，工艺美术运动对于手工的提倡开始，到新艺术运动、装饰主义、未来主义、极简主义等不同的流派，在发源于某一行业并形成一定的影响力之后，会向外扩展并波及多个领域。这些思潮的表现形式并不是单一的，基于对社会发展过程中产生的生产方式或生活方式的变化等方面进行的思考，将一些具体的设计理念应用在从家居纺织品到交通工具到建筑等多个领域，力图从设计的作品中呈现出对社会主体和环境之间关系的阐释。这样一种多角度和普及性的应用，与唐代团花纹样的适用宽度是有类似的公共性的，可以抛却具体走向而只截取固定时间范围内的横向表象来进行比较研究。

三、观念与材料的关系表述

如同阐述唐代团花纹样的公共性一样，莫高窟的唐代团花纹样从工艺表述上来讲是属于绘画范畴之内，服饰类的团花纹样、工艺品的团花纹样等不同领域内的团花装饰纹样，对洞窟的团花装饰纹样绘画都或多或少会产生一定的影响。从局部而言，洞窟内彩塑和壁画服饰的团花纹样在绘制的时候会参照同时期的纺织品和服饰团花纹样。从纺织品团花纹样的工艺和材质来讲，团花纹样的规整性得到了很好的控制和规范，而且只涉及到平面的二维表达。到壁画或者彩塑服饰绘画这一层面的时候，团花图案的表述语言已经发生了变化，从具体真实的纺织品到绘画作品，经历了画师的二次创作，重点就已经不再是经纱和纬纱的编织工艺如何对花型的表现产生作用，或者纤维或面料的不同印花及染色方法对于花型的呈现有哪些影响——而是转移到具体细节的刻画是否符合整体画面、花型和纹样的分布规律是符合哪种透视规范、在视觉效果的呈现上图案会有何种积极和消极的作用效果等。

然而，如同现代设计的一种流派或思想会不遗余力的影响到设计的诸多领域一样，莫高窟的团花纹样尤其是服饰纹样的表现，是基于一种材质和固定工艺的，然而又并不囿于这样的材料和技术。当新艺术运动开始的时候，从家具的富有力量感的曲线植物装饰纹样，到首饰设计的对自然形态极为仿真的模拟应用，再到书籍装帧设计中同类装饰线条的使用，以及同时期绘画作品中呈现出来的华丽简洁并附有装饰意味线条的重点表达……装饰题材会将材料放在一个恰当的位置来对待，不会过分地依赖，也不会空谈形势感表达。莫高窟中的唐代服饰团花纹样恰恰展示着这样的意味——从服饰团花纹样的写实性表现到洞窟壁画装饰纹样，再到绢画的装饰性绘画，团花图案并没有局限于某一种形式或某种表现类别而不能移步。现代设计对于材料的思考会因为其多样性的发展而进行相应的调整和完善，同样题材的设计作品，可以以不同的材质进行制作完成，人们会重视不同材质的变化给展示效果带来的不同影响，这之间或许存在巨大的差异，就比如以木质材料和有机玻璃材料制作的同样款式的家具，就会有非常大的视觉效果变化，进而也会引发主体情绪感知的变化。莫高窟唐代服饰纹样中，有很多彩塑或壁画的团花纹样都在努力再现纺织品的真实性，然而，这并不影响同时、同样的纹样出现在壁画装饰的任意其他部位，例如藻井或边饰。基于材质但是并不局限于此，是莫高窟服饰团画纹样与现代设计的共同思路之一。

四、丰厚的文化表意

现代设计的表达方式是愈加多元化的，然而无论表现形式是怎样的，设计作品本身总是有一定的历史文化承载量的。设计作品诞生于某一个特定的历史时期，无论是装饰主义盛行的年代，还是受到信息化革命的强烈影响，其生产推广之后在社会上能够使用流传的时间长或短，都无关乎其自身历史定位。作品的设计过程中会受到多方面的影响和制约。第一，从创作主体来讲，设计者或者无论是否已经有严格意义上"设计师"的概念和身份，他都一定会受到多重因素的影响，譬如所处的时代的教育特点、社会主流审美理念、特定阶层的价值观、民族背景、地域特点等，诸如此类的因素无不带有一定的时间限制。在这样的时间和空间条件的框定下，创作主体的思路也会有非常明确的时代痕迹。第二，从作品所处的时代来讲，从方案到成品所需要的加工制作设备和工艺技术，一定会受到当时的工业发展水平的制约。技术的发展对于设计的创意是有一定推动和促进作用的，设计创意也会引发技术的革新，滚动式的前进过程中，设计作品所处的具体时间点会将其打上特定的标识。无论是主观还是客观因素的影响，都会从一个时间的概念上将作品放入相应的历史阶段，研究者在审视设计的时候会调动所有的感官来感知其中所表达的情绪理念，理性的分析这样的作品作为语言符号，它所具有的代表意义——从造型到色彩的特点、加工工艺的特点、设计理念的时间和空间定位以及它是否具有相应的前瞻性等。这里所谓的前瞻性是一个相对的概念，因为所有的"未来化"设计也都是局限在一定的历史阶段内的"前瞻性"。对于这一点的阐述可以参照二十世纪六十年代由于航天工业的发展而带动的设计界的未来化表达，从那个时期开始的众多对于多年以后，或者今天社会状况的设想和预判，从现在看来很多都完全不符合实际状况，甚至夸张而荒诞。其中有一部分情况就是仅仅在当时的技术条件下对形式进行大胆的改革设想，而忽视了技术条件的改革可能引发的整体设计乃至生活方式的变化。其中也有对于"未来"过于乐观或悲观的想象，更多的具体细节甚至可以借助一些当时的影像作品来观察。然而无论是怎样的预估，准确与否并不是评价的唯一标准，本文要强调的是这些设计都是基于一定的历史条件进行的，每件作品都有着一定的历史性表达。

作为多元文化交汇地的敦煌，莫高窟通过绘画和雕塑等方式进行的宗教艺术创作，其背后所承载的巨大文化信息量很难有同样的宗教文化遗迹能与之匹敌。本研究所关注的唐代团花纹样，是众多视觉表达中的一个环节，但是，如同人体的细胞一样，作为整体作品的一部分，无论其体量大小，都含有着同等重要的遗传基因，这不会因为细胞所处的部位不同而有所差别。团花纹样作为唐代洞窟装饰纹样中非常重要的一个类别，从初唐到盛唐到中晚唐，或者按照敦煌地方的历史阶段划分唐朝早期和中唐吐蕃及归义军时期——其经历了时间轴上的演变，表现形态必然出现相应的变化。通过分析不同时期的案例，可以看到为艺术发展的内驱力和外部影响力所共同推动下，纹样造型和格局的演变过程。每一个单独的时间切片下，团花纹样的特征表述都有细微调整，这些细节在某些部分的表现是变化突出的，例如洞窟藻井、头光等方面；在另一些部分上的表现又是相对恒定的，变化比较微妙，例如，壁画人物服饰的小簇团花上。服饰团花纹样作为洞窟绘画的一部分，会在二次创作的过程中进行有秩序的取舍。表现于盛唐时期的彩塑上的团花纹样和中晚唐时期的彩塑服饰团花纹样，就有着非常明确的区别，在单体花朵的造型和整体的格局分布上都有差异。这种"设计思路"的变化也是一种时间线上的发展，姑且不去以审美的角度评价唐代前期和后期创作者对于纹样描绘的"创意投入"孰多孰少，只是着眼于这样的变化本身，就会非常明确地看到各类团花所具有的相应历史背景和位置标识。

唐朝前期的一直向复杂化、集中化方向发展的团花纹样，到了唐朝后期，这种造型倾向转变为单一元素多重使用的方向，同时也是由重视个体的发展表达转变为重视整体格局气势的方向上来。这与莫高窟或者敦煌被管辖控制的权力归属、民族类别、宗教派系、地域文化发展等多种因素有关。历史的信息发生更替，影响到洞窟艺术的表现，团花纹样的绘制涉及的主体、客体因素纷繁复杂，但是，共同的一点就是都处于同一个时间界面上。如果将不同类别的团花纹样视为不同的符号表达，那么这些符号所具有的时间和空间标识性是极为明确的。这与现代设计的历史性阐述所具有的指向性是一致的，无关乎时间段和空间定位的差异。

第二节 "拈花微笑"与当代设计表意

无论是单一某种纹样的发展史抑或断代史中各类纷繁复杂的纹样组合，其经过多角度的分析是可以将其中一些恒定因素与变量抽离出来进行当代化解读的。这种解读除了将纹样本身的某些代表性元素应用在当代设计作品中，也可以通过纹样的发展和其中一种特征的演变得到富有启示性的内容，譬如，其演变的路径、某些局部特征受到哪些社会学因素的影响而逐步消解、同源的比较所得到的比对曲线等等，这些貌似抽象的结构性文本会对设计和设计史的某些分析解读起到一定的借鉴作用。唐代的团花纹样，展现在莫高窟的佛教艺术空间中，其纯艺术的意义被放大，功能性的实现被暂时性的忽略，但是，这并不影响研究者对其进行种种形式语言分析，因为视觉艺术的共通性会将这样的研究意义蔓延至多个领域，其中，设计领域的应用最为直接和明确。

将唐代的团花纹样与现代设计或者当代设计进行比较性分析的过程，类似于跨空间和跨语境的陈述，由于语境的转换，研究者所面对的文本是相对恒定的，如此而得的归纳或者总结的要点也是建立在解构式分析基础上的。这样的方法与现当代设计的方法有诸多相通之处。本书在进行团花纹样形式语言分析的时候，就是将团花纹样在不同时段的案例进行多角度分析和比对，这样的研究方法在实施过程中，其本身就是对于前面线性研究路线的一种分解和重组。现代设计尤其是当代设计，在面对众多资源的时候，也会跨越空间与时间进行元素的重组，其观念性的陈述意义已然超越造型本身的本体意义了。这也就将设计过程中对于不同时期和地域的元素的这种抽离，变成一种符号化过程，将一些背景性含义强调出来，不同符号组合在一起形成一个视觉体块的时候，需要观者和研究者转换评判标准——古典的标准已经与此时的作品相去甚远，需要采用契合时代特征的评价标准，这种意义的解读才能够顺畅无碍。这种信息的表述和传达，甚至到接受者那里所给出的反馈意见，这一传播过程无疑是对于信息的一种解码和重组的过程。

类似于本书开篇所提到的"拈花微笑"——佛陀拈花的时候，这一行为所传达出来的信息，对于普通的信众和弟子而言，不能够很好的解读，只有迦叶能够将这种行为本身的含义解读清楚，并且即时予以反馈，实相无相的法义传承也得以顺畅进行。此时，金婆罗华并不是普通的花，佛陀拿起花的行为也具有了更深层次的含义，如果迦叶未能深刻领会这其中的奥义，"微笑"也就无从谈及了。而当代设计在作品实现的过程中非常注重表意的接受程度和反馈，因为如果抛开人的因素也就是设计实施者和使用者两者的因素来谈设计，基本上就等于将"设计"二字置于空中楼阁。"设计"的完成很大程度上依赖受众的反馈，与纯粹的美学赏析不同，其中涵盖有大量的互动因素。此处，暂且抛去商业运作因素不谈，只讨论两方面的认为因素——设计主体和受众，他们之间的信息交换是促使这一行为能够进行良性运作的关键要素之一。设计师所拈之"华"是否能够为受众所充分解读不是完全可控因素，但是，设计主体会从多角度将这一传达过程进行解说，其中也包含多重的意义附加，希望能够改善两个人群之间的对话积极度，从而获得良好的反馈信息。

　　不同文化环境下诞生的同一题材的艺术表现形式是不同的，同一文化环境下的各个时期，不同的画家或洞窟建造者的艺术指导思想都有较大差异，这也引出我们当代社会对于传统文化的解读方法问题——以不同切入角度研究同一题材所导致的结果千差万别。本书以中国敦煌莫高窟唐代洞窟中的一些典型团花纹样的形式语言分析，来尝试解读对于传统文化案例的解构与传承。当代中国的社会文化发展趋势中，有相当一部分声音在呼吁传统文化回归，然而，传统文化的传承需要的载体到底需要具备怎样的形态？传承的方式究竟是活态传承还是固态传承更有利于当代社会的文化基础建设？传承的方式究竟是控制在以传统手法为主的路径上还是方法不限、只注重阶段性的社会反应？在某些指向性比较明确的应用行业，如何判定传统文化的传承效力及有效时间段？其采样规范和所依据标准是怎样的？这些问题未必都能够时时给出确实答案，即使有相对客观的结果和方法，但也只能被认定为具有当下的参考意义和价值，至于远端的目标，可以留下开放性的问题，等待不同时期以动态的方式一一作答，而由此引发的种种讨论甚至是问题预设本身也是具有一定的探索性意义的。

第九章

结论

作为东西文化交流的要冲，中国敦煌汇聚了来自多个文化群落的宗教和艺术成果，佛教艺术的成果就于莫高窟留存至今。自366年开凿第一个洞窟开始，莫高窟集中展示着多个朝代的佛教美术成果，鉴于本研究所针对的是时间段为唐代，因而收集了唐代的壁画类团花纹样935个，服饰类团花纹样753个，一共1688个团花局部案例。全部唐代案例涉及了88个洞窟，其中初唐洞窟18个，盛唐洞窟44个，中唐洞窟12个，晚唐洞窟14个。对应于这些唐代洞窟案例，又分别向前朝和后朝延伸，收集了北朝、隋、五代共约40个洞窟的相关纹样资料。针对这些纹样进行了不同角度和分类的集合式总结和阐述，整理出两条基本脉络来比对分析：其中之一是壁画类团花纹样，另一类是服饰类团花纹样，并从量化分析和审美分析两条路径展开研究。

团花纹样经历了唐代近300年的发展和演变，其造型特点和组织结构发生了较为明显的变化。经过本文从可量化和审美解构分析的角度进行分阶段解析，可以从以下三个方面进行归纳：

一、阶段性造型特点

第一，团花纹样单体结构的变化特点。初唐和盛唐的团花纹样大多呈十字或八等分结构，也就是放射状中心对称的八等分，到中唐以后逐步演变成放射状六等分中心对称结构。团花纹样的花瓣数量在初唐时期多为四瓣，盛唐时期八瓣结构居多，到了中晚唐时期逐渐演变为六瓣或者五瓣结构占主流的状态；第二，团花层次变化。唐代前期的团花纹样从初唐到盛唐，都展现出较多的繁复的层次变化，层次之间的穿插和交叠状态由于多种元素的并置显得尤为复杂。到了后期，这种状况转变为较为简单的花瓣层次，如从盛唐时期的8到10个层次变为晚唐时期的3个层次；第三，花瓣造型特点变化。唐代前期的花瓣从初唐成型到盛唐繁荣的造型以尖角的侧卷瓣莲花为典型，这种花瓣造型也主导着整个团花的结构，为主体支撑元素，辅助造型为三折或五折的云曲瓣牡丹，另外还有少量的卷曲的卷草纹填充。到了唐代后期，团花纹样的主导性花瓣元素变为圆弧造型的如意云头纹，其内复合有部分的茶花花瓣。团花纹样构成元素种类数量变化：从唐代前期到后期的团花纹样的组织结构有单一化趋向，而且，其构成元素从莲花、牡丹、茶花、如意纹、卷草等集中常见元素组合减少为大多为茶花和如意纹组合的单一模式。第四，单体团花内部空间关系变化：初唐的团花纹样延续隋朝的团花雏形，刚刚转变为完整的复合团花的时候，其内部组成的元素之间的空间关系较为舒朗，图形与底色的空间部分之间维系着一种相对平衡的比重，盛唐时期的团花纹样的实体图形部分与内部空间的比值就出现了较大程度的倾斜，也就是实体图形更具有面积优势，发展至中唐时期，花朵构成元素逐步单一化，其组织结构更为紧密，发展至晚唐，就基本上很难见到非常突出的单体团花，多为集合出现的平棋格反复团花纹样。当然，这也与洞窟形制的变化有关。

二、形式语言特征的演变

第一，具象写实到抽象概括的演变。从唐代初期的莫高窟团花纹样，以来源于隋朝的十字结构单层小团花为生长基础，逐步增加了多种植物构成元素，但是均以写实的模仿为造型起点，尽量保留花卉的自然生长状态，但是到了唐代鼎盛时期，其纹样的造型就在逐步远离原始的自然生长状态——无论是造型的装饰化、规范化，或是实体图形和空间的关系处理方面。到了中晚唐时期，这一状况就变得非常的简洁明确了：团花纹样的造型不再追求增长式的复杂化，而是尽量以少量的装饰性较强的花卉元素经过反复的组合，进行一个墙面的整体装饰，凸显出来的是对自然对象的高度概括和抽象化加工。将不同的自然元素改造至远离原始造型，远离其自然生长的状态，只保留其最简洁的部分并进行局部的打散重组；第二，差异化创作到模式化装饰。唐代初期的众多的团花纹样，其局部会表现出非常普遍的差异化，很难找到完全相同的两组团花纹样，纹样和纹样之间的变化可以非常细节化。这种状态持续到中唐时期就已经无法继续下去了，唐代后半段的团花纹样的数量是庞大的，单体建筑里面中，团花纹样的数量众多，然而纹样之间的变化已经非常模糊了。尤其晚唐阶段的洞窟，平棋窟顶的装饰面上，斜向排列的团花纹样成两组交错的变化，每一斜向45度的团花排列都是完全相同的造型，而且即使是间错变化的团花之间也变化不大，只有花瓣部分有细微的调整，但组织结构基本相同；第三，单体装饰向集合装饰转变。唐代早期的洞窟壁画类团花纹样更多的将注意力集中在纹样个体的造型丰富度上，对于集群所产生的装饰面并无过多重视。每个单体团花的元素组合和相邻纹样之间的富于节奏感的变化是初唐和盛唐团花纹样所呈现出来的效果。然而中唐之后的团花纹样更倾向于以一种大量集合的状态拼合成一个建筑面的装饰，展现出简单元素反复而成的视觉冲击力，自然而然地，单体纹样的变化不再重要，在团花的绘制上所体现出来的创造力每况愈下，手绘的生动感消失殆尽，直至宋代的千篇一律。

三、表意的流变特点

在佛教洞窟中，装饰纹样是一种重要的宗教符号，越是莫高窟早期洞窟中，纯粹装饰纹样越少，到了唐代，装饰纹样开始慢慢地脱离原初的符号指向，转而进入相对纯粹的装饰显现阶段。唐代的众多植物装饰元素，以莲花为代表，其宗教表意的状态就慢慢被世俗的装饰目的所消解了，它代表种种美好的寓意出现于早期佛教艺术中，但是由于宗教性的减弱和消逝，莲花从唐代早期的与牡丹等中国本土装饰元素融合，发展为在团花纹样中的造型逐渐去典型化——也就是越加圆润的花瓣造型，到晚唐时期基本从墙体装饰团花集群中消失。人们越来越关注装饰纹样的纯粹的视觉效果，纹样本土化以及去含义化成为纹样发展的一类趋势。

四、展望

本书在研究过程中，于感官认识开始，然后进行案例收集和偏重数据的量化分析，而后又回归至审美分析。对于团花纹样的形式语言的特点和流变过程，进行了线性和解构式的分析，从纵向到横向的脉络中，本研究更多的将关注点放在造型的解析上面，基本上从形式语言特点出发阐述了莫高窟唐代团花纹样的特征性变迁。然而，前面段落列出的结论并非这类课题研究的最终解释，由于时间和研究手段的限制，仍然有很多方面的探讨可以在未来的研究中继续下去：

第一，由于莫高窟唐代洞窟数量众多，对于案例的田野调查需要假以更多时日。田野调查可以将预判的众多要点连接起来，尤其是在实地考察中才能够发现更多关键要素，譬如体现纹样造型变迁的重要转折点、能够综合体现某类特征的要素是否在唐代洞窟中有全面的覆盖度等等；第二，案例分析的方法方面，由于技术手段的限制，未能尝试更多角度的分析，是本文研究过程中的一个遗憾，希望能够在接下来的相关项目中继续此类试验。第三，在纹样的类型延展方面，由于篇幅限制，更多相关类型纹样的研究希望能够在未来的课题研究中继续进行。

本研究希望能够以新的分析视角和切入的方法取得突破，并且从深度分析方面进行不同的理论构建。希望本文的阐述和分析能够在完善纹样断代史的分析方面进行一种方法性的探索，如同研究当代设计的方法一样，如果能够引起相关的讨论——无论是路径抑或内容实体，都将是本书研究的重要意义之一。

参考文献

[1] 敦煌研究院. 常书鸿文集 [M]. 兰州:甘肃民族出版社,2004:93.

[2] 赵声良. 敦煌石窟艺术总论 [M]. 兰州:甘肃教育出版社,2013:24.

[3] 季羡林. 敦煌学大辞典 [M]. 上海:上海辞书出版社,1998.

[4] 陈恒. 希腊化研究 [M]. 北京:商务印书馆,2006:25-34.

[5] 李格尔. 罗马晚期工艺美术 [M]. 陈平,译. 北京:北京大学出版社,2010:英译者前言 20.

[6] 拉康. 拉康选集 [M]. 褚孝泉,译. 上海:上海三联书店,2001:编者前言 9.

[7] C.G. 荣格,等. 人及其表象 [M]. 张月,译. 北京:中国国际广播出版社,1989 年出版:24.

[8] 辞海编辑委员会. 辞海 [M]. 上海:上海辞书出版社,2009.

[9] 薛锋,王学林. 简明美术学词典 [M]. 哈尔滨:黑龙江美术出版社,1982.

[10] 中国美术辞典 [M]. 上海:上海辞书出版社,1987.

[11] 中国工艺美术大辞典 [M]. 南京:江苏美术出版社,1989.

[12] 康明瑶,王兰城,张翼铁,陈秉璋,等. 中国美术名词浅释 [M]. 石家庄:河北美术出版社,1985.

[13] 吴山. 雄狮中国工艺美术辞典 [M]. 台北:雄狮图书股份有限公司,1991.

[14] 古代汉语词典 [M]. 北京:商务印书馆出版,1998.

[15] 许慎. 说文解字 [M]. 徐铉,校定. 北京:中华书局,1963:129.

[16] 陈宏天,赵福海,陈复兴. 昭明文选译注(第二册)[M]. 长春:吉林文史出版社,1988:602.

[17] 杨曾文,方广锠. 佛教与历史文化 [M]. 北京:宗教文化出版社,2001:144.

[18] 集古今佛道論衡 [M]. CBETA, T52, no. 2104, p. 387, c13-17.

[19] 《大梵天王问佛决疑经》拈华品第二 [M]. CBETA, X01, no. 27, p. 442, a1-12//Z1:87, p. 326, c4-15//R87, p. 652, a4-15.

[20] 佛本行集经(卷 3)[M]. CBETA, T03, no. 190, p. 666, c12-p. 667, b1.

[21] 无量寿经连义述文赞 [M]. CBETA, T37, no. 1748, p. 140, a21.

[22] 大般若波罗蜜多经(第 401 卷 - 第 600 卷)卷 513[M]. CBETA, T07, no. 220, p. 620, a23.

[23] 正法华经(卷 4)[M]. CBETA, T09, no. 263, p. 89, a10.

[24] 大乘宝要义论(卷 1)[M]. CBETA, T32, no. 1635, p. 49, c28-p. 50, a12.

[25] 长阿含经(卷 20)[M]. CBETA, T01, no. 1, p. 132, b28-c7.

[26] 法华经义记(卷 1)[M]. CBETA, T33, no. 1715, p. 582, c27–p. 583, a4.

[27] 佛说阿弥陀经(卷 1)[M]. CBETA, T12, no. 366, p. 347, a4–5.

[28] 妙法莲华经(卷 7)[M]. CBETA, T09, no. 262, p. 55, c10–12.

[29] 毗尼关要(卷 2)[M]. CBETA, X40, no. 720, p. 502, c4–7 // Z 1: 63, p. 325, d12–15 // R63, p. 650, b12–15.

[30] 佛说除盖障菩萨所问经(卷 9)[M]. CBETA, T14, no. 489, p. 726, c22–26.

[31] 大智度论(卷 8)[M]. CBETA, T25, no. 1509, p. 115, c22–p. 116, a5.

[32] 大智度论(卷 10)[M]. CBETA, T25, no. 1509, p. 128, c2–4.

[33] 别译杂阿含经(卷 12)[M]. CBETA, T02, no. 100, p. 454, b12.

[34] 释氏要览(卷 1)[M]. CBETA, T54, no. 2127, p. 268, b27.

[35] 大方广佛华严经(卷 8)[M]. CBETA, T10, no. 279, p. 39, a16–20.

[36] 梵网经(卷 2)[M]. CBETA, T24, no. 1484, p. 1003, b20–24.

[37] 法华经授手(卷首)(卷 1)[M]. CBETA, X32, no. 621, p. 576, c10–11 // Z 1:51, p. 259, c14–15 // R51, p. 518, a14–15.

[38] 佛说菩萨本业经(卷 1)[M]. CBETA, T10, no. 281, p. 446, c25.

[39] 销释金刚经科仪会要批注(卷 7)[M]. CBETA, X24, no. 467, p. 732, a1 // Z 1:92, p. 199, d17 // R92, p. 398, b17.

[40] 大方广佛华严经(卷 27)[M]. CBETA, T03, no. 157, p. 178, a22.

[41] 悲华经(卷 2)[M]. CBETA, T03, no. 157, p. 178, a22.

[42] 迦叶赴佛般涅槃经(卷 1)[M]. CBETA, T12, no. 393, p. 1115, b19–20.

[43] 大智度论(卷 99)[M]. CBETA, T25, no. 1509, p. 750, a2–3.

[44] 胜天王般若波罗蜜经(卷 2)[M]. CBETA, T08, no. 231, p. 694, c14–18.

[45] 周易 [M]. 郭彧译注. 北京: 中华书局出版社, 2006:407.

[46] 长阿含经(卷 22)[M]. CBETA, T01, no. 1, p. 147, b25.

[47] 撰集百缘经(卷 3)[M]. CBETA, T04, no. 200, p. 216, a11.

[48] 大集法门经(卷 1)[M]. CBETA, T01, no. 12, p. 228, b23–24.

[49] 中阿含经(卷 41)[M]. CBETA, T01, no. 26, p. 686, b17–18.

[50] 园生树经(卷 1)[M]. CBETA, T01, no. 28, p. 811, a21–22.

[51] 护国经(卷 1)[M]. CBETA, T01, no. 69, p. 872, b1.

[52] 杂阿含经(卷 6)[M]. CBETA, T02, no. 99, p. 41, b14–15.

[53] 众许摩诃帝经(卷 5)[M]. CBETA, T03, no. 191, p. 945, c1.

[54] 阿洛伊斯·李格尔. 风格问题——装饰历史的基础 [M]. 邵宏, 译. 杭州: 中国美术学院出版社, 2016:2, 3, 17, 35.

敦煌莫高窟唐代团花纹样研究

[55] 田自秉,吴淑生,田青.中国纹样史[M].北京:高等教育出版社,2003:32.

[56] 弗雷泽.金枝[M].徐育新等,译.北京:大众文艺出版社.1998:32.

[57] 格罗塞著.艺术的起源[M].蔡慕晖,译.北京:商务印书馆,1984:90.

[58] 敦煌研究院.敦煌石窟内容总录[M].北京:文物出版社,1996:268-269.

[59] 宫治昭.犍陀罗美术寻踪[H].李萍,译.北京:人民美术出版社,2006:引言1-3.

[60] 莫高窟第二五四窟附第二六零窟(北魏)[M].南京:江苏美术出版社,1995:94.

[61] 关友惠.莫高窟隋代图案初探[J].敦煌研究,1983(6).

[62] 中国壁画全集编辑委员会.中国壁画全集 敦煌隋代[M].天津:天津人民美术出版
社,1991:31,152.

[63] 段文杰.中国壁画全集 敦煌5 初唐[M].沈阳:辽宁美术出版社,1989:52.

[64] 段文杰.中国壁画全集 敦煌6 盛唐[M].天津:天津人民美术出版社,1989:91,121.

[65] 段文杰.中国敦煌壁画全集 北周[M].沈阳:辽宁美术出版社,天津:天津人民美术
出版社,2006:23,33.

[66] 关友惠.敦煌石窟全集 图案卷上[M].香港:商务印书馆(香港)有限公司,2003:43,
66,79,81,164,171,172.

[67] 张元林.中国敦煌壁画全集 西魏[M].天津:天津人民美术出版社,2002:89.

[68] 敦煌文物研究所.中国石窟 敦煌莫高窟 第三卷[M].北京:文物出版社,1987:33,
83,115,125.

[69] 敦煌文物研究所.中国石窟 敦煌莫高窟 第四卷[M].东京:株式会社平凡社,1987:
第3,8,65,78,93,121,168,181,182图.

[70] 关友惠.敦煌石窟全集 图案卷下[M].香港:商务印书馆(香港)有限公司,2003:17,
18,22,25,38,43,58,62,63,64,145,160.

[71] H.W.詹森.詹森艺术史[M].艺术史组合翻译小组,译,北京:世界图书出版公司北京
公司,2013:121,图5.27.

[72] 福柯.知识考古学[M].谢强,马月,译.北京:生活·读书·新知三联书店,2003:185.

[73] 关友惠.中国敦煌壁画全集8 晚唐[M].天津:天津人民美术出版社,2001:79,80,
106,167,124,178.

[74] 岑仲勉.隋唐史[M].北京:商务印书馆,2015:573.

[75] 段文杰.莫高窟第45窟附第46窟(盛唐)[M].南京:江苏美术出版社,1993:30,35,53.

[76] 马德.敦煌莫高窟史研究[M].兰州:甘肃教育出版社,1996:171,176.

[77] 姜伯勤.敦煌艺术宗教与礼乐文明[M].北京:中国社会科学出版社,1996:17,35.

[78] 张彦远.历代名画记[M].郑州:中州古籍出版社,2016:43,206,208,217,219,224,
225,236,238,239,241,266.

[79] 陈高华. 隋唐画家史料 [M]. 北京:文物出版社,1987:185,186.

[80] 饶宗颐. 敦煌白画 [M]. 香港:香港大学饶宗颐学术馆,2010.

[81] 段文杰. 中国敦煌壁画全集 5　敦煌　初唐 [M]. 沈阳:辽宁美术出版社,天津:天津人民美术出版社,2006:58,60,61,158.

[82] Benoy K. behl. THE AJANTA CAVES: Ancient Paintings of Buddhist India [M]. London: Thames & Hudson Ltd, 2005: 89, 110, 123.

[83] 常任侠. 印度与东南亚美术发展史 [M]. 合肥:安徽教育出版社,2006.

[84] 王镛. 印度美术史话 [M]. 北京:人民美术出版社,1999:93.

[85] Teoh eng soon. THE LOTUS in the Buddhist ART of INDIA [M]. Singapore: Tien Wah Press, 2003:265.

[86] 段文杰. 中国敦煌壁画全集 2　西魏 [M]. 天津:天津人民美术出版社,2002:122.

[87] 欧阳琳. 敦煌图案解析 [M]. 兰州:甘肃文化出版社,2007.

[88] [英]E. H. 贡布里希. 木马沉思录 [M]. 曾四凯,徐一维,杨思梁,译,南宁:广西美术出版社,2015.

[89] (魏)王弼,(晋)韩康伯. 周易注疏(四库易学丛刊)[M]. 上海:上海古籍出版社,1989:11.

[90] [德]沃林格. 抽象与移情 [M]. 王才勇,译. 沈阳:辽宁人民出版社,1987.

[91] 敦煌文物研究所. 中国石窟　敦煌莫高窟　第三卷 [M]. 东京:株式会社平凡社,1987:第 77 图.

[92] 敦煌研究院. 莫高窟第九窟、第十二窟(晚唐)[M]. 南京:江苏美术出版社,1994:93,94,95.

[93] 段文杰. 中国美术全集绘画编 16 敦煌壁画下 [M]. 上海:上海人民美术出版社,1985:146.

[94] 段文杰. 中国敦煌壁画全集 7　敦煌中唐 [M]. 天津:天津人民美术出版社,2006:135,164.

[95] 常沙娜. 中国织绣服饰全集 第 3 卷 历代服饰卷(上)[M]. 天津:天津人民美术出版社,2004:340.

[96] 常沙娜. 中国织绣服饰全集　第 1 卷　织染卷 [M]. 天津:天津人民美术出版社,2004:124,163,165,166,170,185,192.

[97] 陕西历史博物馆藏　陕西历史博物馆　北京大学考古文博学院　北京大学震旦古代文明研究中心. 花舞大唐春——何家村遗宝精粹 [M]. 北京:文物出版社,2003:111,123,185,254.

[98] 陕西省考古研究院 法门寺博物馆　宝鸡市文物局　扶风县博物馆. 法门寺考古发掘报告(下)[R]. 北京:文物出版社,2007:66,67.

[99] 金维诺. 中国美术全集　绘画编 2　隋唐五代绘画 [M]. 北京:人民美术出版社,1984: 48,56,59.

[100] 昭陵博物馆. 昭陵墓志纹饰图案 [M]. 北京:文物出版社,2015:142,200.

[101] 樊英峰,王双怀. 线条艺术的遗产——唐乾陵陪葬墓石椁线刻画 [M]. 北京:文物出版社,2013:68,70,80.

[102] 龙安那,魏文捷. 从净土图到纸花——敦煌藏经洞出土绘画材料的价值比较 [J]. 敦煌研究. 2000(3).

[103] 大英博物馆. 西域美术　第 2 卷　敦煌绘画 Ⅱ [M]. 东京:株式会社讲谈社,1982:第 1,2-2,4,9 图.

[104] 林保尧. 西域美术——大英博物馆斯坦因收集品(敦煌绘画 1)[M]. 台北:艺术家出版社,2014:165.

[105] [美] 大卫·瑞兹曼. 现代设计史 [M]. 2. 若澜达·昂,李昶,译. 北京:中国人民大学出版社,2013:269.

附录

附录一 莫高窟采样和实地考察洞窟分布图

莫高窟采样及实地考察洞窟分布图

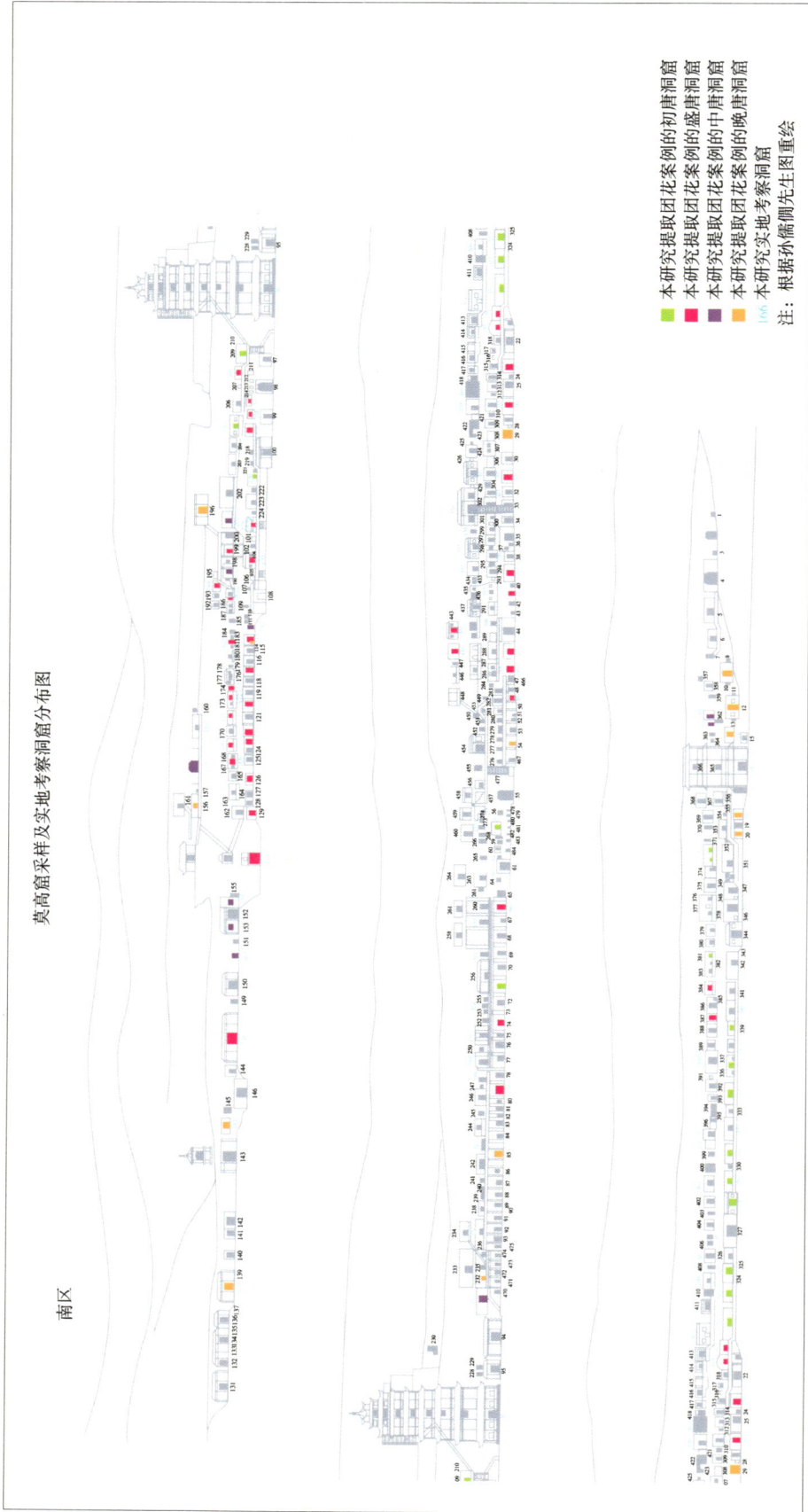

南区

本研究提取团花案例的初唐洞窟
本研究提取团花案例的盛唐洞窟
本研究提取团花案例的中唐洞窟
本研究提取团花案例的晚唐洞窟
本研究实地考察洞窟

注：根据孙儒僴先生图重绘

附录二　莫高窟团花纹样代际演变图谱

111 BC 西汉
汉武帝设敦煌郡

AD

300

400
AD 366 乐僔开凿
莫高窟第一个窟

500
439 北魏于敦煌设镇

439-581 北朝
538-539 西魏
修建莫高窟285窟
563 北周
改敦煌为鸣沙县

581-618 隋
590 隋文帝
杨坚迎达摩笈多至京译经
619 隋河西五郡人席
并于敦煌设瓜州
607 改瓜州为敦煌郡

600

618-704 初唐
642 律师道洪、释
玄逛等人建220窟
644 玄奘自印度
回国途经沙洲,
太宗令接
695 建莫高窟96
窟(北大像)
698 李氏碑记载当时已有千余窟

700
713-741 僧人处谚与马
思忠建130窟(南大像)
704-781 盛唐
742 改沙洲为
敦煌郡
758 改敦煌郡
为沙洲

781-848 中唐
781 吐蕃占领沙洲,
并统治敦煌67年
848 张议潮收复沙洲,
结束吐蕃统治

800

848-914 晚唐
865 前张议潮建莫高窟156窟(莫高窟记)
并于前室北壁题记
851 于沙洲设归义军,
以张议潮为节度使
李氏建148窟

900
919 五代曹议
金字州权

196窟

159窟

201窟

122窟

49窟

372窟

220窟

373窟

420窟

405窟

428窟

288窟

254窟

430窟

407窟

311窟

232平棋

159窟

360窟

31窟

166窟

340窟

211窟

205窟

附录三　图录

图 3-1　团、花、纹样溯源导图 ………………………………………………………………… 024

图 3-2　螺旋纹彩陶大瓮（马家窑文化） ……………………………………………………… 031

图 4-1　莫高窟北魏 254 窟萨埵太子舍身饲虎 ……………………………………………… 041

图 4-2　莫高窟隋 305 窟 "凹凸平台纹" …………………………………………………… 042

图 4-3　莫高窟初唐 220 窟文殊菩萨及帝释天 ……………………………………………… 043

图 4-4　莫高窟隋代 314 窟藻井、盛唐第 103 窟藻井 ……………………………………… 044

图 4-5　莫高窟北周 430 窟窟顶 ……………………………………………………………… 045

图 4-6　莫高窟北周 428 窟人字披 …………………………………………………………… 045

图 4-7　莫高窟隋代 407 窟藻井 ……………………………………………………………… 048

图 4-8　莫高窟隋代第 311、390 窟藻井 ……………………………………………………… 048

图 4-9　莫高窟团花案例统计 ………………………………………………………………… 049

图 4-10　莫高窟团花案例采样洞窟比例统计 ………………………………………………… 049

图 4-11　莫高窟现存唐代洞窟统计 …………………………………………………………… 050

图 4-12　本书采集莫高窟初唐壁画团花案例类型比例 ……………………………………… 056

图 4-13　本书采集莫高窟盛唐壁画团花案例类型比例 ……………………………………… 056

图 4-14　本书采集莫高窟中唐壁画团花案例类型比例 ……………………………………… 056

图 4-15　本书采集莫高窟晚唐壁画团花案例类型比例 ……………………………………… 056

图 4-16　唐代团花纹样十字结构与六等分结构示意图 ……………………………………… 057

图 4-17　莫高窟初唐 334 窟与盛唐 320 窟藻井团花纹样结构示意图 ……………………… 061

图 4-18　莫高窟 320 窟藻井团花纹样中心小团花内外结构等分示意图 …………………… 061

图 4-19　莫高窟中唐 201 窟藻井团花纹样结构等分示意图 ………………………………… 062

图 4-20　莫高窟晚唐 232 窟藻井两种团花纹样结构等分示意图 …………………………… 062

图 4-21　莫高窟唐代四个时期团花结构特点相对关系示意 ………………………………… 063

图 4-22　莫高窟初唐 334 窟、盛唐 320 窟、初唐 372 窟藻井中心团花 …………………… 064

图 4-23　莫高窟初唐 328 窟菩萨头光团花、盛唐 320 窟西壁龛顶半团花边饰 …………… 065

图 4-24　莫高窟盛唐 45 窟西壁龛沿团花边饰 ……………………………………………… 065

图 4-25　莫高窟中唐 159 窟、360 窟、晚唐 85 窟藻井中心团花 ………………………… 065

图 4-26　莫高窟初唐 334 窟与盛唐 320 窟藻井团花纹样示意图 …………………………… 067

图 4-27　希腊陶瓶上的棕榈纹 ………………………………………………………………… 068

图4-28　莫高窟初唐373窟、211窟、331窟藻井中心团花 ……………………………… 070

图4-29　莫高窟201窟藻井中心团花 ……………………………………………………… 073

图4-30　莫高窟晚唐232窟顶平棋团花 …………………………………………………… 074

图4-31　莫高窟中唐360窟顶平棋团花 …………………………………………………… 075

图4-32　莫高窟壁画类团花纹样形式语言特征创造力周期曲线 ………………………… 077

图5-1　本书采集莫高窟初唐服饰团花案例类型比例 …………………………………… 082

图5-2　本书采集莫高窟盛唐服饰团花案例类型比例 …………………………………… 083

图5-3　本书采集莫高窟中唐服饰团花案例类型比例 …………………………………… 085

图5-4　本书采集莫高窟晚唐各洞窟服饰团花案例类别比例分布 ……………………… 086

图5-5　莫高窟初唐220窟东壁、盛唐445窟西龛壁服饰团花纹样 …………………… 090

图5-6　莫高窟盛唐45窟主尊佛、天王服饰团花纹样 ………………………………… 090

图5-7　莫高窟中唐159窟塑像服饰团花纹样 …………………………………………… 091

图5-8　莫高窟晚唐196窟塑像服饰团花纹样 …………………………………………… 091

图5-9　莫高窟晚唐196窟天王塑像、晚唐9、14窟壁画服饰团花纹样 ……………… 091

图6-1　莫高窟初唐71窟思维菩萨、印度阿旃陀石窟第2窟女性形象 ……………… 098

图6-2　印度阿旃陀石窟第1窟女性形象 ………………………………………………… 098

图6-3　莲花形象 …………………………………………………………………………… 099

图6-4　莲花瓣形状 ………………………………………………………………………… 099

图6-5　装饰纹样 …………………………………………………………………………… 100

图6-6　莫高窟北凉272窟龛内顶上莲花纹样 …………………………………………… 102

图6-7　莲花纹 ……………………………………………………………………………… 102

图6-8　莫高窟北魏435窟莲花化生龛楣 ………………………………………………… 103

图6-9　莫高窟初唐329、341窟、盛唐175窟藻井团花纹样 ………………………… 103

图6-10　莫高窟中唐159、晚唐232窟平棋团花纹样 ………………………………… 104

图6-11　莫高窟北魏254窟中心塔柱东向面上部的莲花纹 …………………………… 105

图6-12　莫高窟西魏249窟龛楣莲花化生 ……………………………………………… 106

图6-13　莫高窟初唐220窟头光团花纹样 ……………………………………………… 108

图6-14　莫高窟北魏251窟、盛唐444窟线造型纹样 ………………………………… 109

图6-15　莫高窟初唐323窟南壁菩萨脚下的莲花 ……………………………………… 110

图6-16　北朝石刻造像中的线性元素 …………………………………………………… 112

图6-17　莫高窟盛唐49窟、初唐334窟藻井纹样中的线性元素 ……………………… 113

图6-18　莫高窟初唐334窟佛像头光纹样 ……………………………………………… 114

图6-19　莫高窟西魏285窟西披 ………………………………………………………… 115

图 6-20　莫高窟初唐341窟西壁莲花头光 ·· 117

图 6-21　莫高窟45窟敞口龛边缘顶部正六边形大团花 ···························· 119

图 6-22　莫高窟45窟藻井 ··· 120

图 6-23　莫高窟45窟敞口龛边缘侧面正六边形大团花 ···························· 120

图 6-24　莫高窟45窟敞口龛顶壁画半团花纹样 ······································· 121

图 6-25　莫高窟45窟北壁壁画边饰 ··· 121

图 6-26　莫高窟46窟西龛北侧菩萨裙饰 ··· 122

图 6-27　莫高窟45窟西壁敞口龛顶的壁画 ··· 122

图 6-28　莫高窟45窟敞口龛西壁北侧协侍菩萨裙 ··································· 123

图 6-29　莫高窟46窟北壁龛西侧边饰 ··· 123

图 6-30　莫高窟46窟南壁西龛边饰团花组合纹样 ··································· 123

图 6-31　莫高窟盛唐320、31、122窟藻井中心团花纹样 ······················· 129

图 6-32　莫高窟晚唐9、196窟服饰团花纹样 ·· 130

图 6-33　莫高窟盛唐445窟服饰团花纹样与唐代印花织物 ···················· 131

图 6-34　莫高窟晚唐14窟如意轮观音 ··· 132

图 6-35　莫高窟盛唐225窟百花草纹头光 ··· 133

图 7-1　新疆阿斯塔那墓出土的团花图案绢质裙与团花印花纱-1 ············ 139

图 7-2　新疆阿斯塔那墓出土的团花图案绢质裙与团花印花纱-2 ············ 139

图 7-3　团花纹样-1 ·· 140

图 7-4　团花纹样-2 ·· 141

图 7-5　莫高窟盛唐79窟藻井纹样 ··· 142

图 7-6　莫高窟盛唐113窟藻井纹样 ··· 142

图 7-7　银盒 ··· 144

图 7-8　器皿 ··· 145

图 7-9　香囊 ··· 146

图 7-10　（唐）银盘（法国吉美博物馆藏） ·· 146

图 7-11　（唐）瓷盘（法国吉美博物馆藏） ·· 147

图 7-12　（唐）团花纹样砖（法国吉美博物馆藏） ····································· 148

图 7-13　绘画作品 ··· 150

图 7-14　（唐）太子少保、豫州刺史、越王李贞墓志盖局部 ····················· 151

图 7-15　（唐）梓州刺史、定国公李震墓志盖局部 ································· 151

图 7-16　（唐）乾陵章怀墓石椁外部线刻画拓片局部-1 ··························· 151

图 7-17　（唐）乾陵章怀墓石椁外部线刻画拓片局部-2 ··························· 151

敦煌莫高窟唐代团花纹样研究

图7–18　（唐）乾陵章怀墓石椁外部线刻画拓片局部 –3 ·· 151

图7–19　（唐）观世音菩萨像、童子供养者像、观世音菩萨像（大英博物馆藏） ··· 153

图7–20　（唐）菩萨像（大英博物馆藏） ·· 153

图7–21　（唐）观经变相图胁侍菩萨（大英博物馆藏） ·· 154

图8–1　卢巴罗贝克花瓶（1928～1930） ·· 158

附录四 表录

表4-1 本书采集莫高窟初唐壁画团花案例汇总 ……………………………… 050

表4-2 本书采集莫高窟初唐各洞窟壁画团花案例类别比例分布 …………… 051

表4-3 本书采集莫高窟盛唐壁画团花案例汇总 ……………………………… 052

表4-4 本书采集莫高窟盛唐各洞窟壁画团花案例类别比例分布 …………… 053

表4-5 本书采集莫高窟中唐壁画团花案例汇总 ……………………………… 054

表4-6 本书采集莫高窟中唐各洞窟壁画团花案例类别比例分布 …………… 054

表4-7 本书采集莫高窟晚唐壁画团花案例汇总 ……………………………… 055

表4-8 本书采集莫高窟晚唐各洞窟壁画团花案例类别比例分布 …………… 055

表4-9 本书采集莫高窟唐代壁画团花案例代际层次差异 …………………… 060

表5-1 本书采集莫高窟初唐服饰团花案例汇总 ……………………………… 081

表5-2 本书采集莫高窟初唐各洞窟服饰团花案例类别比例分布 …………… 081

表5-3 本书采集莫高窟盛唐服饰团花案例汇总表 …………………………… 082

表5-4 本书采集莫高窟盛唐各洞窟服饰团花案例类别比例分布 …………… 083

表5-5 本书采集莫高窟中唐服饰团花案例汇总 ……………………………… 084

表5-6 本书采集莫高窟中唐各洞窟服饰团花案例类别比例分布 …………… 084

表5-7 本书采集莫高窟晚唐服饰团花案例汇总 ……………………………… 085

表5-8 本书采集莫高窟晚唐各洞窟服饰团花案例类别比例分布 …………… 085

表5-9 本书采集莫高窟唐代服饰团花纹样案例造型类别流变曲线 ………… 087

表5-10 本书采集莫高窟唐代洞窟壁画团花纹样案例造型类别流变曲线 ………… 087

表5-11 本书采集莫高窟唐代服饰团花纹样层次流变 ……………………… 088

表5-12 本书采集唐代服饰与多层花瓣团花比例变化趋势 ………………… 089

表5-13 本书采集唐代壁画类单层花瓣团花与多层花瓣团花比例变化趋势 ……… 089

致谢

本书为我博士期间的研究成果，目前来看尚有诸多不足之处，因为研究的时间等原因，当时未能进一步对部分问题进行深入探究，但是出于保留博士论文的阶段性意义和完整性的考虑，值本书出版之际，暂不对论文做大幅度修改。考虑到目前博士后的研究是延续敦煌装饰纹样艺术形式这样的主题，因而对于之前尚未深入的一些问题将于今后的研究中进一步完善。

在此要诚挚感谢我最敬爱的恩师刘元风教授和北京服装学院博士项目给予我这样重要的研究机会，使我这几年受益良多。从中央工艺美术学院的本科学习到清华大学美术学院的硕士学习，再到北京服装学院的博士学习，刘元风教授一直是我的授业恩师，感谢多年来他如慈父那般地不倦关爱与教导，同时刘老师倡导自由独立的学术态度也一直为我成长的动力源泉。感谢郑嵘教授细心的指导，从研究的逻辑性和严谨客观的治学态度上使我收获巨大。感谢书稿修正过程中赵声良老师的细心指导。要特别感谢我的家人，我的父母亲，我的丈夫和女儿，有了他们一直的爱与大力支持，我才能无忧前行。感谢这几年的学习和工作过程中来自学院和导师组的无私指教，感谢博士同学的知识分享，与大家一起进行的课程学习及知识沙龙的分享是我受益匪浅。感谢在本研究工作进行过程中为我提供帮助的、关爱我的所有同学和朋友。

张春佳

2020年1月